文炼胡附语言学论文集

文炼 胡附 著

商务印书馆
2010年·北京

图书在版编目(CIP)数据

文炼胡附语言学论文集/文炼,胡附著.—北京:商务印书馆,2010
ISBN 978-7-100-07149-9

Ⅰ.文… Ⅱ.①文…②胡… Ⅲ.语言学-文集 Ⅳ.H0-53

中国版本图书馆 CIP 数据核字(2010)第 086698 号

所有权利保留。
未经许可,不得以任何方式使用。

WÉNLIÀN HÚFÙ YǓYÁNXUÉ LÙNWÉNJÍ
文炼胡附语言学论文集
文炼 胡附 著

商 务 印 书 馆 出 版
(北京王府井大街36号 邮政编码100710)
商 务 印 书 馆 发 行
北 京 瑞 古 冠 中 印 刷 厂 印 刷
ISBN 978-7-100-07149-9

| 2010年11月第1版 | 开本 850×1168 1/32 |
| 2010年11月北京第1次印刷 | 印张 13¾ |

定价:29.00元

继承、吸收和发展(代序)

张 斌

语言学是一门科学,而且是一门领先的科学。"科学"这一术语是"五四"以后才通行的,我们的祖宗称之为"真知灼见"。

人们常说"实践出真知",这是一个简化了的命题,很容易使人误解。实践是出真知的必要条件,而非充分条件。我们只能理解为"实践才能出真知",不能理解为"实践就能出真知"。

怎样的实践才能出真知?有两种不同的意见。一种意见认为要善于观察,一种意见认为要善于从实践中提出问题。善于观察指发现事物间的种种联系,从而归纳出一些见解和规律。"月晕而风,础润而雨",这是观察的结果。可是有些学者不这么看。有个叫波普的哲学家做了一次实验。在一次讲演时,突然说:"请大家观察,仔细地观察!"大家感到莫名其妙,于是问他要观察什么。他于是说,任何人总要带着问题去观察。没有问题,观察就失去意义。

从观察中找寻规律,这是归纳的过程。提出问题总是在某种前提下产生疑问,希望从已知到未知,未知有了答案才能满足。这就包含了演绎。在科学上,归纳与演绎总是交织在一起的。

前人在观察的基础上总结出规律,我们在吸收的同时要善于提出问题,例如王力先生曾研究汉语中的系词,以"是"为代表。1940年出版的《中国文法学初探》中说:"是字当做系词用,乃是六朝以后的事情。"这一结论一直为学者们所接受,即认为"是"在上古时代只作指代词。王力观察了大量语料,立论是有根据的。可是我们从出土的马王堆帛书中发现连用两个"是"的句子,如"是是彗星"之类。这只能解释为前边的"是"训"此",后边的"是"属系词。这就使人们怀疑系词产生于六朝的说法。不过,话又说回来,"例不十,法不立",我们还得找寻更多的资料。也就是说,提出了问题,还须进一步观察。

吕叔湘先生曾一再强调务实,这是针对空谈理论而不进行实际观察的现象而说的。我们在强调注重语言事实的同时,也应该看到完全的归纳是很难做到的。正因为如此,我们应当经常对现成的规律加以补充或修正。例如现有的词类是不完全归纳的结果,所以不能把所有的词都包括在内。

吸收国外的成果包括两种内容:一是国外研究汉语的成果,一是国外研究语言的理论和方法。

汉语作为使用人口多、历史悠久的语言,已成为世界性的研究对象。外国学者对汉语的研究有超过中国学者的。例如瑞典汉学家高本汉构拟汉语的中古音和研究上古音系统,他的学说促使我国音韵学走向现代化。我国学者在肯定他的成果的同时,也作了补充和修正。

国外有许多语言学的理论和方法,大都是研究国外的语言的结果。拿来运用于汉语,还须经过筛选、调试。

有些理论是一种假说。许多假说都有它的核心部分和周边部分。核心部分不切实际,那么这种假说不能成立;核心部分成立,周边部分可以根据不同情况加以更改,不影响假说的利用。我们运用国外的学说研究汉语,主要是把握该学说的核心,周边部分总须改进,以适合我们的具体情况。国外的学说在不断改进,我们不能老是依样画葫芦。应该研究各种理论和方法形成的基础,适用的范围,具体操作时发现的问题,然后用汉语来检验。爱因斯坦的相对论出现之后,说明牛顿的理论有一定的局限性。但是,在一定的范围内,牛顿的理论还是适用的。古代的理论也好,外国的理论也好,总是在不断发展。新的学说的出现,并不一定全面推翻旧的理论,关键在注重规律的适用条件。

我们的语言研究的目标是规范化和现代化。"规范化"这一目标隐含着一种哲学思想:存在的并非都是合理的。如果存在的都是合理的,那就用不着提倡规范化了。因此研究存在的语言现象哪些是合理的,哪些是不合理的已成为语言学家的任务。语言学家没有资格揣着红牌和黄牌向言语行为不当的人作出警告,但是应该在舆论上尽自己的责任,引导人们向前看,能摆正普通话和方言的位置,特别是要理解语言规范化和语言研究现代化的关系。

1956年我国已经把机器翻译列入国家科学研究工作的项目,"文革"期间,研究中断。70年代末引入了计算语言学的新理论,在理论和实践上进行了探索。80年代工作进展很快,机器翻译、人机对话迈向了实用化新阶段,在各方面取得了显著的成绩。目前正在扩大研究范围、制订长远规划,以适应社会主义现代化建设的需要。

在这迅猛发展的阶段,考虑一番继承和吸收方面的问题看来是必要的。

(原载《语文论丛》(七),上海教育出版社,2001年)

南国双星　闪耀语坛
——张斌胡裕树先生的学术思想、风格和友谊

范开泰

二十多年来,经常有学界朋友跟我谈起张斌和胡裕树先生,对他们的学术成就和真挚友谊深表敬佩,希望我能把我跟从先生们学习研究的心得体会写出来与学界同仁共享。

观诸当代学界,许多前辈,风范高致,令人崇敬;不少时贤,才思横溢,令人钦佩。但是,像张胡两位那样近半个世纪的和谐合作,创新精进,使人仰慕的,却也鲜见。我在国外时听到一种说法,常令我汗颜:三个日本人怕一个中国人,三个中国人怕一个日本人。这当然不完全合乎实际。但是有一件事却令人深思。1965 年我国科学家首次人工合成牛胰岛素,举世瞩目,国际上许多著名科学家都认为应该得诺贝尔奖,诺贝尔奖评奖委员会要中国申报。诺贝尔奖规定,一项成果获奖者以三人为限。名单排来排去,怎么也"摆不平",最后申报了四人,结果因为违反了章程,失去了一次通向斯德哥尔摩领奖台的良机,令国人抱憾至今。想到这里,我感到更有责任把两位先生的思想、风格和友谊写出来,让他们的崇高精神发扬光大。

一

经常有人谈起现代汉语语言学中的"京派"和"海派"。这种

说法,张胡先生似乎不甚同意。张斌先生曾有文章说:"陈望道先生和方光焘先生在学术上都重视吸收现代语言学的理论和方法,有人称之为'海派'。北方一些专家如吕叔湘先生一再强调'务实',有人称之为'京派'。胡裕树认为这是误解。陈先生和方先生讲到理论和方法时,总是强调要结合汉语实际。吕先生提倡务实,是针对空谈理论的弊病而言。胡裕树主编《现代汉语》教材时,多次写信向吕先生请教。把胡裕树称作海派或京派,看来都不合适。"①这一点上,我跟两位老师的意见有一点小小的不同。海派京派,如果指学界的圈子,看一看被视为两代"京派"代表的吕叔湘朱德熙先生跟两代"海派"代表的陈望道方光焘和张斌胡裕树先生的学术交往和学术交谊就可知道此言不确了,"君子群而不党";如果是指学术思想和风格,指学术研究上的侧重点,那还是有些特点的,"和而不同",古亦有训。

两位先生的学术思想特点,可以用"注重理论方法,积极创新开拓"十二个字来概括。具体地说,对具有革新意义的新理论的理解和吸收,抓住本质,力求通透;积极地试用新的方法来分析汉语,具体而微;结合汉语的特点进行理论和方法上的探讨和创新,锲而不舍。

20世纪30年代,陈望道方光焘先生在上海发起"中国文法革新讨论",把索绪尔的结构语言学理论和方法引进了汉语语言学界。五十年代张斌胡裕树先生联手参加汉语词类问题大讨论,《谈词的分类》一文明确地提出词分类的功能标准,引起了国内外汉语学界的高度重视,当时苏联的语言学界还全文翻译发表了这篇论文,正在于张胡这两位当时的青年学者表现出理论上的鲜明和分析上的通透。这篇论文的观点受到方光焘先生的"广义形

---

① 张斌《缅怀裕树》,见《语言文字周报》第941期,2002年3月6日。

态"说和陈望道先生的"功能"说的影响是十分明显的。

"词的分类标准"所引发的汉语语法分析问题始终是两位先生研究的重点。50年代,苏联语言学界有一种说法,认为词类是"词汇·语法范畴"。当时有些中国的学者借来用到汉语的词分类问题上,把区分词类的标准定为"词汇·语法范畴",具体操作上就体现为双重标准,即词义与功能并列。张胡先生指出:苏联认为词类是"词汇·语法范畴",目的在说明词类的性质,并非指明区分词类的标准。俄语的词类区分凭的是形态,并不须另立标准。

意义不能作为词类区分的标准,词分类的标准只能是功能,句法功能,当这一点已经成为大多数学者的共识时,张胡先生又进一步思考词类与意义有没有关系。说毫无关系,不能令人信服。他们提出了意义是词分类的依据(或称之为基础),功能是标准的观点。后来张斌先生又进一步把基础和标准的区分提到方法论原则上来思考,"无论如何,语法上的分类不能把依据和标准混为一谈",[①]这种区别适用于语法分析的许多方面,例如:句类,用途或目的是基础,由语调、虚词、句式等表示的语气才是标准,否则就难以解释用疑问句表示祈使等现象了;词的切分,"口语是基础,书面语的分词书写才是标准"。[②]

胡裕树先生主编的全国统编教材《现代汉语》,其核心部分"语法"是由张斌先生执笔的。这部教材,可以看作是两位先生把语法研究的新的成果运用和体现到大学语法教学中去的努力。60年代到80年代,教材中推出了区分句子结构和句法结构,区分

---

① 张斌《〈语气和口气研究〉序》,见孙汝建《语气和口气研究》,中国文联出版社,1999年。

② 张斌《我的语法观》,见《语言问题再认识》,上海教育出版社,2001年。

句型、句类和句式,在句型分析中修饰成分不影响句型,区分意义和内容,区分语气和口气,以及后来总结的三个平面的分析等等一系列的汉语语法分析方法,在大学汉语语法教学中不间断地领着学术风气之先。他们在《中国语文》上随之发表的一系列语法论文,在汉语语法理论的发展史上更有深远的影响。

二

上一节,我说到不妨把注重理论分析上的思考看成是"海派"学术风格,"这一点上,我跟两位老师的意见有一点小小的不同"。有些朋友可能认为,我这个学生在为老师的选集作序时这种口气未免太"不敬"了。其实,这正是两位先生的典型的学术风格。

张胡先生对前辈学者非常尊敬,他们认为陈望道方光焘先生在引进索绪尔的结构主义理论和方法时,结合汉语作了许多研究和思考,但是学习继承要着眼于发展,不仅要踵武前贤,更要踵事增华。前辈学者中,两位先生对吕叔湘先生特别敬重,用两位先生自己的话说:"在我们的研究中不断得到吕先生的指导。"例如提出区分语气和口气,描写和分析语气词的叠用现象,确定"生于××年"之类结构是动介短语带宾语,等等,都得到了吕先生明确而热情的肯定和支持。两位先生和林祥楣先生一起担任《中国大百科全书·语言文字卷》的"汉语语法修辞分支学科"主编副主编任务时,更得到了吕叔湘先生具体而微的指导。

张胡先生对同辈学者友情甚笃,这是学者间的情谊。他们在推广层次分析,提倡三个平面分析等理论方法上,跟朱德熙、胡明扬等学者引为同道,又在"名词性状语"等问题上跟朱德熙先生有过争论。正是在这种高层次学者的学术争论中,或者取得了共识,或者有了各自更深层次上的学术收益。

对待后辈学子,先生们更是关爱备至。我1981年到美国去进修现代语言学理论,先生们谆谆嘱咐"要把理论学通,用到汉语研究上来。记住,你是要回来搞汉语语法研究的"。此情此景,终身难忘;至理哲言,一生受益。对于学术见解,先生们又是鼓励后辈大胆创新,勇于争论。记得80年代我在华东师大任教时,曾多次随林祥楣先生去参加先生们的学术聚会,他们总是鼓励我勇于发表自己的意见。先生们自己也是身体力行,总是坦率地把学术观点陈述透彻,不怕争论,"有时争得脸红耳赤"。[①]

认真执著的钻研精神,坦荡的学术心胸,反复辩难的研究方法,往往最能得到学术创新的丰硕成果。

吕叔湘先生曾经讲过一个观点,汉语语法研究,主要是"别同异,辨正误"。别同异是语法分析,辨正误是语法应用。张胡两位先生坚持用从形式到意义的研究方法,在汉语语法的微观研究上也有很多创新性的发现。例如,用介词短语的自由和黏着来鉴别动词和介词。"他在家读书"是连动,"他在明天动身"是介词短语作状语(介词短语后边的动词不可少)。例如,用后面的短语能不能提到前面去——话题化,来鉴别动词和助动词。"他会日语"、"他会说日语"中的"会"都是动词,动词后面的词语是宾语,能提前;"天会下雨"中的"会"是助动词,后面的"下雨"不是宾语,不能提前。又如说到兼类,有人认为兼类是一个词具有甲类和乙类的功能,张先生指出这种说法嫌笼统。例如"喜欢",可以带宾语,同时可以加"很",如"很喜欢读书"。有些词具有甲类词的特点时,排斥乙类词的特点;具有乙类词的特点时,排斥甲类词的特点。如"方便",我们可以说"方便群众生活",也可以说"很方便",但不能说"很方便群众生活"。只有后一种情况,才能看作兼类。

---

① 见《中国社会科学家自述》,上海教育出版社,1997年。

近年来,张斌先生在运用信息论的观点研究汉语语法,又提出了不少很有启发性的论点。包括信息解码的问题(研究句内的表达因素,着重分析句子的理解策略,强调区分形式、意义和内容,着重分析预设;研究句外的表达因素,着重区分前提与预设);信息噪声问题(分析歧义的种种表现及消除歧义的方法);信息类别的问题(指称问题等等);信息量的问题(从信息量的角度解释句子能不能成立的原因),等等。张斌先生对于汉语节奏的分析研究,为结合语音特点研究语句和语篇结构开辟了一个新的局面。

"海纳百川",加上"锐意创新",这就是两位先生学术风格的特点。

三

"嘤其鸣矣,求其友声",高山流水,必融神会。两位先生半个世纪的学术友谊,扎根于理论上的共识和志趣理念上的共鸣,也得益于学术性情上的刚柔相济,互相适应,行事方式上的互相配合、相得益彰。

两位在学术上眼界开阔,思路清晰。但是学术个性还是有些不同。用胡先生的话说:"拿写作习惯来说吧,他(按:指张斌先生)的习惯是有了一些看法,先写下来再慢慢改,我的习惯是考虑得比较成熟再动笔。"[①]张斌先生博览群书,涉猎甚广,最善于吸收外来新知,提出研究新路子,他们共同研究的许多课题,往往是张斌先生率先提出的,例如从符号论的理论和方法,提出三个平面的分析思路,从信息论的原理,提出跟语法结构有关的一系列信

[①] 张斌《胡裕树的几件小事》,见《咬文嚼字》2002年第2期。

息处理的要素,从逻辑学的分析提出复句分类的三类因素,从心理学的角度提出语言理解的策略,等等。胡裕树先生长于综合与慎思,善于把新的理论与方法跟传统的研究成果结合起来,进行系统的思考处理。经过两位精细的、透彻的反复推敲,最后提出来的观点都是"你中有我,我中有你",是共同创造的精品了。

张斌先生在追忆挚友胡裕树先生时提到胡先生对自己笔名的解释:"胡是胡椒,附是附子,这是两味温热药。我的习性偏于寒凉,宜补以温热。"还提到胡先生对张先生的建议"你的笔名最好用两味寒凉药"。张斌先生深有感触地说:"中国医药常常以温热补寒凉,这种互补,大概是我和他长期合作的基础吧。"哲人斯言,大有深意。同气相求、珠联璧合的结果恰恰是从刚柔相济、温寒互补的过程中得来的呀。

两位先生在学术研究上锐意精进,在人生态度上却是谦和逊让。他们合作的第一部专著《现代汉语语法探索》,署名胡附文炼,第二部著作《汉语语法研究》,署名张斌胡裕树,他们的两本学术论著选,又是胡裕树张斌,张斌胡裕树。这不是简单的平衡,实在是互敬互让、携手共进的象征啊。

目 录

（一）方法论

我的语法观	2
汉语语法研究刍议	8
我对40年来现代汉语语法研究的一些看法	16
论语法学中"形式和意义相结合"的原则	28
与语言符号有关的问题	
——兼论语法分析中的三个平面	39
关于句子的意义和内容	50
汉语语序研究中的几个问题	55
划分与切分	64
关于分类的依据和标准	69
词语之间的搭配关系	
——语法札记	78
谈谈汉语语法结构的功能解释	89
语法分析的心理学基础	98
句子的解释因素	104
句子种种	
——谈谈句子和语境的关系	116
蕴涵、预设与句子的理解	121

指称与析句问题	129
句子的理解策略	136
谈谈句子的信息量	145
句子的理解与信息分析	151
从符号学的观点考察汉字	160

（二）词法

词的范围、形态、功能	166
谈词的分类	179
关于词类问题的思考	196
词类划分中的几个问题	205
名词和名词单位的特征及其功能	214
"会"的兼类问题	222
关于"有"的思考	226
《现代汉语虚词研究丛书》总序	230
"在"、"于"和"在于"	
——读《马氏文通》一得	233
从"吗"和"呢"的用法谈到问句的疑问点	235
关于象声词的一点思考	240
固定短语和类固定短语	242
关于词典标明词性的问题	247

（三）句法

谈词语的并列	254
句子分析漫谈	258
有关句子分析的几个问题	271
谈谈句法分析和句子分析	282

如何确定句型 ································ 288
试论汉语句首的名词性成分 ················ 295
谈宾语 ··· 305

（四）语法和语法教学

汉语语法 ······································ 314
从"们"字谈到汉语语法的特点 ············ 335
语言单位的对立和不对称现象 ············· 342
《现代汉语》使用说明（语法部分）········ 349
语法教学 40 年 ······························ 363

（五）节律问题

汉语语句的节律问题 ························ 372
格律诗语言分析三题 ························ 380
从语言结构谈近体诗的理解和欣赏 ········ 390
试论对汉语格律诗的理解 ··················· 399

（六）其他

《马氏文通》关于虚词的研究给我们的启示 ······ 408
读《马氏文通》偶记 ························· 413
外语教学的心理学基础 ····················· 422

(一）方法论

我的语法观

一　基本思想

我和胡裕树同志长期合作,编写汉语教材、发表语法论文,说明我们在语法研究方面有一些共同的想法,虽然在一些具体问题的认识上并非完全一致。这些共同的想法可以归纳为三点。

第一,坚持一种观点,即认为建立语法范畴须从形式到意义,而不是从意义到形式。

丹麦语言学家叶斯柏森认为研究语法可以从 O 到 I。O 是外部形式(the outward form),I 是内部意义(the inner meaning)。比如研究英语名词的数,可以依据名词后边的-s、-es、-ies 等形式归纳出复数,与之相对应的是单数。也可以把名词分为单数和复数,再说明它们的表达形式。如果编写教材,当然可以从形式到意义,也可以从意义到形式,因为教材的编写是利用已有的科研成果,而不是要发现什么。如果是进行语法研究,先认定名词有单数复数之分,这就不免主观,因为有些语言(例如古希腊语、梵语)的名词有单数(singular)、双数(dual)和复数(plural,超过两项)的区分。为什么确认英语只有单数复数两类,关键是从形式归纳的结果。

第二,强调两种区别。语法上的分类,要区别基础和标准。

在语法分析方面,要区别句法分析和句子分析。

分类上区分基础和标准,我曾打过一个比方:一年分为四季,依据的是天体运行和气候变化,这是基础。西洋以立春、立夏、立秋、立冬为四季的开始,我国古代则以春分、夏至、秋分、冬至为换季的标准。可见基础和标准不是一回事。正因为基础相同,人们常常凭感觉去判别季节,不管什么标准。有些语言的名词有性的范畴,基础是生物的性别,可是另有标准,否则就无法说明德语的"汤匙"是阳性而俄语的"汤匙"属阴性,俄语的"桌子"是阳性而法语的"桌子"是阴性了。

句法分析即短语的分析。短语是备用单位,句子是使用单位,它们的属性不同。比如语序,短语的语序固定,句子的语序较灵活。有些成分(如话题、插说等),句子中有,短语中没有。所以在分析时应加以区别。

第三,提倡三个平面。

句子分析要兼顾句法的、语义的、语用的这三个平面,无非是把美国符号学家莫里斯的理论运用于汉语语法分析,不是什么创造,只不过是提倡。1979年我仅仅是在给研究生讲课时谈到,后来编写教材时加入了有关内容,都是点点滴滴的;直到1981年才有较多的想法,于是与胡裕树合写了《句子分析漫谈》(《中国语文》1982年第3期);1985年胡裕树去新疆讲学,临行前我曾和他谈过这方面的看法,我们的意见比较接近,即认为语法分析应包括句法的、语义的、语用的三个方面。

二 关于词和词类问题

1. 在汉语中划分词为什么很困难?问题在于缺乏明确的标准。划分词根据的标准是书面语,而非口语。口语是基础,书面语的分词书写才是标准。我们汉语没有分词连写的习惯,也就是缺乏分词的标准,于是各行其道。但是因为有口语的基础,具体划分时常常是大同小异。汉语的词较难划分,可划分语素却十分容易,这也是因为书面语的影响。词这种音义结合的单位,有口语的依据,书面语的连写是区分的标准。

2. 早期的词类划分标准是意义,20世纪50年代通行的是双重标准,即意义与功能。双重标准来源于苏联语法学界的讨论,他们曾提出"词类是词汇·语法范畴"这样的论断,我们的学者认为这就是划分词类的标准,即词义标准和语法标准的并列。其实,俄语的形态比较丰富,区分词类并无困难。提出"词汇·语法范畴",目的在说明词类的性质,并不是主张重新规定划分词类的标准。我一方面指出"词汇·语法范畴"并非划分词类的标准,另一方面也指出双重标准在理论和实践方面都行不通。意义是词类的基础,划分词类的标准只能是功能。正因为词类有意义,所以一提到"桌子"、"咖啡",人们就能认为它们是名词。

3. 现有的词类是不完全归纳的结果。有少数词无法归类,如"万岁"、"在望"等等。补救的办法是描写这些词的功能,不必勉强纳入已有的词类。

4. 词类可以分为实词和虚词。虚词的功能可以概括为连接与附着。连词的功能是连接;介词附着于名词或其他实词,组成介词短语;时态助词附着于动词;语气词附着于句子;结构助词起连接作用,即连接修饰语和中心语;"的"也可以附着于别的词语,组成"的"字短语。

5. 名词可以区分为时地名词和非时地名词。时地名词的特点是能作状语,而且可以前置于句首。

动词可以区分为及物动词与不及物动词。

形容词可以区分为一般形容词与非谓形容词。

实词可以有附类,附类的特点是带有虚词性。

名词的附类是量词和方位词。量词常附着于数词或代词,组成量词短语。方位词附着于别的实词,组成方位短语。单纯方位词带上"边"、"面"、"头"的双音节名词,表示时间或处所,不是方位词。

6．关于动词的"向",我不同意朱德熙的看法,即反对在具体句子中确定"向",主张区分"向"的必有成分和可有成分。

7．主张根据词的功能区分动词和介词、区分动词和助动词,不同意《现代汉语语法讲话》中的处理意见。比如"我在家读书"的"在",《讲话》认为是介词,我认为是动词。"他在明天动身"的"在"才是介词。又如"他会说英语"的"会",《讲话》认为是助动词,我认为是动词。"天会下雨"的"会"才是助动词。

三　语句分析问题

1．语言符号的能记是声音,所记是意义。文字记录语言,书写符号是能记,所记包括声音和意义。把文字区分为表音文字与表意文字,容易产生误解。

2．提出类固定短语的概念。

3．语言单位包括形式和意义,在具体运用时,还可以有内容。所谓内容即具体所指对象,也称之为指称意义。象声词没有概括的词义,只有内容,在具体使用时才获得指称意义。名词中的专名,意义和内容合二为一了。

4．抽象的句子只有形式和意义,具体的句子才有内容。

5．句型分析以抽象的句子为对象,不涉及内容。句型分析与层次分析密切相关,但并不相等。把递归的理论用于析句,认定修饰语不影响句型,这就改进了单纯依据直接成分的关系定句型的方法。例如：

> 在三年前,他已经毕业了。

分析这个句子,第一次切分出的直接成分是偏正关系,然后该归入主谓句,因为"在三年前"不影响句型。切分谓语也一样,虽然"已经毕业"是偏正结构,应归入动词性谓语。

6. 认定复句中分句与分句的关系有逻辑关系、事理关系、心理关系之分,同时主张区分显性关系与隐性关系。例如：

> 小王着了凉,生病了。

其中有逻辑关系(因果),有事理关系(连贯)。如果加上"因为……所以",该归入因果句;如果添上"于是",该归入连贯句。这是以显性标志为归类的依据,但并未否定隐性关系。不加连词,原句属两可。

四　综合性学科对语法研究的影响

1. 信息论的影响
    a. 信息解码问题：我探讨过句子的理解因素,也研究了句子的理解策略。概括出四种策略：词语提取策略、词语预测策略、尝试组合策略、模式对照策略。
    b. 信息噪声问题：我分析过句子歧义产生的原因及消除歧义的方法。
    c. 信息类别问题：曾分析过新信息和旧信息的分布、焦点和疑问点的表示方法、定指和不定指、指称和陈述等相关的问题。
2. 符号学的影响
    a. 句法平面：探讨过层次分析、句法成分等有关问题。

b. 语义平面:研究过语义指向、虚词的功能等。

  c. 语用平面:探讨过话题、焦点、语气和口气等。

3. 系统论的影响

  a. 研究过切分(把整体分成部分)和划分(把大类分成小类)。

  b. 认定语言属非封闭系统,因此要探讨外部因素对内部因素的影响、内部因素的相互影响。特点是许多中间现象的存在,必须加以说明,例如实词的附类、类固定短语的描写和解释。

(原载《语言问题再认识》,上海教育出版社,2001年)

汉语语法研究刍议

从《马氏文通》问世算起,我国系统的汉语语法研究,已有近百年的历史。比较起来,前六十年的研究成果可以说是阳春白雪,跟随唱和的只有少数人;近四十年的研究成果可以比作下里巴人,一唱何止百和。当然,我并非说前者高深而后者粗浅;我国的语言工作者一直在不断地攀登,特别是近十多年来,更加快了步伐。回顾四十年来的历程,道路艰难而曲折,然而我们毕竟又登上了新的高度。展望未来,任重而道远,然而我们充满了信心。不论是回顾还是展望,已经有不少学者发表过精辟的见解。在《语文研究》、《世界汉语教学》、《语言教学与研究》、《国外语言学》等杂志都发表了他们的文章。这些文章有许多共同的论点,给我印象最深的是:

第一,必须坚持"务实"。只有注重语言事例的调查研究,才能更好地发现规律,解释语言现象。

第二,研究的道路在不断地拓宽,今后仍须进行多角度、多方位、多层面的探索。

第三,在理论和方法的吸收、借鉴方面要立足于汉语。

这些意见,我十分同意,所以不必重复了。此外,我想补充几点看法。

一 关于"务实"

曾经读到国外一本杂志上讲语法的文章,说规范语法是实的(concrete),而描写语法是虚的(abstract)。这个说法对印欧语言来说,也许有一定的道理。因为他们讲的规范语法,也就是传统语法,甚至用的是同一个词 prescriptive grammar。这种语法代代相传,是有书为证,大家都看得见的,当然比较实。描写语法要求人们去发现规律,当然比较虚。我们的情况就两样,语法研究是近百年来受西方学术的影响才开始的。如果把人家的传统当作我们的规范,那就不是务实,而是失实了。

在汉语语法研究方面,我们有一条重要的经验,那就是要从语言材料中发现自身的规律。新中国成立之前,吕叔湘先生、王力先生是这样做的。新中国成立之后吕先生一再强调"务实",我认为主要的精神在告诫我们不要吃现成饭,鼓励我们要有所发现。

讲到有所发现,许多人想到的是收集事例,加以分析,从中总结规律。这种理解当然不错,可是还不够全面。1980年吕先生在中国语言学会成立大会上作了《把我国语言科学推向前进》的报告,其中谈到理论和事例的关系,强调理论从事例中来的同时,还说:"正确的理论能引导你去发现事实。"

真理的相对性主要是运用范围决定的。什么是正确的理论?首要的是要考察它的适用范围。比如有些理论是从印欧语言的事例中得来的,对印欧语言来说,是正确的;对汉语来说,却未必正确。当然,也可能正确,不过须用汉语的事例来验证。例如语言类型的研究,洪堡特曾把世界语言分为屈折语、黏着语和综合语,因为没有考虑汉语的特点,汉语就无所归属。有人认为汉语是作格语言,吕先生曾指出这纯属牵强附会。再如有人认为古汉语是 SVO 型,现代汉语逐渐转变成 SOV 型,这种看法并不符合汉语的实际情况。看来,汉语有它的特殊性,而这种特殊性只有我们自己最能把握,根据汉语的特点和事例归纳的理论当然要予以重视。

一讲到语言理论,有人想到的都是西方的学说。我们有没有自己的理论?有。例如吕叔湘先生主编的《现代汉语八百词》中指出汉语中"单双音节对词语结构的影响"是汉语特点之一。在这种理论指导下,有些青年学者发现了一些汉语特有的规律。比如现代汉语中动词接上名词,可能构成动宾关系,也可能构成偏正关系,不能构成主谓关系或联合关系,这是语法的选择。在这种选择的前提下,如何确定具体关系呢?如果是双音节动词接双音节名词,词义在这里起了决定作用。如"建筑房屋"属动宾结构,"建筑材料"属偏正结构。如果单双音节搭配,就不一定依靠词义的选择了。例如"选题目"属动宾结构,而"选择题"是偏正结构。"筹经费"是动宾结构,而"筹备费"是偏正结构。在这里,音节起了区别关系的作用。

当然,我们的理论研究还有待进一步深入,我们也并不排斥西方的学说,而这一切都须有个立足点,那就是我们在研究世界上有近十亿人作为母语的汉语。

二 关于"补缺"

当代语言学发展很快,流派纷繁,使人眼花缭乱。我所说的补缺,不是见到什么新鲜玩意儿就一概都要。譬如走进百货公司,看到许多新产品,如果见一样,买一样,这不是好办法。何况有些新产品是短命的,等我们学会使用,人家认为该淘汰了。补缺,当然应该根据需要,而需要是有等差的。

这里有两种不同的出发点:一是替别人补缺,一是为自己补缺。例如乔姆斯基认为他的理论和方法通用于各种语言,可是最先他只用英语来证明。后来有人(主要是海外学者)把他的理论用于另外的语言(如日语、汉语),可以认为这是替乔姆斯基补缺。当然,这种补缺在学术上是有意义的,也是必要的,可是比较起来,我认为替自己补缺更为重要。

汉语的书面语言有几千年的历史,我们的语法研究主要分为古汉语和现代汉语,古汉语其实是指文言。文言语法与现代汉语语法之间的继承和发展的关系究竟是怎样的? 看来还不十分清楚。文言中的语气词在现代汉语中全不见了,代词基本上更换了。文言中的介词很少,一词多用;在现代汉语中分化出许多介词。例如文言中的"於(于)"今天仍在用,可是从中分化出"在"、"向"、"给"、"自"等等。所有这些变化是一个怎样的过程? 有些学者作了个别的研究,但至今缺乏全面的考察。问题当然在近代汉语的研究方面。这方面的研究有客观的困难。文言虽然用了几千年,可是基本格局不变;近代汉语时间也不短,资料也不少,可是书面上的形式复杂,方言成分多,内容范围广,语体风格杂,加上文字变迁等因素,形成多种多样的书面形式。困难虽多,我们应该努力克服。吕先生已经给我们开辟了道路,更增强了我们前进的信心。

拿文言语法来看,我们的成绩主要还是继承发展了训诂的模式,例如虚词的研究等等。至于整体的描写,因为是把现代汉语的系统套在文言语法上边,总使人感到圆凿方枘,扞格难通。看来,文言语法的系统须作专题研究。

要促进科学的发展,必须使科学内部结构的研究能平衡地进行。怎样考察内部的研究的发展情况? 可以从高层次的结构要求来分析。比如语言是传达信息的工具,我们就可以从信息传达的角度加以分析。我们来看看现代汉语语法研究的情况吧。

研究信息,首先要解决的是解码的问题。一本词典、一部语法书做到的是局部的解码工作。四十年来,在这方面我们做了不少工作。比如语句的层次分析,语义指向的研究,语气和口气的探讨等等,都属解码的范围。可是诸如此类的理解因素(interpretant)的分析只是解码的基础。至于这些因素的具体运用则体现在解码过程之中,在这方面我们研究得很不够。国内外有些心理学家研究儿童理解句子的过程,有一定成果。他们发现儿童在理解句子时,往往不是依据整句所提供的全部信息,而是抓住其中少量信息,据以选择记忆中能与之联系对比的认知框架,从而推断句子的含义。比如他听到一个句子,里边有"人",有"苹果",有"吃",不管词的顺序。如何,都能理解其中的动作与施受的关系。总之,初级的理解过程不是从词到句有顺序地进行解码,而是动词的框架起了重要作用。然而这不能说明成人的理解过程,特别是复杂句子的理解。我们的语法教学把句子作这样或那样的分析,但是我们还不能指出不同年龄、不同文化程度的人对不同类型的句子的理解过程究竟有什么差别。

可喜的是我们对语言信息的研究,已扩大了范围,进行了多角度的观察。例如"信息噪声"的研究在我们的语言学中已占重要地位。过去人们以为只有在研究语音合成之类的课题时才须注意这种问题。如今认为语汇、语法方面都可能出现"噪声"。歧义(ambiguity)的研究属于这个范围。此外,信息量的研究也提到日程上来了。信息论的创始人申农曾借用物理学上的"熵"说明信息量。"熵"不是固定的量,它由许多因素决定。有没有规律可循?这些问题都值得研究。动词的"向"(valence,或称为"价")的研究属于这个范围。再如,信息类别的研究方兴未艾。通常把信息分为新信息和旧信息,关键在这两种信息如何在句子中体现。旧信息在前,新信息在后,这只是一般原则。"他是厂长"中,"他"是旧信息,"厂长"是新信息。"他就是厂长"中,"他"是新信息,"厂长"是旧信息。指称和陈述也是重要的信息类别。在汉语里,有些词语专用作指称(如"方法"、"人民"),有些词语专用作陈述(如"谢谢"、"没有说的")。陈述有时变成指称(如"他的来"中的"来"),指称有时变成陈述(如"今天星期一"中的"星期一")。此外指称可以分为定指和不定指,指称和陈述都可以有附加信息。经常用作附加信息的除了某些类别的词(如副词)之外,还有一些短语(如"高速度"、"大范围"、"小规模")。所有这些现象,都有待深入探讨。

三　关于"继承"和"吸收"

继承和吸收都是为了发展,它们是相辅相成的。

传统不等于陈旧;传统文化中有陈旧的,有须要继承和发扬的。洋货不等于上品;外来文化有可取的,有不可取的。这就要求我们加以鉴别。四十年来的经验告诉我们:要提高鉴别的水平,必须弄清楚一些基本问题。例如在词类划分问题上,《马氏文通》问世以后,拿意义作标准。五十年代的讨论使我们得出一个结论:划分词类不能单纯以意义作为标准。然而意义在词类划分中占什么位置仍有不同看法,值得进一步讨论。又如在辨认主宾语问题上,通过讨论得出这样的共同认识:必须重视形式和意义的结合。在语法分析中,什么是形式?什么是意义?理解很不一致。在这里,我想指出一点看法:根据辩证唯物主义的观点,内容和形式是相对的,在一定条件下,作为一定内容的形式,可以成为另一形式的内容。而作为一定形式的内容,可以成为另一内容的形式。如果采取这种观点,语法上的形式和意义的问题也许可以进一步阐明。

科学上的类别有关系类别和特征类别之分。打个比方吧:"丈夫"和"妻子"是关系类别,"男人"和"女人"则属特征类别。分析句子,西方很重视关系类别,如主语和谓语,述语和宾语等等,这种方法我们早已吸收了。然而把句子当作一种特征类别加以分析,却是我们老一辈语言学家的创造。今天常讲的"把字句"、"被字句"、"是字句"等等,正是继承了这一传统。如何把句子中的关系类别和作为特征类别的句式融合起来,说明汉语特有的结构规律,这也是我们要予以重视的。

引进西方的学说,不是搬用他们现成的结论,而是借用他们的方法,解决我们的问题。就拿方法来说,有些方法适用于他们,不一定为我所用。有些方法是好的,我们要引进,可是也未必尽善尽美。必要时须加以补充修正。比如哈里斯的变换方法可以说明句与句之间的关系,可以区别同形异构,值得借用。他提出的变换原则是:第一,变换前后的句子组成成分不变;第二,各成分之间的意义关系相同。这里讲的意义关系相同,可以有不同理解。朱德熙先生为了说明这个问题,提出"变换矩阵",指出语义有不同层次。这是引进外来方法时加以补充修正的范例。

有一种看法,认为讲继承,应该是继承有中国特色的东西。语法学是外来的,无所谓中国特色,只能谈吸收、借鉴。这种看法不对。打个比方来说吧,科学社会主义理论是在西方产生的,我们把它应用到中国,形成中国的社会主义,这算不算特色?应该算。正因为如此,我们才称之为有中国特色的社会主义。在科学领域内,我们的前辈运用了西方的理论和方法,描写了我们的语言,解释了语法现象,这正是我们的特色,是应该继承和发扬的。即使是最早的著作如《马氏文通》,也有不少显示中国特色的地方。何况从治学的精神来看,那种务实的态度,那种坚持的作风,难道不正是我国语文工作者的优良传统?

参 考 文 献

吕叔湘 1980《现代汉语八百词》,商务印书馆。
吕叔湘 1983《吕叔湘语文论集》,商务印书馆。
《世界汉语教学》、《语言教学与研究》杂志社编辑部编 1992《80年代与90年代中国现代汉语语法研究》,北京语言学院出版社。
吴为善 1986《现代汉语三音节组合规律初探》,《汉语学习》第5期。
张国宪 1989《"动+名"结构中单双音节动作动词功能差异初探》,《中国语文》第3期。
朱德熙 1989《语法丛稿》,上海教育出版社。

(原载《中国语文研究四十年纪念文集》,
北京语言学院出版社,1993年)

我对40年来现代汉语语法研究的一些看法

今天的现代汉语语法研究,同50年代的情况相比,好像是从黑白电视时代,进入了彩色电视时代。因为看到的是五彩纷呈,有时不免觉得眼花缭乱,然而我们透过绚丽的画面,去寻找它的光源,就会发现那里发射出来的只是有限的几种原色。人们所见到的万紫千红,都是由这几种原色光束交织而成的。

从光谱学的角度看,黑白与原色并非了不相涉。从语法学史的眼光考察,50年代的简单色调与80年代的夺目光彩也有许多相通之处。当然,这当中有个发展的过程。这个过程是十分复杂的,表现在两个方面:第一,发展不是一帆风顺的,经历了不少坎坷。这一点容易理解,我们不打算多谈。第二,发展不是单线的,有几条主要线索在起作用,这是我们要着重分析的。

构成现代汉语语法研究的历史和现状,有哪些基本线索呢?大体说来,有这么几条。第一,立足于传统语法,不断加以改进,以适应语文教学的需要。第二,吸取现代语言学的理论和方法,试图建立汉语语法学新体系,或开辟解决问题的新蹊径。第三,从汉语实际出发,分析汉语语法现象,发现规律,并加以解释。这三条线索并非同步发展,但是它们都贯彻始终,有时是交织在一起的,所以很难据此划分阶段。如果要划分,只能粗略地分为两段:50年代至70年代中期为第一阶段,这个阶段的特点是以第一条线索为主导。70年代末和80年代为第二阶段,这个阶段的特点是第二条线索和第三条线索迅速发展,第一条线索已失去主导地位。当然,这是就总的情况来说的,至于语法学家,情况各不相同。有的坚持传统语法的立场,万变不离其宗。有的热心引进新的理论和方法,着力于突破旧的框架。有的重视汉语语法特点,从细致的观察和描写之中去说明规律。其中有些学者的研究倾向在不断改变,这也是很自然的事。

下边我们将回顾一下上述几条线索在发展中的主要情况,附带谈谈对发展前景的看法。

一

50年代有两次大规模的专题讨论,即词类问题的讨论和主宾语问题的讨论。这两次讨论是密切相关的,目的都在使传统语法能合理地运用于汉语语法分析。① 传统语法要给词分类,要给句子划定成分,同时要说明词类和句子成分之间的对当关系。印欧语言在区分词类和辨析句子成分时都要凭借形态,汉语缺少词形变化,只得另觅途径。自《马氏文通》开始,许多汉语语法著作都拿意义作为区分词类的标准,由于在理论上和实践上人们对意义标准产生的怀疑愈来愈深切,于是开展了词类问题的讨论。讨论的最大收获是学者一致认为词类的区分不能单纯根据意义,然而遗留的,没有得到解决的仍旧是有关意义的问题。就是说,意义在词类划分中究竟占什么地位,学者的看法还不一致。大体说来,有三种意见:

1. 认为区分词类的标准是词的意义和语法功能。
2. 认为区分词类的主要标准是功能,意义是参考标准。
3. 认为区分词类的标准只有功能,意义是词类的基础,但并非区分词类的标准。

这三种意见其实可以归并为两大类。前两种意见是一类,即承认意义是标准之一,采取的是多标准。后一种意见是一类,即不承认意义标准。这两种意见的对立也反映在对"词汇·语法范畴"的理解上边。"词汇·语法范畴"这个术语译自苏联的"лексикограмматические разряды слов",曾被广泛应用,例如1956年人民教育出版社中学汉语编辑室公布的《暂拟汉语教学语法系统》认为:"词类是词根据词汇·语法范畴的分类。具体些说,就是词类是根据词的意义和词的语法特点来划分的。"② 有人认为"词汇·语法范畴"是说明词类的性质的。也就是说,某些词能归属一类,与意义并非无关;但是就这一类词的整体看,它与别类词的区别不是以意义为依据。正如有些语言的名词有"性"的范畴,这与生物界的性别不是毫无关系;但是生物的性别不是区分语法上"性"的范畴的标准。③ "词汇·语法范畴"这个术语在70年代已经销声匿迹了,但是意义与功能是不是要并列作为区分词类标准的问题,始终存在不同的看法。

立足于传统语法,自然认为词法和句法是构成体系的双轴。词法的中心是区分词类,而句法的中心是划定句子成分。找句子成分首先要解决的是主语和宾语的问题。汉语不能凭形态确定主宾语,人们曾试图用施受关系或词语的位置为依据。这两种标准,不论是单用还是合用,都将出现许多矛盾。其中的复杂情况在1946年吕叔湘已经作过详细的分析,应该说,问题是早已提出来了。④ 50年代的讨论当然是希望解决问题,但目的未能完全达到,这是意料中的事。然而这场讨论是有益的,表现在两个方面:

1. 扩大了视野。在讨论中展示了丰富的语言材料,学者从不同角度分析问题,这样就使人们对汉语的特点有进一步的认识,对问题的复杂性有更多的理解。

2. 人们确认句法分析必须依据形式与意义相结合的原则。当然,确认这一原则是一回事,如何理解这一原则却是另一回事。正由于对这一原则有不同的理解,在句法分析方面自然就出现错落不齐的情况。但是,无论如何,大家都更加重视结构的分析,这应该说是值得肯定的。

二

30年代以来,结构主义语言学致力于制订比较客观而精确的分析方法,其中运用得较为广泛的是替代法、直接成分分析法、分布分析法、变换分析法。40年来,这些方法逐渐被汉语语法学者所运用,并取得一定的成果。

替代法主要用来切分语言单位。早在1938年陆志韦曾用来辨识汉语的单音词。50年代初期,陆先生重申他的主张,认为替代法可以辨识词与非词。⑤这种主张影响不大,并不是因为替代法不适用于汉语,而是因为替代的结果得出的语言单位是语素,而不一定是词。后来许多学者用这一方法切分语素,比单纯根据意义辨识语素较为科学,因而得到推广。

直接成分分析法主要用来识别语言单位内部的层次关系,适用于各种语言单位。1948年美国出版的赵元任的 *Mandarin Primer*(《国语入门》),最先使用这一方法来分析汉语。⑥1961年丁声树等著的《现代汉语语法讲话》,用直接成分分析法全面地分析了现代汉语的句法结构。赵元任于1965年出版的《中国话的文法》,则更加系统而严谨地运用了这一方法。目前在汉语语法学界,这一方法得到广泛的运用,毫无疑问,是受到这些著作的影响。

分布分析法主要用来给语言单位分类。直接成分分析法考察的是语言单位的内部结构层次,而分布分析法研究的是语言单位的外部结构关系。这种方法的基本观点在我国语言学界早已有人传播。例如30年代末期开展了"文法革新讨论",当时有人提倡依据词与词的结合关系划分词类,其实是主张运用分布分析的方法。[7]不过,把分布看作一种具体的操作方法,用来解决各种语言单位的分类问题(例如词类问题、语素分类问题),或者用来分析某些具体的语法现象,这是近40年才出现的。朱德熙的《说"的"》(1961)把"的"分析为三个不同的语素,运用的是分布分析方法。文章的影响不在于所得结论是否能取得别人的赞同,而在于给传统的分类方法以有力的挑战。吕叔湘的《说"自由"与"黏着"》(1962),重点不在评价与分布密切相关的这两个概念,而在启发人们运用外来方法的时候,如何重视汉语的特点。

当然,以上讲到的几种方法在具体运用中常常是交错的。例如朱德熙的《句法结构》(1962),讨论的是层次切分问题,但运用的方法不限于直接成分分析法,还包括替换法、分布分析法等等。

变换分析法常用来分析同形异构现象。例如"筹备经费"可以是偏正结构,也可以是动宾结构。如果是前者,能变换成"筹备的经费"或"筹备费"。如果是后者,可以变换为"筹备了经费"或"筹经费"。有时也用来分析同形异义。例如"饭吃饱了"和"饭吃完了",句法结构相同,语义关系不一样。可是后者能加"被"而前者不能,据此可以说明它们之间的差别。变换分析作为一种方法,应该有一些基本原则,否则随心所欲,很难使人信服。哈里斯(Z. S. Harris)在这方面曾经提出要求,却又嫌太原则。朱德熙论著《变换分析中的平行性原则》(1986),结合了汉语实际,列出"变换矩阵"。这就不是个别句子的变换,而是某些句式的变换了。当然,运用变换分析方法说明某些相关句式之间的联系和区别的,有不少有价值的论文,这里就不一一叙述了。

现代科学的一个特点是许许多多相关科学互相渗透,密切联系,因而更新了许多观念,开辟了前所未有的领域,语法学也不例外。

首先我们想到的是符号学。被称为现代语言学之父的索绪尔早就把语言看作一种符号系统,他的观点在30年代已经在汉语语法学界传播。然而60年代以前的汉语语法研究,只着重句法学,即主要以符号与符号的关系作为研究对象。从符号学的观点看,这仅仅是一个部分。符号学除了研究符号与符号之间的关系(句法学),还要研究符号与客观事物之间的关系(语义学),符号与使用者之间的关系(语用学)。把语义研究和语用研究纳入现代汉语语法研究之内,这是70年代才开始的。[8]当然,这并不是说70年代以前的汉语语法研究丝毫未涉及语义和语用的问题,但是无论如何,有意识地研究句法和语义、语用之间的各种复杂关系,并寻找其规律,这是近十多年来才出现的。

其次我们想到的是心理学。心理学给语法学的影响不在规律的说明,而在现象的解释。30年代的结构主义语言学用行为主义心理学来解释言语行为,把言语活动归结为"刺激—反应"的公式。50年代以来,我们出版了不少供人们学习现代汉语的语法著作,所附习题大都属于反复训练、模仿析句之类,目的在加强刺激,以养成正确的语言习惯。这都直接间接受上述学说的影响。60年代的转换生成语法从认知心理学的观点来解释言语行为,认为学习语言不是单纯模仿、记忆的过程,而是一种创造性的活动,强调掌握有限的规则,用以产生无限的句子。70年代再版的上海本《现代汉语》教材(胡裕树主编)明确提出析句的终点是归纳句型。此后出现不少谈句型的论文和专著,都在不同程度上受了上述学说的影响。目前语法学的发展又受到社会心理的启示,认为不能把语言作为独立的符号系统来研究。所谓"语言能力"不仅指能否造出合乎语法的句子,而且包括是否能恰当地运用语言进行交际的能力。在这种学说的影响下,现代汉语语法研究的领域就更加扩大了。

当然,现代语言学还受许多其他科学的影响,而我们的现代汉语语法研究又直接或间接受现代语言学的影响。例如由于数理逻辑的影响,现代语言学注重人脑储存信息的方式。一些心理学家和语言学家指出人的短时记忆容量是有限的。为了扩大信息量,人们把语言编成记忆的形式,即所谓"组块"(chunk)。又用"递归能力"(recursion)来说明这种现象。在现代汉语语法分析方面,有人用"组块"和"递归"的观点来说明问题。⑨又如动词的"向"(或称之为"价",valency)的问题,在汉语语法分析中已引起愈来愈多的学者的重视。⑩这个术语其实来源于化学,不少科学(如数理逻辑、生物学)都曾借用。语法学借用这个术语,目的在说明动词的支配功能(governing function)。尽管语法学者对"向"的理解还不一致,无论如何,引进"向"的概念来说明汉语语法现象,特别是说明句法和语义之间的复杂关系,实践已经证明是有效的。

有人应用乔姆斯基的转换生成语法来研究汉语。例如我国台湾学者汤廷池曾著《国语变形语法研究》,日本的安妮·Y.桥本(余霭芹)著有 *Syntactic Structures in Mandarin*(《普通话句法结构》),都运用生成语法的规则和方法。对转换生成语法的性质,乔姆斯基已经说得很清楚:它是解释性语法,而不是描写性语法。说得彻底一些,用转换生成语法研究任何一种语言(当然包括汉语),如果获得满意的效果,那只能证明这种语法对人类语言机制的解释是合理的。或者说,研究具体语言是为了说明普遍规律,而不可能是运用生成语法的普遍规律描述具体语言。

顺便要提一提的是:1981 年美国加州大学出版了 Charles Li

和 Sandra Thompson 的 *Mandarin Chinese*(《普通话语法》),在国外有一定的影响。这本书代表了国外对现代汉语研究的一些倾向:

1. 把汉语看作主题居重要地位(topic-prominent)的语言,区别于主语居重要地位(subject-prominent)的语言(例如英语)。

2. 对汉语结构规律的描写,粗细不匀。总体说来,比较粗略;但是粗中见细,个别地方描写得较为细致。

3. 所用例句都是十分简单的句子,有的不符合汉语普通话的规范,这大概是外国学者描写汉语最容易犯的毛病。

三

立足于汉语,从汉语的实际出发来研究现代汉语语法,通常有两种情况。一种是分析汉语材料,从中发现问题,然后加以梳理,或说明规律,或解释现象,得出的结论与采取的方法常与现代语言学的某些观点不谋而合。一种是着眼于汉语的特点,分析某些具体问题(如某些虚词、某些句式的特征和用法),得出的结论是汉语所特有的。前者是从特殊到一般,后者是从特殊到特殊。当然,这两种情况也并非毫不相关,因为在事物的发展中,特殊是可以向一般推移的。

1979年吕叔湘的《汉语语法分析问题》问世了。这一著作归纳、分析了自50年代以来学者长期探索、争论的问题,不但指明问题的症结所在,而且给读者以启迪,提示进一步钻研的途径。其中不少提法引人注目。比如认为"主语只是动词的几个宾语之中提出来放在主题位置上的一个",这里的宾语指的是与动词发生语义关系的名词性成分,吕先生曾建议称之为补语。有人说,这里体现了深层结构和表层结构的思想;也有人说,这是格语法

(case grammar)的具体运用。如果翻一翻40年代初出版的《中国文法要略》，不难发现吕先生的这些思想早就形成了，而菲尔摩的 *The Case for Case*（《格辨》）是1968年发表的。我们并不是说"格语法"来源于东方，不过以此证明立足于汉语，有时会发现世界语言的某些共性。

当然，汉语有自己的特点，也就有不同于其他语言的规律。在这方面，语音规律的描写和解释都比较充分，而语法则稍嫌不足。吕先生曾多次呼吁，要求大家重视积累资料，发现问题，说明规律。他发表了不少文章，列举人们视而不见的语法现象，认为既然身在此山中，应该识得庐山真面目。由于吕先生和其他老专家的提倡，在《中国语文》、《语文建设》、《语文研究》、《汉语学习》、《语言教学与研究》等杂志上，不断登载研究汉语语法规律的文章，而且大都能占有大量材料，从中总结出若干规律。

四

粗略地回顾了40年来现代汉语语法研究之后，自然会想到未来的发展。科学总是不断进步的，而未来的发展要依靠年青一代，这是毫无疑问的。然而要促使我们的科学发展，少走弯路，不论是老年专家，还是年轻学者，都要防止滋长片面的观点，因为片面性是科学的大敌。在这方面，下列问题似乎是应该加以重视的。

第一，怎样对待传统？

这里讲的传统，包括两层意思，一是传统语法，一是语法传统。传统语法的缺点早已被人们指出：

1. 词类划分标准不一致。
2. 以意义为语法分析的依据。
3. 把语法看成是一套必须遵守的规则而忽视语言的发展和

实际使用的情况。

尽管这样,一代又一代的教师使用传统语法在进行语文教学,并且取得一定的效果。目前我国通用的语法教材,都没有放弃传统语法的框架。其实,从18世纪以来,各国的语法学者都在改进传统语法,我们当然也应该根据汉语的实际对传统语法加以改进。50年代开展的词类问题的讨论和主宾语问题的讨论在这方面已经取得成绩,而有些语法教材在传统语法的基础上,吸取了现代语言学的分析方法,也作了有益的尝试。看来,我们还可以在这方面作进一步的努力。

自从《马氏文通》以来,我们的语法研究和语文教学是密切联系的,再看远一些,我国古代的文字训诂研究莫不是为了提高人们的语文水平。研究语法着眼于提高读写能力,这就是我们的语法传统。50年代吕叔湘、朱德熙的《语法修辞讲话》之所以为广大群众所欢迎,主要是因为继承发扬了这个传统。

第二,怎样看待吸取国外的科学成就?

语法作为一门科学,本来就是外来的。所以,并没有人怀疑吸取国外科学成就。问题是在如何有效地吸取。

现代语言学的特点是发展迅速,门类繁多。进口货好的不少,也并非全属上乘。结构主义语言学促进了汉语的语法研究,它的一些方法至今我们还在有效地运用。转换生成语法开拓了我们的眼界,不少学者齐声宗仰。然而在西方宗仰者有之,而诟病者也不少。即使是学派的奠基人(例如乔姆斯基)也在不断地修正自己的理论和方法。我们要避免走弯路,就不能亦步亦趋。妥当的办法应该是分清优点和缺点,了解理论和方法所适应的范围,然后才能借来解决我们的问题。

任何科学的发展,必然产生一些新观念、新术语。美国有个哲学家叫图尔明,曾提出"观念进化论",认为新观念的出现是科学发展的火车头。就是说,有了新观念,才能出现新的创造。要促使汉语语法学的发展,引进一些新观念是必要的。在引进新观念、新术语的时候,有两点值得注意。一是要认清新观念与相关的旧观念之间的关系。新旧观念有的是相容的,有的是不相容的,必须加以区别。比如承认句子结构的递归性与承认句子成分应该由单词来充当是不相容的,承认语句结构的层次性与承认词语之间的句法关系却是相容的。二是要了解新术语不是孤立的,它总与其他术语互相联系而显示它的作用的。比如用直接成分分析法分析"出口商品",无法区分偏正关系和动宾关系。但是布龙菲尔德提出直接成分分析这一方法的同时,还主张区分向心结构和背心结构。按照他的理论,"出口商品"是向心结构,但是有不同的中心,一是"商品",一是"出口"。这里因为有不同的中心,所以产生歧义。我们当然并不是说布氏的理论完美无缺,只不过是用来指出术语之间往往密切相关而已。

第三,怎样评价方法的选择?

采用归纳法还是演绎法?这样的提法很值得商榷,在科学研究的过程中,归纳和演绎总是交替使用的。我们不反对"假设",任何假设都不能毫无事实或经验作为依据,其中其实包含了归纳的内容。我们提倡积累材料,从语言事实中发现规律,但是任何归纳都以有限的材料作依据,得出结论之后还须进一步求证,新的材料有时使已有的结论得到补充修正。这当中就有演绎的过程。当然,就某一具体研究过程来看,可能是侧重归纳或演绎,但无论如何,不能把它们对立起来。

是应该为应用的目的(如语言规范化、语言自动化、语文教学)而进行研究,还是应该摆脱应用的牵引而独立地从事研究?一切科学都是为人类社会服务的,不过有的是直接的,有的是间接的。从广义说,一切科学都是为了应用,从具体的研究课题来说,不必都有明确的实用目的。但是,有一点可以肯定:人们的实践,往往是推动科学发展的动力。乔姆斯基的学说被广泛应用于机器翻译和语言自动化方面,这大概是他始所未能料及而最终感到自豪的。在应用中不断产生问题,因而促使他不断修改自己的理论和方法,这也是人所共知的事实。总之,我们的语法学者应该多关心语言实践当中出现的种种现象和问题,以促使我们的研究成绩不断扩大,加深。

附注

① 参阅《汉语的词类问题》一、二集,中华书局,1955—1956年;《汉语的主宾语问题》,中华书局,1956年。

② 见《语法和语法教学》第12页,人民教育出版社,1956年。

③ 参阅林裕文《词汇、语法、修辞》第50—52页,上海教育出版社,1985年。

④ 参阅吕叔湘《从主语、宾语的分别谈国语句子的分析》(1947年),载《开明书店二十周年纪念文集》,后收入《汉语语法论文集》。

⑤ 参阅陆志韦《北京话单音词词汇》,科学出版社,1956年。

⑥ 李荣将这本书的语法部分编译成《北京口语语法》,中国青年出版社,1953年。

⑦ 参阅《中国文法革新论丛》中方光焘的论文,文津出版社,1943年,1958年中华书局重印。

⑧ 参阅胡裕树主编《现代汉语》;文炼、胡附《汉语语序研究中的几个问题》,《中国语文》1984年第3期。

⑨ 1956年米勒提出短时记忆以组块为单位,每一组块的信息量是个变数。短时记忆的记忆容量是7 ± 2个组块。陆丙甫曾用来分析汉语,见《语文研究》1985年第1期第36页。

⑩ 参阅朱德熙《"的"字结构和判断句(上)》,《中国语文》1978年第1期;文炼《词语之间的搭配关系》,《中国语文》1982年第1期。

(原载《语文建设》1989年第1期)

论语法学中"形式和意义相结合"的原则

一

前年的教学改革中,各高等院校中文系都揭露了语言学课程中存在的问题。矛头集中对准一个方面,那就是脱离实际。语言学课程脱离实际是多方面的:脱离学生接受水平的实际,脱离培养目标的实际,还脱离语言实践的实际。

汉语教学的首要目的是提高学生的语言的修养,语法教学的任务则在帮助学生自觉地熟练地掌握语言的结构规律。不能设想,语法学本身描写的规律不能反映客观的语言事实而能完成语法教学的任务。为了改变这种情况,我们在编写教材中提出了"形式和意义相结合"的原则。

过去的语法教学,有没有形式和意义脱节的现象?不但有,而且很普遍。例如讲句类,把句子分为直陈、疑问、祈使、感叹四种,任务算是已经完成。至于它们的语调有什么不同,使用的助词有什么差别,句式有哪些变化,似乎可以不提。讲词类,把词分成名词、动词、形容词等等,名词当中还要分集体名词、个体名词、质料名词……至于它们的用法,则往往不谈。讲定语和中心词的关系,列举了不少类型,有表数量的(如三本书)、有表性状的(如新的书)、有表来源的(如买的书)……只要时间允许,不妨多列名目。但是这样的列举跟我们要讲的语言结构规律又有什么关系呢?

语法的存在,正好像其他语言现象(如语音、词汇)的存在一样,它不是孤立的东西。语言是交际的工具,"一种语言只有用自己的全部手段的总和才能把人对周围世界的认识成果表达出来",[①]我们要探讨的是全部手段中的一个部分,当然,不能认为语法离开了别的语言要素,它可以单独完成交际的任务;但是我们也不能把语言中别的要素所起的表意作用当作语法功能。所以,要使我们的语法学切合语言实际,必须把语法看作具体语言(我们这里谈的当然是汉语)中的表意要素,要从语言的整体去了解语法;但是,更重要的,须了解语法在全部手段中所尽的责任。也就是说,要使我们描写的对象明确。正因为这样,我们谈语法的形式与意义应该有特定的内容和范围,在这方面语法学者的看法是不很一致的。

二

语法要不要讲意义呢? 当然要。问题在讲的是什么样的意义。陈望道先生曾经把意义分为三种:第一种是个别意义,第二种是配置意义,第三种是会同意义。[②]我们的体会是:个别意义就是每个词的具体的意义,会同意义就是同一类词所共有的概括的意义,配置意义是指词与词之间的关系意义。例如"花、书、看、读",它们的个别意义很不相同,但是"花"和"书","看"和"读"各有相同的会同意义,而"看花"和"读书"却有相同的配置意义。陈先生认为:"这三种意义又可分为两个大类:一是个体含有的意义,个别意义属之。二是集体组成的意义,配置意义和会同意义属之。……文法学或语法学研究的对象,如果单就意义这一方面来说,正是集体组成的意义。"这些话对我们很有启发。

语法学如果把个别意义作为研究的对象,那么便不能达到说明语言结构规律的目的。《马氏文通》有实用的目的而缺少实用的价值,原因就在这里。语法学不研究词的个别意义,重视的是概括了的意义。"然而,并不是所有概括了的意义都是语法意义。概括了的意义,只有在下面的情况下,才能算是语法意义:表示它的词在说话当中在用法上和其他范畴的词不同;一个词究竟属于哪一范畴,要看这个词在表达附加的语法意义时能有哪些形式标志,要看它怎样同词组和句子中的其他词联结。"③我们的看法正是这样:语法意义必须有语法形式的表现,离开了语法形式无所谓语法意义。语法意义和语法形式的统一体是语法结构,它是语法学唯一的研究对象。

所以,同一类词所共有的概括意义也好,词与词联结的关系意义也好,它们既是语法意义,必须有形式表现。

对于词的语法形式有一种误解:以为词的语法形式指的就是词的前后缀或词尾。其实,词尾之类只是语法形式的一种标志,它们并不是语法形式本身。作为结构中一定类别的词,它是形式和意义的统一体。例如,"桌子、胖子、盖子"之所以属同一类词,是因为它们与别的词组合的时候或者造句的时候有共同的功能。"子"可以帮助我们认识它们属于同一类词,但是我们不能说"子"代表形式而"桌、胖、盖"代表意义。如果是这样,那么形式和意义是"相加"而不是"统一"了。而且,如果把语法形式限于词形变化的形式或词的内部结构形式,那么,就会得出结论说:有些词是没有语法形式的。④斯大林说过:"当语言的词汇接受了语言文法的支配的时候,就会有极大意义。……正是由于有了文法,就使语言有可能赋予人的思想以物质的语言的外壳。"⑤没有语法形式而有语法意义,在理论上固然讲不通,在实践上必然会取消汉语的词类。

我们认为:作为语言结构中的基本单位的词,不论单纯的或合成的,它是一个整体,它以整体的资格与别的词发生关系。因此,词类的意义,归根结底还是一种语法上的关系意义。⑥

对关系意义有两种误解:一种误解是把关系意义看作词的具体意义的相加。例如有人承认"吃饭、吃菜"属动宾关系,但对"吃食堂、吃大灶"能否构成动宾关系表示怀疑,或者简单地把它们列入例外。显然,这是从某种绝对的标准出发来理解语法上的动宾关系的。列宁曾经指出:"任何一般只是大致地包括一切个别事物。任何个别都不能完全地列入一般之中。"⑦语法上的各种关系都是"一般",词的具体意义是"个别",要求它们完全一致是不科学的。另一种误解是把关系意义看作空洞的东西,似乎是离开了具体内容而存在的。有人认为"吃食堂、吃大灶"既然可以表示一定的语法关系,那么,即使像"吃房间、吃饭碗"之类也没有什么不合语法的地方了。如果要说这种说法有错误,那只是具体的词义的问题,语法不管这些。必须懂得:一切规律永远是在个别的、具体的事物和现象中表现出来的。离开了个别,也没有一般。语言是交流思想的工具,语言的"个别"存在于我们日常的言语活动之中。离开了言语活动,就找不到语言的规律了。我们在交际中既然不用"吃房间、吃饭碗"来表情达意,那么这儿的"个别"已经是虚构的,便谈不上体现"一般"。

三

正因为我们的语言学界对语法形式和语法意义的见解不很一致,所以,不难设想,在"形式和意义怎样结合"的问题上看法是如何分歧了。

从普通语言学的角度看,大家都承认这么个原则:同一形式可以表示不同的意义,而同样的意义也可以用不同的形式来表现。这个原则当然也适用于汉语。例如:

(1) 他洗衣服洗得干干净净。
(2) 他看小说看得着了迷。
(3) 他把衣服洗得干干净净。

第(1)(2)两句的格式相同,都是"主—谓—宾—谓(重用)—补"。但是表达的语义关系不完全一样:第(1)句的补语是说明宾语的,而第(2)句的补语是说明主语的。第(1)(3)两句的格式不同,但是表达的意思一样。这类情形在汉语里不算少,因为其中的关系显而易见,所以没有引起什么争论。

比较复杂一点儿的情形是表面上好像一个形式,骨子里是两个不同的形式。例如:

(4) 这是一个工人的建议。
(5) 对本报批评的反应不多。

第(4)句可以理解为"一位工人的建议",也可以理解为"一项工人的建议"。第(5)句可以看作"对—本报的批评",该是"本报批评了别人";也可以看作"对本报—的—批评",那就是说"被批评的是本报"。这两句实际上各有两种结构,不过字面上一致罢了。只要不是太粗心的人,留心观察也可以分辨出来的。讲语法应该把这种现象提出来说明,使初学的人能自觉地避免写作上的歧义,故意避而不谈反而会引起混乱。这类句子初学的人看起来也许较难理解,但语法学者不会看不清的。

然而,在看待形式与意义结合的复杂关系上,我们的语法学界确实还存在不少的紊乱思想。最严重的现象是把不同的形式当作同一形式，因而在体系的建立上产生了许多困难。举一些事实来看吧：

有人认为"我骑马"是"我骑在马上"的省略，其实它们的格式大不相同。有人认为"许多的工人在茶棚里坐着"与"茶棚里坐着许多的工人"是一个模型的句子，不过前者是正式，而后者是变式。其实，这儿是两个完全不相同的模子套出来的句子，说它相同，是被具体意思所牵的缘故。此外，还有不少类似的问题值得我们仔细研究。例如："他们、你们"当中的"们"与"朋友们、同志们"当中的"们"是不是同一形式的标志？"吃着、读着"的"着"与"远着、早着"的"着"是不是同一形式的标志？这方面我们过去研究得太少。

把不同的形式当作相同的形式往往因为是割裂了形式和意义的关系。这方面的错误也许是叶斯柏森所留给我们的影响。叶氏研究语法的方法是"双管齐下"。一方面"由外到内"（O→I），即由形式到意义，叫作词法。一方面"由内到外"（I→O），即由意义到形式，叫作句法。例如他讲到形式"-en"时，说明它可以表示名词复数（oxen），可以表示过去分词（beaten），还可以派生动词和形容词（weaken, silken）。这就是所谓由形式到意义。又如他讲到名词复数，说明它可以用"-s"表示（dogs），可以用"-en"表示（oxen），还可以用元音交替表示（foot-feet），等等。这就是所谓由意义到形式。[⑧]叶氏谈的形式是脱离了意义的形式，照我们看来，"oxen"的"-en"与"weaken"的"-en"是不同形式的标志。正因为他割裂了形式与意义，所以也混淆了词法和句法（他所谓词法和句法与通常所称的词法和句法是两回事）。他可以说明一些记号的作用，但不能正确反映一种语言的结构的内在联系。

此外，在分析语法结构时，我们还有忽略语言的交际功能的倾向。前边我们已经谈到，从表意的功能来说，语法不是孤立的东西。我们归纳语言结构的规律,当然要舍弃语法以外的各种现象;但是当我们把语法规律运用到言语活动上边时,我们不能不承认任何句子的意思之所以能被人理解,是语音、词汇、语法等方面综合的结果。例如"屋里坐着几个人"这句话,我们可以分析出句子成分来。但是如果不把说话的人的语调加进去,就无法正确地理解原意。语法界曾经争过"鸡不吃了"这一类句子,因为既可以理解为"鸡不吃米了",也可以理解为"我们不吃鸡了"。便认为无法分析。如果从言语活动的功能来说,这个句子须要有一定的语言环境,我们离开了具体环境,当然不能正确理解原意,但这不足以证明语法的无能。从语法角度看,"鸡不吃了"可以是两种句型("鸡,我不吃了"与"鸡不吃米了")的交叉。语法分析要不要照顾具体条件呢?要回答这个问题,首先要明确析句的目的。我们是利用已有的规律去了解具体的句子呢,还是利用具体的句子去发现语法规律? 如果目的是前者,我们就要问:已有的规律是从附有条件的句子归纳出来的,还是从一般的句子归纳出来的? 如果目的是后者,我们也要问:归纳的规律将适用于一般的句子呢,还是适用于附有条件的句子? 总之,我们不能将甲类材料中得出的规律应用到乙类材料上边。列宁指出:"没有抽象的真理,真理总是具体的。"⑧我们的语法学者往往喜欢以一般的、抽象的方式提出问题。

诸如此类的混淆不清的观点,在语法学中造成语法形式与语法意义脱节的现象,造成许多似是而非的印象,给研究工作带来不少困难,给学习语法的人也增添了无数麻烦,甚至使人见而生畏。

四

如果我们对语法形式与意义有一致的看法,就有可能讨论建立语法体系的问题了。

语法是客观存在的,它包括许多事实和现象;这些事实和现象十分复杂,但不是杂乱无章的。语法结构所包括的各个方面的事实互相联系而又互相区别,建立语法体系无非正确地反映这种联系和区别。因为以联系作描写的对象,所以要求同;因为以区别作描写的对象,所以还要别异。如果大家对形式和意义的看法不一致,那么,你求的"同"不是我求的"同",你别的"异"也不是我别的"异",结果各以为是,问题仍旧不能解决。

当然,对形式和意义的看法一致了,不是就没有问题。因为语法事实十分复杂,同中既有异,异中还有同;往往你看到大同,我看到小异,你见到大异,我见到小同。虽然基本看法一致了,建立的体系还是有好坏的差别。一个较好的语法学体系,必定能更全面更深刻地反映语法结构中的联系和区别。

拿实词和虚词的划分来说吧,我们认为至少得考虑下列要求:

1. 能在一定的程度上说明词类与句子成分的对当关系;
2. 能暗示词与词结合的规律;
3. 能表示词类与词类之间的若干重要联系与区别。

为了尽可能满足这些要求,首先我们同意将汉语的词类作如下的区分:

实词 (能作句法成分,能结合为词组)			虚词 (不作句法成分,不结合为词组)	
名　词　　数　词	代　词		连　词	语气助词
动　词　　量　词				时态助词
形容词　　副　词	(代替实词)		介　词	结构助词
叹词(兼有实词和虚词的性质)				

此外,我们还作了若干补充:

1. 虚词的作用可以概括为"连接"与"附着",列表说明如下。

各类虚词	作　用	例　子
连　词	连接词(词组)和词(词组)	语法和修辞
	连接分句和分句	因为天气冷,所以河水结了冰。
介　词	附着在名词(词组)前边,组成"介词结构"	从北京　关于这个问题
语气助词	附着在句子后边,统一全句的语气	他来了吗?　你去吧。
时态助词	附着在动词后边,表示时态	吃了　吃着　吃过
结构助词	连接词(词组)和词(词组)	我的书　迅速地跑去
	附着在实词(词组)后边,组成"的"字结构	买的　从国外回来的

2. 实词当中,名词和动词都有附类,附类带有或多或少的虚词性。所谓"虚词性",也表现在"连接"或"附着"的作用上。我们也列成一表来说明。

实词的附类	虚词性的表现	例　子
方　位　词	附着在实词(词组)后边,组成"方位结构"	桌子上边　三年之前
判　断　词	连接主语和谓语	他是学生。
	附着在实词前边,表示肯定	是谁破坏了和平?
趋向动词	附着在动词后边,表示趋向	他站起来了。
	连接动词谓语,表示方式	运用正确观点来分析问题
能愿动词	附着在动词前边,表示可能或愿望	能说　敢做

当然,不能说这种考虑已经成熟了,当中还有许多问题值得研究。譬如能愿动词算不算附类,我们就曾热烈争辩过。有人认

为"他去"与"他肯去"是同一类型的句子（都属动词谓语句），有人认为它们属不同类型（它们的疑问形式是"他去不去"和"他肯不肯去"，可见一句的谓语是"去"，另一句的谓语是"肯"）。还有介乎当中的意见，认为"他去"的谓语是"去"，"他肯去"的谓语是"肯"和"去"，即构成合成谓语。这儿大家都看到了事实的某些联系，要彻底解决这类问题，还得全面来考察。

我们这儿只不过是举例，当然不可能揭露事物的全部矛盾。不过，从例子的分析也多少可以看出在建立语法体系中我们所采取的方法，而这种方法与我们对"形式与意义相结合"这个原则的理解是密切联系着的。

也许有人认为汉语语法是一门年轻的科学，我们不可能马上建立完善的语法学体系，因而怀疑目前的语法学所起的作用。我们的看法是这样：任何科学都是在不断发展，不断接近绝对真理，语法学当然也不例外。我们的语言既然在不断发展，所以我们的认识总是无止境的。认为十全十美的语法学才能指导我们的语言实践，这种想法等于否定一切科学研究的实用价值。我们应该相信：我们每向前进一步，我们就更多地反映了客观实际，我们就可以用它来指导实践。问题是在我们能不能正确理解"形式与意义相结合"的原则，使我们的语法学所反映的真理不断地扩大、加深。

附注

① B. A. 谢列布列尼科夫《语法中的选择性原则》，见《中国语文》1956年6月号。

② 陈望道《漫谈"马氏文通"》，见《复旦月刊》1959年第3期。

③ 郭路特《近几年来苏联东方学研究中的汉语形态问题》，见《中国语文》1955年12月号。

④ 请参看伯恩斯坦《介绍彼什可夫斯基的语法体系》第15—19页，时代

出版社,1959年。

⑤ 斯大林《马克思主义与语言学问题》第21—22页,人民出版社,1953年。

⑥ 例如我们说名词的特点之一是它的前边能加数量词,这就意味着数量词和名词能组合起来表示固定的关系。如果抛开这种固定的关系(在这里指的是偏正关系)不管,那么,"一个跑、一个跳"、"一个红、一个白"又怎样解释呢?难道"跑、跳、红、白"都是名词吗?

⑦ 列宁《哲学笔记》第363页,人民出版社,1956年。

⑧ O. Jespersen, *The Philosophy of Grammar*, 第40—46页, London 1951。

⑨ 《列宁文选》两卷集第1卷第553页,人民出版社,1957年。

(原载《上海师范学院学报》1960年第1期)

与语言符号有关的问题
——兼论语法分析中的三个平面

一 符号和语言的符号

符号包括能记(表现成分)和所记(被表现成分)两个方面,它们互相依存,不可分割。由于对这种依存关系有不同的理解,符号这个术语的含义有广有狭。广义的符号指能够代表某一事物的标志,诸如图形、足迹、密码等都包括在内。就是说,能记和所记的关系可以是相似的、相关的,也可以是约定的。狭义的符号仅指能记与所记之间有约定关系(社会约定或自我约定)的一种,如电报号码、化学符号、交通标志之类;当然,也包括语言。语言学讲的符号是狭义的,与狭义的符号(sign)相区别的符号,可称之为记号(mark)。

语言符号的能记是声音,所记是意义。它实际上是一种"集"(set),每个语言符号都包括许多成员(members)。例如"我"的声音是"wǒ",意义是自己,但并没有确指某一具体对象。在具体运用时,"我"或者指张三,或者指李四,这里体现出符号的转化。就是说,原有的语言符号(声音和意义的结合)变成了能记,而所指的具体对象成为它的所记。这里的所记有人也称之为意义,为了与前者的意义相区别,可以称之为内容(content)。其间的关系如下表:

	声音	意义	内容
语言中的词	能记	所记	
言语中的词	能记		所记

文字是记录语言的符号系统,各种文字记录语言的方式尽管不同,从符号学的角度看,它们都必须记录声音和意义。在这里又体现出符号的另一种转化:原有的语言符号(声音和意义的结合)变成了所记,而书写形体成为它的能记。列表如下:

	声音	意义	文字
口语中的词	能记	所记	
书写的词	所记		能记

可以看出:所谓表音文字和表意文字的区分,只能说明记录语言的方式上的差别,不能说明文字的性质有什么不同,因为文字记录的不是单纯的声音或意义。

在平日的说话和写作中,我们除了使用语言符号,也使用非语言符号,特别是书面语中更是如此。例如标点符号,是书写形式和意义的结合,当然不属语言符号。许多科学上的符号通常是不可发音的,或者是没有固定的发音的,也不属语言符号。象声词是不是语言符号?这就有不同看法。通常把象声词与一般词同等看待,有些人却不以为然。从信号系统的角度来考察,象声词的声音是第一信号系统的刺激,一般词则属于第二信号系统。因此,象声词所引起的反应与一般词所引起的反应是有区别的。把象声词当作非语言符号,不是没有根据的。

二 符号的类别和语言符号的特点

美国哲学家皮尔斯(Charies Sanders Peirce 1839—1941)把

符号分为三类:

1. 性质符号(qualisign) 指备用的符号。这种符号有确定的能记,但无明确的所记。必须用在具体环境之中,所记才能确定。例如离开了五线谱的音符,它可以代表不同的音;只有放到五线谱中一定的位置上,它的音高音长才能认定。

2. 个体符号(sinsign) 能记是可以感觉得到的实体,如声音、光线、实物等等,每个符号所表示的所记是明确的。

3. 法则符号(legisign) 这种符号不是独立的对象,它的能记也不只是具体的事物,而是一种规定的结构或法则。当然,这种结构或法则是以具体事物为基础的。例如电报用数字编码代表汉字,就是利用十个阿拉伯数字构成的法则符号。

语言符号是不是也有这些类别呢?答案是肯定的,不过情况更为复杂。复杂的情况正显示出语言符号的一些特点:

第一,语言符号往往兼有多重性质,也就是说,从不同的角度可以归入不同的类别。例如词是备用单位,属于性质符号;它同时也是法则符号,因为每个词都有特定的功能。短语也是如此。

第二,作为法则符号,短语与词也有区别。词是现成的单位,短语则可以生成。生成是语言符号的重要特点。

第三,语言符号是一个复杂的系统,每个单位都处在与别的单位的特定的关系之中。语言单位的线性排列规则,层次结构方式都是这种复杂系统的体现。

在口语或书面语中,除了使用语言符号以外,有时也掺杂非语言符号。例如音标,有声音而无意义;标点符号,有意义而无声音。这些都不是语言符号,有时还把语言符号当作非语言符号来使用。例如:"'不'是副词。"这里的"不"已经从它所在的系统中抽了出来,当作一般符号来指称,整个句子跟"A 是大写字母"、"?是问号"没有什么两样。

哲学家研究语言符号,目的在解释怎样通过语言这个中介去认识客观世界。语言学家研究语言符号要着重说明语言这一传达信息的工具是如何发挥作用的,怎样才能使发射信息的人和接收信息的人有共同的理解。毫无疑问,要达到这个目的必须有共同的"密码本"。由于语言符号所表现的是个简单的序列,即一个符号挨着一个符号,而它所包含的意义或内容却是十分复杂的,用一种密码本(比如,一部词典)是难以解决问题的。语言学者早已发现,句子的意义是许多因素(interpretant)综合而成的,如词义、语义、句法、层次、语气、口气等,这些属句内因素,此外还有句外因素。不少人从某一方面或某几个方面进行研究,大都有所发现。也就是说,做了一些局部的解码工作。当然,这是十分重要的。在另一方面,人们也在考虑如何把经验内容的分析加以概括,得出更高层次的结构,以便于人们掌握。打个比方吧:树上的果实累累,人们把它们摘了下来,总不能让它们分散在遍地,于是有人准备了筐篓,以便于存放。没有果实,筐篓是无用的;有了果实而无筐篓,不免有无所措手足之感。

三 符号的有关因素和语法分析

语言既然是符号系统,分析符号的有关因素自然是一种最基本的解码工作。

索绪尔(1857—1913)分析符号,指出能记和所记是密切相关的两个方面,正如同纸的正面和反面一样。他所说的能记是音响形象,所记是概念。皮尔斯认为符号的有关因素除了 mark(相当于能记)、object(相当于所记)之外,还有 exponent(解释者)。索绪尔认为言语活动中的主要部分是语言,而言语是次要的。他主张语言研究应该是纯粹的语言符号系统,所以不考虑解释者的作用。皮尔斯是个实用主义哲学家,他认为概念和意义的明确与否应该从效果上考察。符号的使用效果当然与解释者有关。比如"好",使用汉语的人都了解它们的声音和意义,可是在具体使用时,有时表示赞同,有时表示不满,这里的决定因素是解释者。

美国哲学家莫里斯(Charles Morris 1901—　)继承了皮尔斯的观点,不过分析得更为细致。他认为除了符号的表现形式(能记)、符号的对象(所记)、解释者之外,符号出现的条件(使用环境)、反应倾向(具体内容)也与使用效果有关。举例说吧:蜜蜂的舞蹈是能记,圆圈舞所代表的意义是所记,所有的工蜂是舞蹈的解释者。可是要真正理解舞蹈的含义还必须懂得舞蹈出现的环境和所指内容。比如,舞蹈沿着蜂窝壁垂直向上进行,表明食物所在地与太阳同一方向。此外,舞蹈的节奏快慢表明食物丰富的程度和食物源的距离。皮尔斯和莫里斯的共同之处在注重了主观的作用,不过莫里斯更注意到具体的客观环境。在分析符号有关要素的基础上,莫里斯把符号学(semiotics)分为三个部分:

1. 句法学(sytactics)
2. 语义学(semantics)
3. 语用学(pragmatics)

句法学研究符号与符号之间的关系,语义学研究符号与思维反映(客观方面)之间的关系,语用学研究符号与解释者(主观方面)之间的关系。通常称之为 three dimensions,即所谓三个平面。其实应该理解为"三维",好比一个立体的长、宽、高。

传统的语法研究是平面的研究,只涉及句法和语义两维。从理论上讲,句法学可以撇开语义学和语用学加以研究,实际上句法上的概念都有意义的基础。通常所说的联合、偏正、主谓、述宾莫不如此。比如,联合关系实际上是以概念的划分为基础的。偏正关系包括修饰语和中心语,有些修饰语的作用在限制中心语的外延,如"长篇小说";有些修饰语的作用在突出中心语的内涵,如"打虎的武松"。这些都是逻辑关系。从广义上讲,逻辑关系也属事理关系,它是语义范畴。当然,有意义基础并不等于用意义作标准,正如同有些语言的名词有"性"的范畴,语法上的阴性阳性以生物的性别为基础,但生物的性别并不能作为区分名词的性的标准,这道理是一样的。

那么,主谓关系和述宾关系有没有语义的基础呢？答案是肯定的。当然,也有人有另外的看法,认为主谓关系和述宾关系是纯句法的。这主要是有形态变化的语言给人们的一种错觉。比如在英语里,动词要跟主语的人称和数一致,这就很容易使人误解为根据动词的形式去认定主语。其实,说话的人是先确定主语再选取相应的动词形式的。问题是主语是怎样确定的呢？美国语言学家康奈尔(Bernard Comrie)分析了"典型主语",即在许多语言中人们公认的并无争议的主语。这种主语的特点是施事兼话题。这就是说,典型主语不但有语义的基础,而且有语用的依据。至于非典型主语,是比照典型主语略加变通来确定的。以汉语为例,非典型主语有下列各种：

1. 主语是施事,不是话题。如：你出去!
2. 主语是话题,而非施事。如：自行车骑出去了。
3. 双主语,前者是话题,后者是施事。如：这个字我不认识。

附带要说明的是：如果采取上列分析方法,遇到"我哪儿也不去"、"我这个字不认识"之类的句子,就不宜当作双主语句或主谓谓语句。句中的"我"是典型主语,后边不可能再出现非典型主语。胡裕树主编的《现代汉语》,把句中的"哪儿"和"这个字"当作前置宾语,道理大概就在这里。

述语和宾语之间的语义关系多种多样,以受事(广义的)宾语为典型,这也是显而易见的。但是,无论如何,句子分析仍须依据形式,即透过线性排列,发现其中隐含的种种关系,包括句法关系、层次关系、语义关系,等等。怎样去发现呢？像汉语这种缺乏形态变化的语言,语序、虚词、实词的词性自然是重要的依据。但是仅有这些依据,常常只能描绘出句子的间架,不能精确显示句子的含义。习惯上还要利用词义的分析作为补充。例如动词接上名词,可能产生述宾关系或偏正关系。在理解"分配粮食"时,意义上排斥偏正关系；在理解"分配方法"时,意义上排斥述宾关系。这就给人一种错觉,认为懂得词义就能分析句子。事实当然并非如此,因为句子的意思不是词义的机械的相加。

句子的意思既然是许多复杂因素的综合,有些语言学者采取了另一种角度来研究问题,即不根据句子或句法结构探求含义,而是把语言的意义看成一个独立的网络加以分析。这就是广义的语义学。这种语义学与莫里斯所指的语义学已不尽相同,因为它无所不包。例如英国的利奇(Geoffrey Leech 1936—)把语义分为七种：

1. 理性意义(conceptual meaning),即概念的外延。
2. 内涵意义(connotative meaning),即概念的内涵。
3. 社会意义(social meaning)。
4. 感情意义(affective meaning)。
5. 反映意义(reflected meaning),属联想意义。
6. 搭配意义(collocative meaning)。
7. 主题意义(thematic meaning),指句子的重点或焦点。

这里的内容把词义、语义、语用都包括了。语义学这个概念并不十分确定,这里不必一一介绍。要指出的是：语义学和句子的语义分析不是一回事。我们讨论三个平面,着眼点是析句。如前边所说,析句时句法和语义是亲密相关的。

从析句的角度讲语义,通常区别于词义。词义是在词典中可以注明的,语义却须在句法结构中体现。最能体现这种关系的当属动词和名词的组合。有些词,如表示时间、处所、工具之类的,既可以从词义加以分析,也可以从语义角度加以分析。比如"下午"指正午之后的一段时间,这是词义。在"下午开会"中说明某种举动的时间,于是体现语义。至于"下午开会"属主谓结构还是偏正结构,这属句法分析。句法分析是在一系列平行的、对比的、同义的结构中辨别同异,然后才赋予一定的术语来指称的。术语不必强求一致,辨别同异的原则却是应该共同遵守的。

传统语法分析句子,当然要涉及语义,如施事、受事等等。但从总体上看,语义分析失之粗略。正如许多论文所指出的:"饭吃完了"、"饭吃饱了"、"饭吃多了",补语指向不同,分析的结果一样。"这些书我都读过了"、"这本书我们都读过了"、"我都读过了这本书",状语指向不同,分析时也不加区别,如此等等。目前有不少文章研究各种句法成分的语义指向,正是想弥补传统分析方法的不足。

传统语法也好,转换生成语法也好,都要研究句子的合法度。通俗一点讲,就是辨正误的问题。我们当然不能从句法的合法度去辨认句子的正误,一方面因为短语并非都可以构成句子,另一方面因为句子的灵活性远较短语为强。即使对此大家有共同的认识,但是下列句子是否合法仍有不同看法:

他姓王。　　他是北京人。　　他有一双手。

按照转换生成语法的解释,第一句包括三个词,有六种排列方法,这里是唯一合法的形式。第二句包括四个词,有二十四种排列法,这里也是唯一合法的。第三句包括五个词,有一百二十种排列法,其中只有两种合法的,这里举出的是当中的一种。可是照某些功能语法学者看来,第一、二句提供了新信息,可以成句;第三句没有提供新信息,简直是废话,它的合法度值得怀疑。当然,如果有一定的言语背景,"他有一双手"这句话也是成立的。比如,有人问起某人依靠什么生活,回答说"他有一双手",这就不是废话了。

所以,句子的信息量成为许多语言学者所关心的问题,而信息量的多少不仅是语句本身的问题,还与接受者的条件以及说话的环境密切相关。这些正是语用学要研究的问题。

语言环境是千变万化的,语用学既然是一门科学,必须使之条理化。语言学又是一门形式科学,语用学既然是语言学的分支,它必须研究种种表达形式。例如句子的预设和隐含义的显示,焦点和疑问点的表达,发端句和后续句的特点,自足句和非自足句的区分……均在讨论之列。英国的奥斯汀(J. L. Austin 1911—1960)把句子分为有所述之言(a constative utterance)和有所为之言(a performative utterance),是从语用角度区分的句类。传统语法把句子分为陈述、疑问、祈使、感叹四类,并非严格的语用类别,因为疑问句也可以表感叹,陈述句也可以表示祈使,如此等等。奥斯汀也注重表达形式,他阐述了有所为之言和有所述之言的种种表达手段,包括语调、虚词、句法形式以及其他显性表达手段(explicit performative formula),值得我们参考。

由于语用学是一门新兴的学科,研究的范围还不十分确定,研究方法也还在探索,所以语言学者的看法并不完全一致,甚至有人怀疑这门学科能不能成立。从科学发展的历史来看,这大概也属一般规律。

四 规律的描写和解释

使用语言,从理解方面说,重要的是别同异;从表达方面说,重要的是辨正误。别同异也好,辨正误也好,都须遵循一定的标准。传统语法所说明的规律向来着重:第一,词形变化的规律;第二,各类词充当句子成分的规律。这些规律在汉语中是不重要的,甚至是不存在的。即使像英语之类的语言,从信息传达的要求来看,这些规律所阐明的往往是多余的信息。一些新编的语法书(例如利奇 G. Leech 等人所编写的)都把语义分析和语用分析作为重要内容加以描写。这种描写大体采取两种方式:一种是从形式到意义,如哪些结构或结构成分能表达什么意义。一种是从意义到形式,如哪种语义或语用内容采取什么方式来表达。

那么,依据句法结构把句子分为单句与复句,把单句分为主谓句与非主谓句,等等,有没有必要呢? 如果抛开句法,语义和语用的描写将失去依据,无法使之条理化。况且句法本身有它的表义作用,不是语义和语用所能替代的。"天气好"和"好天气"属于不同的句法结构,无论如何,总得有一定的术语来称呼它们。有人认为主谓之类的术语可以不要了,也未免失之偏颇。

符号有任意性,这是就符号的形成而言的。符号有制约性,这是指符号的使用者必须有共同的理解。像语言这样复杂的符号系统,使用者的共同理解(也就是规则)不但是可以描写的,而且大都是可以解释的。举两个简单的例子:"客来了"和"来客了"句法结构不同,语用上有定指和不定指的区别。由此可以解释为什么"客走了"合法,而"走客了"不能说。因为"走客了"的"客"是不定指,客人已经来了怎么能属不定指呢? 这是用语用解释正误的例子。又如"他在路上走"合法,"他在路上跌"不通。这是因为光杆动词通常表示连续的动作或习惯的行为。"走"是可以连续的,"跌"可不是如此,所以只能说"他在路上跌了一跤"。这是用语义解释正误的例子。

乔姆斯基说他的语法是解释性的,而非描写性的。他所解释的当然不是某一种语言中的某些规律,而是要说明人类的言语能力,解释人们为什么能说出或听懂从未听到过的句子。他讲的规律是句子生成的规律,这种规律以语义为基础,但撇开了语用。他的着眼点是语言的共性,所以他的解释也不同于我们所说的对具体语言规律的解释。

语法规律的描写,可以有不同的角度(句法的、语义的、语用的),但要达到的目的却是一致的,即别同异,辨正误。如何综合运用多种角度的研究成果,揭示言语活动的规律,正是我们应该努力探索的。

参 考 文 献

胡裕树、范晓 1985《试论语法研究的三个平面》,《新疆师范大学学报》(社科版)第 2 期。

J. L. 奥斯汀 1979《论言有所为》(许国璋摘译),《语言学译丛》第 1 辑。

廖秋忠 1984《〈语言的共性与类型〉述评》,《国外语言学》第 4 期。

索绪尔 1980《普通语言学教程》(中译本),商务印书馆。

王宗炎 1990《中国首届语用学研讨会侧记》,《外语教学研究》第 1 期。

Charles Morris 1938 *Foundations of the Theory of Signs*, University of Chicago Press.

Geoffrey Leech 1974 *Semantics*, Harmondsworth:Penguin.

(原载《中国语文》1991 年第 2 期)

关于句子的意义和内容

理解一个句子,有许多因素在起作用。举例说吧:

你的话我没有听明白。

理解这个句子,不但要懂得其中每个词的含义,还须了解其中的层次关系(比如,"听"与"明白"先组合,再与"没有"组合,等等),直接成分之间的句法关系(比如,"你"修饰"话","没有"修饰"听明白",等等),实词之间的语义关系(比如,"我"是"听"的施事,"你的话"是受事,等等)。此外,还得了解全句的语气,说话的重点……所有这些,构成一个整体,使说话的人和听话的人对它有一致的理解。

这种一致的理解之所以能实现,是因为句子有一定的形式。所以人们都认为:句子是形式和意义的统一体。这样就等于说,句子的意义是对形式而言的,离开了句子的结构形式,也就无所谓句子的意义。可是,我们不能否认这样的事实:一个句子有明确的形式和意义,人们却对它有不同的理解。美国的弗里斯(C. C. Fries)曾经举这么个例子:

约翰·斯密斯能够用四十五秒钟游一百码。[①]

他说:"这句话的语言意义是完全清楚的……除非你知道这个时间比世界纪录还快四秒钟,你就看不出这句话的社会意义。"这里讲的社会意义(social meaning)其实并不能算作句子本身的含义,因为它不是由句子形式所表达出来的。此外如联想意义(associative meaning)等等,也都属于这一类。看来人们平时所说的句子意义,范围有广有狭。狭义的句义指的是句子本身所表达的意义,广义的句义还包括句子以外的因素所赋予句子的意义。

我们还会注意到这种情况:在实际交际过程中,句子是有所指称的。例如甲对乙说:

他们昨天从城里赶来了。

"他们"指的是谁,"昨天"指的是什么日子,"城里"指的是什么地方……甲乙双方必须有共同的理解,否则这句话就没有实际的交际效用。当然,我们也得承认:即使不了解上边句子的指称意义,一个懂汉语的人也会了解它的含义。从这里可以看出:句子有两种:一种是语言的句子,或者叫作抽象的句子;一种是言语的句子,或者叫作具体的句子。抽象的句子是备用的工具,如写在上边的句子可以用在不同的场合,所指的客观对象可以各不相同。具体的句子则有所指称。这种指称意义有人称之为"内容"。

从抽象句子的角度看,句子是形式和意义(狭义的)的统一体,可以认为:"全句意义之外不能再有所谓'内容'。"[②]从具体句子的角度看,可以认为句子存在着形式(form),意义(meaning)和内容(content)的"三位一体"(trinity)。[③]

这里必须说明一下术语上的纠缠。形式和内容是哲学上的一对范畴,在哲学上有特定的含义。当我们说句子是形式和意义的统一体的时候,这里的"意义"其实是哲学上的内容。当我们把形式、意义、内容相提并论的时候,这里并没有按照哲学上的标准。从哲学上形式和内容相对待的标准看,具体句子的形式其实是抽象句子的(形式所表达的)意义,而它的指称意义则是内容。

辩证唯物主义认为：作为一定形式的内容（例如具体句子的意义），可以成为另一种内容（例如指称意义）的形式。正如诗歌，韵律是语言形式表现的内容，而这个内容对艺术作品来说，它又是形式。

撇开术语的纠缠，我们来看一看内容（指称意义）和句子的意义（由形式所表达的）存在着什么样的关系。

有些语言学家认为"意义"和"内容"是"一般"和"个别"的关系。马列主义认为："个别一定与一般相联而存在。一般只能在个别中存在，只能通过个别而存在。任何个别（不论怎样）都是一般。"（《列宁选集》第 2 卷，713 页）。一般和个别这两个概念是相对的。"小说"对"文艺作品"而言是个别，对《阿 Q 正传》而言却是一般。个别的东西和一般的东西总是互相渗透，不断转化的。例如地球上第一次出现单细胞生物，它是个别，同时包含了一般（生命的共同特性）。后来由它发展成多细胞形式，再演化成太古的鱼类，进而出现两栖动物、爬行动物、哺乳动物……这里不断出现一般转化为个别、个别转化为一般的过程。意义和内容的关系却很难用这种一般与个别的转化关系来说明。

是不是可以用"专化作用"（specialization）来说明问题呢？语言学家使用"专化作用"这个术语，通常指的是词受到上下文的限制，缩小了外延。举个汉语的例子："棉花"这个词像"稻子"、"麦子"这些词一样，指的是一种作物。可是当我们讲"仓库里的棉花、稻子或麦子"时，词的范围缩小了，这就是所谓专化作用。专化作用与词的指称意义有关，但并非一码事。因为专化了的词仍旧可以有不同的指称，如："仓库里的棉花"可以有不同的指称意义。而有了指称意义的词不一定是专化了的，如"他"用来指张三或李四，具有指称意义，可是并没有专化。

把专化作用扩大到句子方面该如何理解呢？邢公畹先生曾

举了个例子:

> 刚才有一位你认识的姓张的来找你。

他说:"这时候所说的'张'已经有一定程度的'专化'了,因为我认识的,有可能来找我的姓张的只有那几个。如果说话的又接着说:'是个戴眼镜的。'要是戴眼镜儿的熟人中只有一位姓张,那么这个'张'就达到了与客观实际相符合的专化程度了。"④

从说话人的角度说,单讲"有人找你",他心目中的"人"是有所指的,是具体明确的。至于听话的人如何从自己的经验中去缩小这个"人"的范围,达到符合实际情况的目的,那似乎不属语言单位的专化现象。总之,专化,似乎是从语言单位方面说的;指称,则是从言语活动的角度讲的。

以上都是从"理解"句子的含义来谈问题,下边从"不理解"方面谈谈。

西欧语言学者拉塞罗·安他勒(László Antal)认为:理解一个句子,必须理解意义,可不一定理解它的内容。但理解句子的内容,必须理解句子的意义。所以有两种理解:一种是通过句子的形式,理解句子的意义;另一种是在理解句子意义的基础上进一步理解句子的内容。由此也可以知道所谓"不理解"也有两种:一种是不理解句子的意义(当然也不可能理解内容),另一种是理解了句子的意义,但不理解内容。他举了个例子来说明:"三角形三内角之和等于$180°$。"他说:"这个句子既有意义,也有内容。假如现在我们把这个句子说给两个人听,这两个人一个受过学校教育,一个没受过,他们就会产生两种不同程度的理解。没有受过学校教育的大概只能理解其意义;而另一个却还能理解其内容。正确地理解这句话的意义只需懂得这个语言就够了;而要理解内容,则需要语言知识以外的知识。"⑤

从安他勒举这个很不典型的例子这个事实,可以看出他对各种句子在交际中跟内容的不同程度的联系没有作细致的分析。我们可以举两个极端的例子来说明。加油站墙壁上写的"禁止吸烟"是一个句子。理解这个句子,人们总是把意义和内容联系在一起的:不是禁止任何人吸烟,而是禁止走进加油站的人吸烟;走进加油站的人不是在任何场合都不能吸烟,而是在加油站这个地方不能吸烟。另一个例子:小学生算术课本上写着:"$2+2=4$",用汉字读出来就是一个句子。理解这个句子,人们通常是不注意它的内容的。安他勒的例子恰好是近乎后者,无怪不能正确地说明问题而遭到指责了。我们这里说的是实际情况,当然并不等于说"禁止吸烟"不能离开内容去理解,也不等于说"二加二等于四"这个句子不能有内容。

附注

① 何乐士等译《英语结构》第 290 页。

② 邢公畹《语词搭配问题是不是语法问题》,《语言研究论丛》第 46 页,天津人民出版社,1980 年。

③⑤ László Antal, *Content, Meaning, and Understanding*, 第 21 页。

④ 邢公畹《说句子的"专化作用"》,《语文研究》1983 年第 2 期。

(原载《语文研究》1984 年第 1 期)

汉语语序研究中的几个问题

一

语言是符号所组成的系统,语言符号的特点之一是具有线条性(linearity),就是说,语言单位的出现是有一定的顺序的。[①]显而易见,语序(或称词序)的问题并不是某一种语言所特有的问题。当然,各种语言在语序方面有自己的选择。怎样看待这种选择呢?从一些讨论汉语语序问题的论著来看,人们对语序的理解似乎还有些模糊不清,或者说,看法并不一致。强求一律是不必要的,然而为了准确地说明规律,科学的概念总以明确为好。举例说吧,有人认为汉语的语序比较固定,有人认为汉语语序有灵活的一面,看起来似乎是矛盾的。其实,持前一种看法的人把语序限制在语法结构的范围之内。从词组成分的位置来看,说汉语语序比较固定当然是有根据的。持后一种看法的人所说的语序却超出了句法结构,说汉语语序有灵活的一面也不是出于臆断。

有些讲普通语言学的书,认为语序是一种语法手段。如高名凯、石安石主编的《语言学概论》说:"表达句法结构的语法手段主要有词序、虚词、构形形态、语调等几种。"(该书 1963 年版,174页)上海外国语学院和哈尔滨外国语学院合编的《语言学引论》指出:"词序是利用词在句子或词组中的相互位置来表达语法意义的手段。"(该书1958年版,第230页)还有不少讲语法理论的书采取了类似的说法。把语序当作一种句法手段,这里包含着两层意思:

第一,语序是语言单位的序列,不是指具体的词的序列。尽管在举例时排列的是具体的词,但它们只不过是以代表的资格出现的,代表的是某些功能类别的序列。例如"天气好"代表"名+形"的序列,"好天气"代表"形+名"的序列,等等。

第二,句法手段是用来表示句法意义的。例如汉语里的"名+形"常表示主谓关系,"形+名"常表示偏正关系。这些关系意义属于句法意义。

然而我们又发现这些语言学著作并不是严格按照上述观点来理解语序的。如上述高、石的《语言学概论》说明语序时,举了"我找他"和"他找我"为例。《语言学引论》说明语序时,举了"母亲疼儿子"和"儿子疼母亲"为例。这些例子都用来证明汉语的语序改变了,词语之间的关系也变了,原来的主语变成了宾语,原来的宾语变成了主语。我们不妨拿上边谈的两层含义来衡量一下这里所说的语序变化,不难发现:

1. 这里讲的语序改变,是指具体的词的位置的更换,在"A找B"这个序列里,"A"代表有生名词,"B"代表表示人或事物的名词。"我"和"他"既可代入"A",也可以代入"B"。代入的具体名词不同,不能说明语序(作为句法手段的语序)有了改变。

2. 这些例子说明的是词语之间的关系的改变,可是这里所说的关系是施受关系。施受关系也是一种在结构中表现出来的意义,因为在孤立的词的身上是无所谓施事或受事的。可是这种关系不同于句法结构关系。句法结构关系是词语和词语(符号和符号)之间的关系,而施受之类的关系是词语和客观事物(符号与内容)之间的关系。一般把前者叫作语法的关系,把后者叫作语义的关系。从广义说,语义关系也是一种语法关系,可是把语序作为一种句法手段,那就只能作狭义的理解了。由于汉语语序的变化不仅表现在句法结构(词组结构)方面,所以研究汉语语序可以从更广泛的范围去考察。

二

如果不把语序限制在句法结构范围之内,我们就会看到许多值得探索的实际问题。

首先,有一个比较原则的问题摆在我们面前,即语序的条件限制问题。

如果抽象地讲语言单位的排列,[②]那么两个单位只有两种排列方式(AB 或 BA),三个单位就有 6 种排列方式(ABC,ACB,BAC,CAB,CBA,BCA)。四个单位呢,有 24 种排列方式,五个单位有 120 种,六个单位有 720 种,七个单位有 5040 种。我们用来造句的单位何止几十几百种,那么排列方式岂不是要以万计?事实上语言单位的排列要受到许多条件的限制,人们最容易注意到的是意义上的限制,心理学家则注意长度的限制。可是从语法角度看,也有许多值得重视的问题,例如:

1. 名词的位置与动词的性质有关。比如"我"、"吃"、"饭"这三个单位,有 6 种排列方式,但是在交际中排除了"饭吃我"、"吃饭我"和"吃我饭",而使用"我饭吃"时要求有对比的条件。"我"、"姓"、"王"也有 6 种排列方式,但在交际中却排除了 5 种方式,只使用"我姓王"这种格式。又如"我们"、"讨论"、"问题",同"我"、"吃"、"饭"一样,有 3 种语序供选择使用。可是"我们"、"讨论"、"怎么干"却只有两种语序供选择,即"我们讨论怎么干"和"怎么干我们讨论"。总之,逐个地研究动词,加以归类,找出语序安排的规律来,这大概是大有可为的。

2. 语序的安排与虚词的使用有关。在这方面,过去的一些语法著作已经注意到了。《马氏文通》中许多地方就是把虚词和语序联系起来论述的。例如"王如施仁政于民",这里的"民",马氏称为"转词"。他指出这个转词须放在止词(宾语)之后,而且得用上个介词"于"。至于"子哙不得与燕于人"中的转词"人",则可以放在止词之前,而且可以不用介词,即说成"子哙不得与人燕"。至于"子产使校人畜之池"中的"畜之池"(意思是"畜鱼于池"),转词"池"则必须放在止词之后,"于"可用可不用。《文通》是这样来说明其中的规律的:

> 凡外动字之转词,言其行之所归,与所向之人,或所在之地,则介以"于"字而位于止词之后。
>
> 转词指人,或为代字,或为名,而字无过多者,则先诸止词而无庸介焉。转词指地而字数亦少者,则仍后止词,介词间删焉。(《马氏文通》校注本,183—184页)

今天大家都注意到虚词在句中的位置比较固定,如介词出现在别的词语之前,助词出现在别的词语之后,语气词出现在句末,等等。可是,实词的次序安排与虚词使用的关系,似乎反不如《文通》那样重视。看来过去的语法著作中,还有许多值得继承的内容。

3. 语序包括语法的、语义的和语用的。这三者既有区别,又有联系。我们知道,句子是以句法结构为基础的,例如主谓句的基础是主谓结构,动宾谓语的基础是动宾结构,等等。但是,句子并不等于句法结构,句子往往在句法结构的基础上有所增添(如增添外位成分、独立成分),有所变化(如"倒装"、"省略")。所以,研究句子的语序首先要认清句子的句法基础。比如"他什么也不说"是以主谓结构为基础的,所以是主谓句;谓语呢,它的句法基础是主谓还是动宾?还有,"什么也不说"中的"也"是不是句子里的添加成分,这些都值得研究。

近年来,我们在语法分析方面的讨论取得了一些成绩,可是没有把句法分析与语义分析、语用分析很好地联系起来,应该说是一个缺点。试比较下面几组句子:

(1) {a. 他们来了客人。
     b. 他们来了三位。

(2) {a. 老李刚才从上海回来。
     b. 老李刚从上海回来。

(3) {a. 他读完了这本书。
     b. 这本书他读完了。

(1)组的两句在语法分析上是一样的,可是 a 句可以改变语序,成为"他们客人来了",b 句改为"他们三位来了",意思不同于原句。这是因为 ab 两句在语义上有区别:a 的"客人"不在"他们"之中,b 的"三位"在"他们"之列。

(2)组两句在语法分析上也完全一致,可是 a 的"刚才"可以提到句首,b 的"刚"却不能,这说明单音节词和双音节词在语用上的效能并不完全一样,单音节词往往是受限制的。

(3)组中的 b 强调"这本书",大家的看法比较一致。[③]可是近年来许多论文都谈到汉语句子的重点在句末,就是说,(3)组中的 a 句重点在"这本书",b 句重点在"读完"。看来似乎有矛盾,其实句首的受事强调的是旧信息的重点,句末的重点则是新信息的强调之点,有人称之为焦点(focus)。这些都属于语用的范围,过去的分析总嫌笼统了些。如何把语法分析与语义分析、语用分析科学地结合起来,是摆在我们面前的新课题。

上边谈的这些,总的说来,就是不要把语序看作一种自足的手段,必须联系许多方面加以考察,才能得出切合实际的结论。

三

近年来,有些语言学者把语序问题作为语言的一种普遍现象来加以研究。也就是把语言类型学的基础建立在句型之上。1973 年,戴浩一(James H-Y. Tai)、李讷和汤姆逊(Li and Thompson)等人都发表过文章,讨论汉语的语序类型。他们认为古汉语的语序主要是 SVO,而现代汉语的语序已经是 SOV 占优势了。这个看法,与我们国内的许多专家的意见是不一致的。例如王力先生曾说过:"'主—动—宾'的词序,是从上古汉语到现代汉语的词序。"(见《汉语史稿》中册 357 页)国内也有人对李、汤等人的说法表示怀疑。[①]

既然有许多语言学者关心这个问题,我们不妨研究一下,他们为什么会提出上述看法呢?原来他们大都以 J. H. Greenberg 的理论作根据。Greenberg 于 1963 年编了一本《语言的普通原理》(*Universals of Language*),其中有他的一篇论文,题目是《同语序有关的一些重要的语法普遍现象》(*Some Universals of Grammar with Particular Reference to the Order of Meaningful Elements*)。(见该书 58 页)文章里谈到各种语言都有一种占优势的语序。归纳起来不外三种:SVO,SOV,VSO。这三种基本语序类型有共同的特点,即 S 在 O 之前出现。反过来说,S 在 O 之后出现的序列,如 OSV,VOS,OVS 都不占优势,所以不成为基本类型。他论述的要点并不在把某种语言确定为属于某种类型,而在指出不同类型的语言在结构方面有哪些特点。例如他论证 SOV 型语言具有下列特点:

1. 修饰语(modifier)出现在被修饰语(modified)之前。
2. 常用后置词(postposition)。

3. 是非问句常在句末用上表示疑问的助词。

Greenberg 虽然对三十几种语言作了分析,并加以统计,得出各种类型语言具有各自特征的结论,但是他一再申言这种结论不过说明一种趋势(用他的说法是 would tend to),很难看作必然的规律。荷兰阿姆斯特丹大学的 Simon C. Dik 曾说:

> 在大多数语言里,我们发现在不同条件下有不同的语序,不大可能对一种已知的语言只要求一种语序的理论能够合理地说明它的各种不同的程式,也不可能对各种语言只要求一种语序的理论能达到合适地解释类型的目的。(见 *Some Basic Principles of Functional Grammar*,载第 13 届国际语言学者会议论文集,1982 年东京版。)

这是一种比较恰当的说明。可是有些语言学者把 Greenberg 的理论绝对化了,而且在方法上违背了他的原意。Greenberg 是先确定语言的类型,再统计不同类型的语言在某些方面的表现。比如,先确定日语、土耳其等语言属 SOV 型,然后再统计这些语言在结构方面的特征:如修饰语的位置在中心语之前或之后,使用前置词还是使用后置词,等等。运用 Greenberg 的理论来研究汉语类型的人,是先认定汉语有哪些特征,然后肯定汉语属于某一类型。前者运用的是含蕴规律(implicational law),即容许"有 a 有 b"、"无 a 无 b",也容许"无 a 有 b",但排斥"有 a 无 b"。[5]后者认定有 b 必有 a,等于否定"无 a 有 b",这是违反含蕴规律的。

且不论方法上的问题,看看汉语的实际情况吧。汉语究竟是不是从 SVO 型逐渐向 SOV 型演变呢?我们不妨从修饰语的位置等几个方面来考察:

1. 有人认为古汉语的修饰语的位置与现代汉语不同,如古汉语有"车百乘"、"粟五秉"、"军书十二卷"之类的说法,用现代汉语来表达应该是"一百辆车子"、"五十筥谷子"、"十二卷军书"。这个事实只能说明:第一,古汉语的数量词有时用在名词后边,并不能证明不能用在前边。事实上数量词出现在名词前边的也并非罕见。如"七十里之地"、"一箪食"、"一丈绫"等等。第二,古汉语中有"名＋数量"的格式,它可以独立成句。这里的结构关系是偏正还是主谓,还值得讨论。

2. 他们讲的现代汉语使用后置词,指的是我们所说的方位词,我们的介词就是他们所说的前置词。例如古汉语的"鸟鸣于树",他们认为使用了前置词"于"。现代汉语的"鸟儿树上叫",他们认为使用了后置词"上"。李讷与汤姆逊的 *Mandarin Chinese: A Functional Reference Grammar*(1981)举的例句是"他在厨房里炒饭",认为"里"是后置词。我们知道,一般语言的前置词或后置词是一种地道的虚词,即使附在名词上边,仍不能单用。汉语则不然,"树上"、"屋里"、"地下"等等都可以单用,这与日语的格助词が、の、た、に等等一比较,就不难看出汉语的方位词不同于后置词。⑥至于"于"、"以"、"为"之类,倒有前置词的性质,但并非古汉语所特有。"把"、"被"等等,现代汉语更为常见。看来,认为古汉语常用前置词而现代汉语多用后置词,这其实是一种误解。

3. 至于句末用语气词表示疑问,古今都有,很难在这方面说明古汉语与现代汉语在类型上的差别。

当然,研究汉语类型的学者所举的例证还有不少,但他们的主要论点就是这些。也许有人认为我们把问题简单化了,比方说,他们不少人分析了汉语语序变化的原因,如戴浩一认为汉语受了北方阿尔泰语的影响,于是由 SVO 变成了 SOV。我们既然认为语序没有这样的类型变化,变化的原因就没有必要深究了。当然,说类型上没有变化,并不等于否认古汉语与现代汉语在语序方面有某些差别。但是这种差别与类型的演变属于不同的范畴。

附注

① 符号都包括能记(significant)与所记(signified)。从信息的传达方面看,依赖的是能记(音响),所以索绪尔讲到线条性的时候只就能记而言。然而索绪尔也曾指出:语言的声音和意义好比一张纸的正面和反面,剪了正面必然也剪了它的反面。因此,通常讲语言单位的序列,指的是音义结合体的排列。

② 这里讲的语言单位,不一定是词。作为造句的元件,常常是词的组合。有人称之为构件,有人称之为板块。

③ 马建忠也说过:"凡止词为意之所重者,先置句首耳。"(《马氏文通》校注本516页)

④ 见《国外语言学》1981年第4期黎天睦(Timothy Light)的文章《汉语词序和词序变化》。

⑤ 举个通俗的例子:"天下雨"是a,"地上潮湿"是b。可能出现的情况是:天下雨,地上潮湿(有a有b);天不下雨,地上不潮湿(无a无b);天不下雨,地上潮湿(无a有b),只排斥:天下雨,地上不潮湿(有a无b)。

⑥ 李讷与汤姆逊在其所著 *Mandarin Chinese* 第十一章讲处所及方位,却不把方位词当作后置词了。

参 考 文 献

黎天睦 1981《汉语词序和词序变化》,《国外语言学》第4期。

马建忠《马氏文通》校注本。

王　力 1958《汉语史稿》(中册),科学出版社。

James H-Y. Tai 1973 *Chinese as a SOV Language*, Papers from the Ninth Regional Meeting of the Chicago Linguistics Society.

Joseph H. Greenberg 1963 Some Universals of Grammar with Particular Reference to the Order of Meaningful Elements, in Joseph H. Greenberg (ed). *Universals of Language*, MIT Press.

Li and Thompson 1981 *Mandarin Chinese: A Functional Reference Grammar*, University of California Press.

(原载《中国语文》1984年第3期)

划分与切分

任何学科都有一些特定的概念,用术语来表示。这些概念是认识的结果,同时也是认识的起点,向来为学者所重视。通常认为,各种学科的概念包括两种:一种表示实体类别,一种表示关系类别,所谓实体类别指根据事物属性归纳出来的类,例如化学上把碳和其他元素形成的二元化合物归纳为碳化物;一提到它,人们想到的是它的物理属性和化学属性。这属实体类别。又如化学上根据含不含碳元素把化合物分成有机化合物与无机化合物;人们一提到甲,就会想到乙,这属于关系类别。严格地讲,实体类别也是一种关系类别。比如碳化物,与它相对的是非碳化物,这当然也是一种关系。

关系类别有两种:一种是划分(assignation)的结果,一种是切分(dividing)的结果。划分是把大类分成小类,如把学校分成大学、中学、小学,子类都具有母类的属性。切分是把整体分成部分,如把大学分成文学院、理学院等等,整体和部分各有其属性。把音素分成元音和辅音,把词分成单音词和多音词,把句子分为单句和复句,都属划分。把音节分成声和韵,把词分成词根、词缀,把句子分成主语、谓语,都属切分。

一

从形式逻辑的角度来说,划分必须遵守下列规则:第一,每次划分只能使用一个标准(可以是几个特点构成的标准);第二,划分出来的次类应该互不相容;第三,次类之和要与大类的范围相等。根据这几条标准考察汉语语言学方面的划分,有一些值得思考的问题。

通常讲词汇,先切分为基本词和一般词,然后把一般词加以划分。划分出来的是古语词、方言词、外来词。这是一种不完全的划分,因为一般词当中除了上述三类之外,还有大量的其他的词。这也许可以这么解释,只提这三类词,是为了突出有特点的实体类别。如果作为实体类别,不宜一次并列三者。应该进行多次划分,即先把一般词划分为古语词与非古语词,再划分为方言词与非方言词,第三次划分为外来词与非外来词。正因为原不是用一个标准进行一次划分的,就必然出现类与类相容的情况。比如长沙话把祖母称为"娭毑"(āi jiě),这是方言词,可是它也是古语词。又如广州方言把商标称为"嚜",来源于英语的 mark,当然是外来词。再如白居易有《小童薛阳陶吹觱篥歌》,这个"觱篥"有许多写法,如"筚篥"、"必栗"、"贝蠡"等,它是古语词,也是外来词。

这方面的问题在语法部分同样存在。常见的现代汉语语法书都在名词下边列举方位词、时间名词、处所名词。这几类词不是用同一个标准划分出来的,当然不宜并列。应该先把名词划分为方位词与非方位词,再划分为时地名词与非时地名词。可是问题还不止这些。

一般语法书所列方位词包括单纯的和合成的两类。前者是"东、南、西、北、上、下、左、右、前、后、里、外、中、内、间、旁",后者指在单纯方位词前边加"之"或"以"的,在后边接"边、面、头"的。方位词作为名词的次类,它的特点是什么呢?可以认为:表示方向或位置是方位词的意义基础,附着在别的语言单位后边表示时间、处所等是方位词的功能。根据这里的认识,自然会提出下列问题。

第一,方位词的特点是附着在别的语言单位之后,所以有些学者称它为后置词。单纯的方位词接"边、头、面"构成的复合方位词,是不是也有附着的功能?例如"桌子上边"、"书架上头"、"衣服上面"之类,当中都能插入"的",说成"桌子的上边"、"书架的上头"、"衣服的上面"。不用"的"的偏正短语,中心语是被修饰成分,而不是附着成分。看来,只有在单纯方位词前边加"以"或"之"的,才可以算作复合方位词。其实"上边"与"身边、手边","上头"与"案头、两头","上面"与"侧面、对面"在功能上并无差别。

第二,如果否认方位词的附着功能,只认定表示方位的词都属方位词,那么,前边提到的单纯方位词都可以用在名词前边作定语,但不单独充当谓语,它们与非谓形容词如何区别呢?吕叔湘、饶长溶在《试论非谓形容词》中把名词前边的"上、下、前、后"等列在其中是有道理的。

从理论上讲,划分应该做到穷尽。实际上词类的划分还不能完全达到这个要求。有少数词很难归入目前公认的类别,例如"万岁"、"在望"、"在即"。补救的办法是对这些词加以描写,说明它们的功能,不必硬塞进现有的类。

二

语音学把话语连续体加以切分,得出的是区别意义的单位,语法学把语段加以切分,得出的是表达意义的单位。这是一般的认识。在汉语里,把语段切分,不但可以得出表达意义的(即音义结合的)单位,而且可以得出区别意义的单位。例如切分"蝴蝶",

得出"蝴"和"蝶"。"蝶"是音义结合的单位,它可以出现在"粉蝶"、"彩蝶"和"蝶泳"、"蝶骨"等语言单位之中。至于"蝴",它不是音义结合的单位,但是它有区别意义的作用。同样,切分"骆驼",得出的"驼"是音义结合的单位,它可以用在"驼峰"、"驼背"、"驼铃"、"驼绒"等语言单位之中。而"骆"只起区别意义的作用。

将语段进行切分,一个基本要求是切出的单位必须与意义有关。也就是说,通常切出的是音义结合的单位,只有少数是区别意义的单位。语音是形式,而意义是内容。究竟是从形式到内容,还是从内容到形式,这是语法分析时要遇到的问题。叶斯柏森认为语法分析可以从 I 到 O,也可以从 O 到 I。I 是 the inner meaning,即内部意义,O 是 the outward form,即外部形式。比如分析英语的名词,可以分析出-s、-es、-ies 等形式,然后认定英语名词有单数、复数之分。这是从形式到意义。也可以先认定英语名词有单数、复数之分,然后去找寻表达的形式。这是从意义到形式,可是这里出现了一个问题:你怎么知道英语名词只能二分为单数、复数?有些语言(如梵语和古希腊语)曾有单数、双数和复数的区分。之所以认定英语名词只有单复数之分,仍然是从形式到内容。总之,在切分时,须把握形式。有人认为"甭"包括两个语素,这是从意义出发得出的结论。如果注重语音形式,无论如何也不可能把 béng 切分成两个音义结合的单位来。

切分指把整体分成部分,当然不限于线性切分。语言切分的对象有连续型和离散型两种,后者包括二分型和多分型。从线性的单位看,大家认为语段只有二分与多分的区别。什么是二分?什么是多分?为什么认为"北京、上海"是多分型?比较合理的解释是:二分型增加了成分不延长关系,多分型增加了成分可以延长关系。"北京、上海"是并列关系,可以延长为"北京、上海、天津"等等。"中国北方"是偏正关系,属二分型。说成"中国北方城市"仍是二分型。值得注意的是"中国北方城市"可以切分成"中国/北方城市",也可以切分成"中国北方/城市",这并不改变它们二分的性质。多种分析方法并不等于多分。

跳出了线性单位的范围,我们可以找到连续型。例如把整个词汇切分成基本词和一般词,这属于连续体的切分。大凡连续体,切分多少带点主观的选择。例如舌面元音的不圆唇前元音,从高到半高,到半低,到低,也就是从 i 到 a,当中有许多不同的音,要选择哪几个音,得依据主观的需要。我们如果把反义词作为切分的对象,会发现不同的类型:

二分类型　　生/死　对/错　有/无
多分类型　　买/卖　胜/败　褒/贬
连续类型　　大/小　高/低　冷/热

这里的二分与多分不属于线性切分,所以不能用是否能延长关系来区分。多分类型可以出现"既不 A,又不 B"的情况。如"既不买,又不卖","既不胜,又不败"等等。

当前的语言学在迅速发展,汉语的研究自然也不例外。新的见解并不产生新的逻辑,正如同新的见解不产生新的语言一样,这里要谈的并不在阐述什么新见解,主要是强调一下不受见解改变的影响的一些基本观点。

参 考 文 献

吕叔湘、饶长溶 1981《试论非谓形容词》,《中国语文》第 2 期。
叶斯柏森 1988《语法哲学》中译本,何勇等译,语文出版社。

(原载《中国语文》1999 年第 4 期)

关于分类的依据和标准

在科学领域内,常常要推究分类的依据和分类标准之间的种种关系。打个比方吧:一年分为四季,虽然有客观的依据,即天体的运行和气候的变化,可是划分四季还得确立个标准。我国古代以立春、立夏、立秋、立冬为四季的开始,而欧美一些国家却以春分、夏至、秋分、冬至为换季的界限。虽然如此,中国人谈到"春天"和"春风"与外国人说的"Spring days"和"Spring breeze",却有共同的理解。语言学的情况也是如此:一方面根据分类的依据可以大体了解语言单位的类别,另一方面依据和标准又不能完全吻合,有必要指明它们之间的差异。

一

在一般人的心目中,把英语的语句划分出词是没有什么问题的。可是像"That will do"这样常用的句子,听起来却是[ðætldu:],似乎是两个词。"All right"听起来是[ɔːlrait],似乎是一个词。那么根据什么标准认为前者是三个词而后者是两个词呢?答案是靠书写形式,即分词连写的习惯。英语中的classroom、blackboard、earthquake各是一个词,这是今天的写法,可是它们曾经写成 class room、black board、earth quake,这样写的时候,人们都认为它们各是一个短语。[①] 由短语变成词也曾有过渡形式,那就是在当中加上短横。诸如此类现象的出现也并非同步进行的。例如 motorcar 是词,而 motor ship 是短语(也有在当中加短横的);motorman(电车司机)是词,而 motor hotel(汽车旅馆)是短语。这里有没有规律可循可以不管,我们要说明的是:在人们心目中,连写的是词,分写的是短语。也就是说,划分词的标准是书写形式。但是这并不等于说,词的形成与口语无关。口语是书面语的依据,根据口语划分出词来与书面形式也基本上一致。这正如同古代没有历书可查,根据物候的变化断定季节也大体不错。虽属可行,但有局限。

汉语的书面语不是分词书写,基本上是分语素书写的。一个方块字代表一个语素,很少例外。所以,我们从语句中划分语素十分容易,而划分词,有时不免各行其是。这种情况与欧美等国的人们感觉恰好相反,他们认为划分词十分容易,而划分语素有时会感到为难。语法书给我们的词下的定义是"最小的能自由运用(或独立运用)的语言单位"。由于"自由运用"可以有不同理解,而且有些语言单位(如"叶"、"楼"、"暑")在一些场合不能自由运用,[②]在另一些场合却能自由运用。人们根据这个定义去辨别词与非词,自然不能得出完全一致的结论。所以,它只能是划分词的依据,而不是明确的标准。1988 年国家教育委员会和国家语言文字工作委员会曾公布《汉语拼音正词法基本规则》,这是为了用《汉语拼音方案》拼写现代汉语而制定的,按理应该成为划分词的标准,但是由于这个方案还有待修订,而且并未深入人心,所以影响不大。看来,汉语的词如何定形,尚需时日。

印欧语言的名词有"性"的区别,语法上"性"的范畴有客观的依据,即生物的性别,但是确定名词的"性"却另有标准,即语法形式。"数"和"格"的情况也是如此。当然,各种语法类别的依据和确定类别的标准之间的联系并不完全相同,有的联系密切,有的联系宽松。

二

许多语法书讲到词类的时候,总是说词类是根据词的意义和词的语法特点来划分的。意义是词类的依据,或者说是基础,但不是标准。由于依据和标准大部分吻合,在教学上列为标准之一自有便利之处。然而仔细推敲起来,意义和功能双重标准并列必须思考两个问题:第一,两个标准如果并无矛盾,只是概括的范围有大小之分,那么,何不采用一个标准?第二,同时使用两个标准,如果出现矛盾,将如何处理?事实上意义标准和功能标准并用,有时会有抵触。许多学者主张采用单一的功能标准,道理也就在此。要重复说明的是,划分词类以功能为标准,并不否认词类有意义的依据。

双重标准不可取,双重依据却是经常采用的。例如下列图形正说明四种复句(因果句、假设条件句、转折句、让步句)采取的是双重依据。

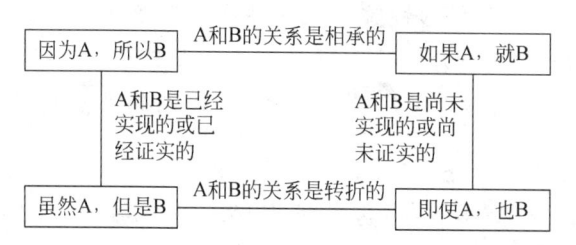

```
┌─────────────┐  A和B的关系是相承的  ┌─────────────┐
│ 因为A,所以B │─────────────────────│ 如果A,就B   │
└─────────────┘                     └─────────────┘
        │   A和B是已经        A和B是尚未   │
        │   实现的或已        实现的或尚   │
        │   经证实的          未证实的     │
┌─────────────┐  A和B的关系是转折的  ┌─────────────┐
│ 虽然A,但是B │─────────────────────│ 即使A,也B   │
└─────────────┘                     └─────────────┘
```

依据是双重的,标准是什么呢?是关联词语。下列句子没有关联词语,必须通过一定的关联词语去理解,而这特定的关联词语是由语境提供的。

> 有了他的帮助,事情就好办了。

这个句子提供的依据是,分句之间的关系是相承的。语境须提供另一种依据,或者说明事情已经实现,那么当归入因果句,即通过"因为……所以"去理解。或者说明事情尚未实现,那么当归入假设条件句,即通过"如果"去理解。

有些复句有双重依据,归类时也可以侧重一个方面。先看下边的图例。

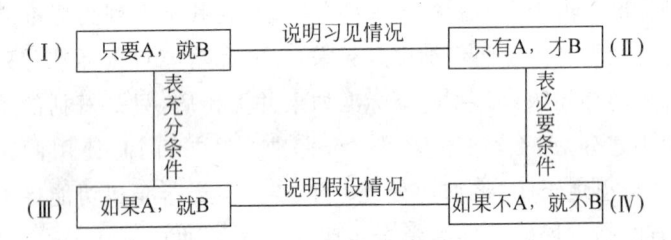

```
（Ⅰ）  只要A，就B    说明习见情况    只有A，才B   （Ⅱ）
                表充分条件                  表必要条件
（Ⅲ）  如果A，就B    说明假设情况    如果不A，就不B （Ⅳ）
```

通常不把上列句式归为四类。或者依据逻辑关系,把(Ⅰ)和(Ⅲ)归为一类,(Ⅱ)和(Ⅳ)归为一类。或者依据事理关系,把(Ⅰ)和(Ⅱ)归为一类,(Ⅲ)和(Ⅳ)归为一类。

复句的归类既然拿关联词语作为标准,而归类的依据又可以有所侧重,那么,我们得承认复句中分句之间的关系有显性和隐性的分别。所谓显性关系,是指关联词语所表示的关系;所谓隐性关系,是指没有用关联词语表示出来的关系。例如有些语法书把用"如果"的复句归为一类,下边两句的隐性关系却不相同。

> (1) 如果你每天读报纸,就可以了解当日的新闻。(表示充分条件,可以换成"只要……就")
>
> (2) 如果你不了解情况,就不能做好工作。(表示必要条件,可以换成"只有……才")

再比较下列句子:

(3) 天空出了太阳,于是地上的积雪开始融化了。

(4) 因为天空出了太阳,所以地上的积雪开始融化了。

(5) 天空出了太阳,地上的积雪开始融化了。

依据事理,前边分句与后边分句有连贯关系;依据逻辑,前后分句有因果关系。(3)用了"于是",当归入连贯关系,但隐含因果关系。(4)用了"因为……所以",当归入因果关系,但隐含连贯关系。(5)没有使用关联词语,当属两可。

三

在语音学上,采取的一种方法是:先把所有的语音加以分类,然后在分类的基础上对一个个音位加以描写,即指明区别性特征(distinctive feature)。比如把语音分为元音和辅音,辅音按发音部位和发音方法分成若干类,然后用多项标准描写各个辅音音位的特点。例如汉语普通话的 b,它的区别性特征是双唇音、塞音、清音、不送气音。语法上常用的一种方法有些不同,是先描写一些词的特点,然后根据这些特点加以归类。为了简要地说明问题,先假定有下列几组词:

第一组 来 吃 讨论 参加 管理(能带宾语,不能加"很")

第二组 大 好 简要 干净 坚固(能加"很",不能带宾语)

第三组 懂 怕 了解 喜欢 感谢(能加"很",能带宾语,还可以同时加"很"和带宾语,如"很懂道理")

第四组 活跃 方便 丰富 繁荣(能加"很",能带宾语,但不能同时加"很"并带上宾语)

以上四组词的不同情况是大家都熟悉的,把它们列了出来,想说明以下的问题。

第一,从理论上讲,如果拿能不能"带宾语"、能不能"加'很'"

作为区分动词和形容词的标准,那么第三组词可以另列一类。当然,也可以并入第一组,区分的标准是:能带宾语的是动词,不能带宾语而能加"很"的是形容词,也可以把第三组并入第二组,区分的标准是:能加"很"的是形容词,不能加"很"而能带宾语的是动词。一般语法书采取了第一组和第三组合并为动词的说法,这主要是考虑动词的重要依据是表示动作或变化,而带宾语这个标准最能体现这个依据。就是说,带宾语这个标准与动词的依据最贴近。

第二,能不能把第一组词作为动词,第二组词作为形容词,同时把第三组词作为兼属动形的词呢?不能。比如在"我很了解"中,"了解"作为形容词,在"我了解他"中,"了解"作为动词,似乎言之成理。可是在"我很了解他"中,"了解"算作动词还是形容词?打个比方,一个学生兼作工人,在学校里他不是工人,在工厂里他不是学生,不可能在特定的场合兼属学生和工人。只有第四组词不同时具备两种功能,才是真正的兼类词。第三组词要么归入第一组,要么归入第二组,也可以单独成为一类,但不能兼属两类。从理论上讲,凡属兼类词必定分别属于两套不同的功能系统。例如"代表"作为名词,能接"们",能加数量词;作为动词,能带宾语,能接时态助词,如此等等。属于不同的功能系统,不但分类的标准不同,类的依据也两样。我们还可以看看前边提到的让步复句(用"即使……也"的),有人把它归入假设条件句(用"如果……就"的),有人把它归入转折句(用"虽然……但是"的),但是没有人认为它兼属假设条件句和转折句。道理也一样。

要补充说明的是,词类划分的标准并不是单一的。说"能带宾语的是动词",只不过提出判断动词的充分条件,不等于说不能带宾语的都不是动词。例如"休息"、"咳嗽"、"开刀"等都不能带宾语,但是它们都是动词。何以见得?因为还另有标准,如能接动量词等等。判定形容词也是一样,要使用多项标准。这些标准原则上是互补的,实际上有些是交叉的。

四

语言系统是开放性的。开放性系统的特点之一是受外部因素影响或内部因素互相影响,可能出现中间现象。这种情况在语法部分最为明显。所谓中间现象,不是从静态描写的角度来观察,而是从语言发展的角度来阐明的。所以,上述兼类问题不属于这一范围。

汉语的词向来有虚实之分,由于划分的标准不同,划分的结果也不一致。即使如此,人们却有如下的共识:

第一,不少虚词是从实词演化而来的。

第二,实词虚化的标志是由可以独立使用的单位变成起附着作用的单位,有些还读成轻声。

已经完全虚化了的是时态助词"了、着、过"。没有完全虚化的如趋向动词,请看例句:

(1)请进!快来!("进"和"来"是一般动词)
(2)请进来!("进"是一般动词,"来"是趋向动词)
(3)请走进来!("进来"是趋向动词)
(4)快上!快去!("上"和"去"是一般动词)
(5)快上去!("上"是一般动词,"去"是趋向动词)
(6)快跑上去!("上去"是趋向动词)

如果单从意义上讲,上边的"进"、"来"、"进来"、"上"、"去"、"上去"都是趋向动词。如果把趋向动词作为动词的一个附类,也就是说,这一类词虽属动词,但又有虚词性,那么,上边例子中加着重号读轻声的才称得上趋向动词。采取后一种观点,是把依据和标准分开看待的。

方位词作为名词的附类也是由于它带有虚词性,方位词大都不读轻声,它的虚词性主要表现在起附着作用上边。有些学者把方位词称之为后置词(postposition),而把介词称之为前置词(preposition),也就是认为它们有共同之点,即附着于名词等实词,不过位置不同,一前一后而已。方位词附着于名词,如"桌子上"、"长江以南",不同于名词与名词构成的偏正短语。偏正短语如"父亲身边"、"学校对面"、"长江尽头",当中可以插入"的",而方位短语却不能。这样看来,"屋子外边"、"学校里面"、"桌子上头"中的"外边"、"里面"、"上头"也都是一般名词,它们虽然表示方位,但不属方位词。方位词作为名词的附类,并不只是因为它表示方位,重要的是它有功能上的特点。

附带要说明两点:

第一,附类不同于小类。动词分为及物动词和不及物动词,量词分为物量词和动量词,名词分为处所名词、时间名词等等,这些都是小类,不是附类。小类是大类的下位划分,附类却不属下位划分。目前通行的汉语语法书,虽然不列附类,却在名词后边特提方位词,在动词后边特提趋向动词等等,多少含有承认附类的意味。

第二,上边谈了分类的标准与分类的依据之间有种种不同情况,并不等于说,不能有假设的标准。把地球分为南北两半球,用经纬度表示地面的位置,标准是人们假设的。虽然是假设,却仍有天文测量的依据。在语法方面,也可以有假设。例如我们可以认为任何名词充当主语,它都有定语,或者是词语作定语,或者是零定语。科学上的假设能不能成立,关键在是不是有利于说明规律。零声母有利于说明汉语的音节结构,所以普遍采用了。

附注

① class room 这个例子是李英哲先生提供的，black board 这个例子是何伟渔先生提供的，earth quake 这个例子是作者在早期的英语书中找到的。

② 参阅吕叔湘先生所著《汉语语法分析问题》第 18 页，商务印书馆，1979 年。

(原载《中国语文》1995 年第 4 期)

词语之间的搭配关系[①]
——语法札记

一 与句子整体意义有关的因素

1. 人们是如何理解句子的含义的

理解一个句子的意义,通常是先懂得句子中每个词的含义,然而句子的意义并不是词的意义的机械的相加。句子中词与词的结合有一定的层次,也有一定的结构关系,只有掌握了层次和关系,才能理解句子的含义。人们是怎样学会掌握句子的这个特点的呢? 有一些心理学家如美国的桑戴克(E. C. Thorndike)认为学习的基本形式就是"尝试和错误"(trial and error),或者简称"试误"。通俗点说,就是在反复试验中不断碰钉子,最后才获得满意的效果。如果承认这是学习的基本形式,那么,学习语言的过程自然不能例外。比方"她是小张的爱人的妹妹"这样一句话,当我们只听到"她是小张的爱人"的时候,我们就以为她是小张的爱人,到了又听见"的妹妹"的时候才发现原来的理解是错误的。

另一派心理学如所谓"完形心理学"(gestalt psychology)则认为人们的意识经验是作为整体存在的。举例来说,在我们的经验中,"我读报"、"他写文章"、"孩子吃西瓜"等等句子都作为整体印入我们头脑之中。我们懂得每个句子的含义,同时在头脑中形成一种共同的模式（如主谓句）。此后我们听到了"大家学习普通话"这样的句子，马上可以把它归入这种模式。这是类化（generalization）的结果。就是说，学习的形式不是试误，而是领悟（insight）。还拿上面的那句话做例子。我们从过去的经验里归纳出来一条：凡是"A 的 B"这种形式，总是作为一个整体去跟别的成分组合的。所以我们不会误会她是小张的爱人。

上面说的两种心理过程其实是不矛盾的。形成类化，不但有赖于正面的例子，也有赖于反面的例子，换句话说，在一定程度上，类化也是积累多次试误而得的结果。人们平日阅读文章，遇到较长的句子，往往要反复看几遍才能看懂，这里就包含了"试误"的过程。但是，我们也并非每一次阅读都要反复几次才能看懂，也不是每一次都须经过反复试验的。一般地说，我们对读到的句子都是马上能掌握它的结构特点的，这里体现出领悟的作用。然而试误的过程并不会结束，而领悟的程度总是在不断地提高。试误和领悟的过程是反复进行的，很难在其中划出一条界线。只强调一方面而忽视另一方面都是不切实际的。

2. 抽象的句子和具体的句子

显然，前边我们谈的如何理解句子的意义，把问题简单化了。一个句子除了包含结构平面的要素之外，还有语气平面的东西。丢开了语气，仅仅是词与词的组合，不成其为句子。所以，我们讲"懂得"某一个句子的意义，指的不仅是理解它的词汇意义、结构意义，还包括它的语气。然而这里指的是抽象的句子。至于具体的句子，它还有指称意义。②

词有指称意义这个事实，早就为人们所注意到了。例如"他"这个词，或者指张三，或者指李四，当它有所指的时候，才获得指称意义。这就是说，一个词有它的语音形式，有它的意义，还可以有所指，安他勒（László Antal）认为一个句子也存在同样的"三位一体"的情况。他把句子的所指叫作内容（content），③由于内容这个词常常用于更广泛的范围，有时叫指称意义更为明确。

一个抽象的句子是形式和意义的结合、形式指的是语音形式，意义则包括词汇意义、结构意义和语气。一个抽象的句子可以用于许多不同的场合，因而具有不同的指称意义。例如"今天星期日"这个句子，一年之中可以用上五十几次，指称意义各不相同。从这个角度说，抽象的句子不过是用来作为具体交际时的工具，它是为表达指称意义（内容）服务的。

值得注意的是：对句子的指称意义的理解是以理解抽象句子的含义为基础的。不理解抽象句子的含义，就不可能理解具体句子的指称意义。然而句子指称意义是作为一个整体存在的，人们理解它并不须再经过"试误"或"领悟"的过程。

二 词语之间的选择性和搭配关系

1. 词汇上的选择和语法上的选择

有些语言学家提倡研究各种语言的"知觉处理方式"（perceptual strategy），认为听话的人理解别人说出的句子时，有一种心理上的安排。这种安排是因民族而异的。比方说，为什么我们把"建筑材料"作为偏正结构，把"建筑房屋"作为动宾结构呢？为什么把"改善人民生活"要与"改造厂房计划"看作不同的结构呢？不管用试误来说明还是用领悟来解释，都要牵涉到词语之间的搭配关系。

词语之间的搭配关系是选择性（selectical properties）的一种表现，然而选择性有各种不同的性质。吕叔湘先生曾经指出："必须区别语法上的选择和语汇上的选择。比如'甜'所属的类和

'星'所属的类是可以组合的,'吃'所属的类和'床'所属的类也是可以组合的,咱们不听见有人说'甜星'或者'吃床',那是因为受语汇意义的限制。凡是合乎语法上的选择但是不合乎语汇上的选择的,不是绝对没有意义,只是那种意义不近常情,甚至荒唐可笑罢了。只有不合乎语法上的选择,像'看见们'、'又星'之类才是真正没有意义。"④

词汇上的选择受词义范围的制约,同时又常常要以有指称可能为根据。"吃"和"床"为什么不能搭配?因为"吃床"不能有所指称;如果有所指,也就能搭配了。"喝"在普通话里指把液体咽下去,"饭"指干饭,所以"喝饭"无所指称。也就是说,这里有搭配不当的问题。

从理论上讲,词汇上的选择和语法上的选择是不同性质的选择,可是我们也常常遇到这种情况:句子中的某些搭配问题,从一个角度分析,是词汇上的选择问题;从另一个角度分析,是语法上的选择问题。举例说吧:

我们一定要努力克服骄傲。

生产队今年完成了捕鱼三千担。

这两个句有语病,可是分析起来有不同的说法。第一种说法:这两个句子的毛病是宾语残缺,前一句应该添上"的情绪"之类,后一句应该添上"的任务"、"的指标"等等。也有人说这里的错误在于用定语代替了中心语,或者说有定语,缺中心语,实际上都认为宾语部分不完整。

用"残缺"来说明这里的问题是费解的。"骄傲"是完整的词,"捕鱼三千担"是完整的词组,它们并非不能充当宾语,只是在上述的句子中充当宾语不恰当罢了。比方,我们可以说:"不怕困难,只怕骄傲。""生产队打算捕鱼三千担。"可见问题不在"宾语残缺"。

第二种说法:动词和宾语搭配不当。这就是说,"克服"不能选择"骄傲"作宾语,或者说"克服"和"骄傲"不能搭配;"完成"不能选择"捕鱼三千担"作宾语,也就是"完成"与"捕鱼三千担"不能搭配。

第三种说法:"克服"是个及物动词,它要求带名词性的宾语。我们知道,汉语的及物动词有的要求带名词性宾语,有的要求带非名词性宾语(如受到、觉得、主张、禁止等等),"克服"属于前一种。"骄傲"是个形容词,是非名词性的,所以不能充当"克服"的宾语。"捕鱼三千担"不能作"完成"的宾语,理由也完全相同。

第二种说法和第三种说法都是从词语的选择性来分析问题的,前者讲的是词汇上的选择,后者讲的是语法上的选择。然而仔细推敲起来,就会发现这里所说的词汇上的选择并不同于前边所举的"吃床"、"甜星"之类。"克服骄傲"的问题与"吃床"的问题是不一样的。"吃床"的问题可以从指称意义上加以说明,而"克服骄傲"只能从语言习惯上加以解释。这种习惯,如果要找出规律的话,那就只能从实词的次范畴之间的关系来说明,而这样实际上已经是语法上的说明了。

2. 抽象句子中的搭配问题

邢公畹先生认为语言结构的正确性的基础是它的真实性;就是说,词汇上不能搭配的说法(如"吃床"、"甜星")既然是不真实的,根本谈不上合不合语法。举例说吧,他认为"名词$_1$＋动词＋名词$_2$"这个公式是从"小王修拖拉机"之类的正确的句子抽象出来的,而不是从"小王吃拖拉机"、"小王修理三角形"之类错误的句子抽象出来的。他指出:如果认为上述公式既概括了正确的句子,又概括了错误的句子,那是不合逻辑的。邢先生把上述公式中的"+"给以"搭配"的含义,这无疑是正确的,可是他没有说明这里的搭配是指词汇上的还是指语法上的。⑤

上述公式代表的应该是抽象的句子。抽象的句子当然是从具体句子归纳得来的,可是在归纳的过程中,丢掉了许多东西。因此,公式中的"+"号所表示的搭配意义,只能是语法上的选择关系。至于依照这个公式造出具体的句子来,那还须考虑某种词汇上的选择关系。不顾词汇上的选择关系,依据公式造出"小王吃拖拉机"之类的可笑的句子,那并不能证明公式错误,只能说明造句的人忘掉了词汇上的选择这个重要的条件。

3. 关于"无意义"的问题

乔姆斯基曾指出下列两组词都是无意义的(senseless)。

(1) Colorless green ideas sleep furiously.
(2) Furiously sleep ideas green colorless.

他认为两者的区别在于(1)是句子而(2)不是句子;在这里,他区别句与非句用的是形式标准。⑥为什么任何一个会说英语的人都认为(1)是合语法的句子呢?这就是类化的结果,语法上的类化常常是以形式为依据的。

安他勒则认为通常的句子是形式、意义和内容"三位一体"的,(1)是有形式和意义的,它缺乏的是内容(有所指称)。他指摘乔姆斯基的说法,认为既然承认(1)是句子,就得承认它不仅有形式,并且有意义,否则仅仅是一堆词的混合。⑦

邢公畹先生同意安他勒的说法,即认为(1)并非无意义,只不过这种意义是荒谬的罢了。但是邢先生又认为一般句子除了有意义之外不能有所谓"内容",这就值得商榷了。安他勒曾举了这样的例子:打电话时说"你讲的我没有听明白",通常是指不了解对方所说的句子的意义(词汇意义或结构意义),当然也不了解内容。如果一个学生听别人给他解释一条数学定律时,说"我不明白你的意思",通常是指不了解内容。这里的两种"不明白",正说明我们平常所讲的"明白"或"理解"其实也有两种:一种是懂得意义,一种是懂得内容。当然,理解内容,是在理解意义的基础上才能做到的。

三 动词的"向"和搭配问题

1. 动词和名词性成分之间的搭配关系

句子的基本语义结构是由动词以及与它相联系的名词性成分构成的,所以研究动词和名词的搭配关系占着十分重要的地位。

与动词发生联系的名词性成分有两种:一种是强制性的(obligatory nominal),如果没有语境(context)的帮助,一定要在句中出现。一种是非强制性的(optional nominal),根据表达的需要,在句中或出现或不出现。举例说吧,"来"这个动词要求有一个施事名词与它同时出现,这是强制性的。"客来了"、"来客了"都合乎这一要求。有时单说"来!",这是由于语言环境的帮助,省略了施事名词。至于时间、处所名词,有时也须用上,如"他昨天从北京来",但是不属强制性的。

有些动词只有一个强制性名词成分与它同现,它们是单向动词;有两个强制性名词成分的,是双向动词。当然,还可以有三向动词。

分析动词的"向"对于说明搭配关系很有用处。朱德熙先生认为"他来了"、"来人了"的"来"是单向的,又认为"他来客人了"的"来"是双向的。认为"这把刀切肉"的"切"是双向的,"这把刀我切肉"的"切"是三向的。[⑧]这样一来,似乎只能在具体的句子里确定单向、双向还是三向了。

我们认为:"他来客人了"中的"来"仍旧是单向动词,它与"客人"有搭配关系,不与"他"相联系。单向动词用在两个名词之间,大都是这种情况。再举几个例子:

> 王冕死了父亲。
> 他们流下了眼泪。
> 工作出现了新的问题。

同理,"这把刀我切肉"中的"切"仍旧是双向动词。"切"在语义上既与"肉"联系,又与"我"联系,但不与"刀"直接联系。

2. 语序问题

单向动词要求一个强制性名词成分与它同现,在句子中这个名词通常出现在动词前边(如"孩子睡了"),有些单向动词可以在名词前边出现(如"来客了"),这种次序的改变是有条件的。双向动词要求两个强制性名词与它同现,可能的排列次序是:

> (1) 名$_1$+动+名$_2$　(我不认识这个字)
> (2) 名$_2$+名$_1$+动　(这个字我不认识)
> (3) 名$_1$+名$_2$+动　(我这个字不认识)
> (4) 名$_2$+动+名$_1$　(一锅饭吃三十个人)

当然,并不是所有的(1)式都能变换成其他各式。这些不同的变换形式,不但要求动词是双向的,而且对名词有所选择。比如,第(2)和第(3)式里,名$_2$(受事名词)必须是有定的(包括特指和遍指)。第(4)式里,名$_1$和名$_2$都必须带数量词。

汉语的简单句,常见的是动词用在两个名词性成分之间。由于动词有单向、双向之分,这种句式其实包括了不同类型。比方说,动词如果是双向的,末了的名词在一定的语言环境下可以省略,如"我不认识这个字"可以省略成"我不认识"。如果是单向动词,就不能这么省略。"他们也流下了眼泪"不能省略成"他们也流下了"。从结构层次和成分关系上讲,"我不认识这个字"和"他们也流下了眼泪"没有差别,可是由于动词的性质不同,在语义结构上、在搭配关系上很不一样。在前者,"认识"既要与"我"搭配,又要与"这个字"搭配;在后者,"流下"只须与"眼泪"搭配。同样,在"名+名+动"的序列中,"他的事情我不管"和"我的婚事我做主"的搭配关系也不一样。在前者,"不管"与"他的事情"有搭配关系;在后者,"做主"只须与"我"搭配。

四　多义和歧义

1. 多义歧义现象与搭配的关系

语法上的多义与歧义都与搭配有关,但是情况并不相同。

讲到多义,人们想到的是多义词。多义词是常见的现象,可是多义词通常并不引起歧义,这是因为词语的搭配关系限制了词在结构中的意义。只有这种限制失效,才会产生歧义。

在汉语里,不但词有多义,词组也有多义的。例如"补充材料"、"表演节目"、"调整方案"、"学习文件"、"分析方法"都是"双向动词+名词",表示的是动宾关系或偏正关系。在一定的上下文当中,一般没有歧义。例如"补充材料"在"内容不够充实,务须补充材料"中是动宾关系,在"这些是补充材料"中是偏正关系。但是在"我们要补充材料"中却有歧义。为什么会产生歧义,这与"要"的词性有关。"要"兼属动词和助动词,动词"要"要求带名词性宾语,助动词"要"则要求带非名词性成分,所以,这里的歧义是不同的搭配关系交叉的结果。

多义词组有两种类型:一种是形式相同而结构关系不同的词

组交叉在一起,"补充材料"之类属于这一种。另一种则不属不同词组的交叉。从形式上看,从结构关系上看,只是一个词组,但是人们对它有不同的理解。例如"小李的问题"可以理解为"小李提出的问题",也可以理解为"关于小李的问题"。这是指称上的多义或称之为内容上的多义。前一种多义词组用在句子中,依靠语法上的选择确定它的含义,后一种多义词组用在句子中之所以不产生歧义,依赖的是语境。

2. 动词的"向"和歧义的关系

朱德熙先生曾经指出,在分析歧义现象时,应该注意到动词的"向"。例如"看的是病人"之所以有歧义,是因为"看"是双向动词。如果用的是单向动词,比如"来的是病人",就不可能产生歧义了。他还指出,即使是双向动词,也不一定产生歧义,如"发明的是一个青年工人"。为什么不产生歧义？朱先生的解释是意义上的互相制约。⑨这实际上是从词汇上的选择关系来分析问题。如果我们考察一下"看"与"发明"这两个双向动词的区别,不只是看到具体意义上的不同,而且注意它们各自联系的名词的差别,就不难发现"看"联系的是人(有生物)与物(无生物),或者是人与人,"发明"联系的是人与物。就是说,在次范畴的选择上,它们有所不同。

从这里可以看出：在避免歧义方面,发现动词和名词的次范畴的搭配关系是很有意义的。

双向动词之所以引起歧义,往往是因为句中只出现一个强制性名词,而隐藏在语言环境中的另一个名词不能确定。例如人们常常讨论的"鸡不吃了"就属于这种情况。人们也曾议论"大树倒了"中的"大树"是施事还是受事的问题。这个问题不同于"鸡不吃了"的问题。"倒"是单向动词,它要求联系的名词已经出现了,所以句子的意思是明确的。当然,这里并没有说明"大树"是施事还是受事,可以说,这一点是模糊的。模糊不等于歧义,当然也就是更不必从搭配等方面寻求解释了。

附注

① 搭配关系或称为互补关系,日本有些语言学者叫它共起关系,称为同现关系也许更恰当。同现关系(co-occurrence relation)是 Z. S. Harris 提出的,他使用这一术语所指的内容更为广泛,而且他的这一术语与转换形式是相联系的。所以我们用同现关系之类的名称时,并不与 Harris 的概念完全一致。

② 具体的句子还有社会意义(social meaning)。C. C. Fries 在他的 *The Structure of English* 中举过这样的例子:

John Smith can swim a hundred yards in forty-five seconds.

他解释说:"除非你知道这个速度比世界纪录还快四秒钟,你就不了解这句话的社会意义。"

此外,还有人认为具体的句子还包括联想、情感等等。所有这些表示的是语言因素之外的各种意义。

③ László Antal, *Content, Meaning, and Understanding*,第 21 页。

④ 吕叔湘《语言和语言学》,《语文学习》1958 年 2 月号。

⑤ 邢公畹《语词搭配问题是不是语法问题》,《语言研究论丛》,南开大学中文系语言学教研室编,天津人民出版社,1980 年。

⑥ 乔姆斯基《句法结构》,邢公畹等译,中国社会科学出版社,1979 年,第 8—9 页。

⑦ 同③,第 32 页。

⑧ 朱德熙《"的"字结构和判断句(上)》,《中国语文》1978 年第 1 期。

⑨ 朱德熙《汉语句法里的歧义现象》,《中国语文》1980 年第 2 期。

(原载《中国语文》1982 年第 1 期)

谈谈汉语语法结构的功能解释

一

近二十年来的语法研究,出现一种趋势,那就是注重语法现象的解释。传统语法学着重描写,只说明什么是对的,什么是错的,不加以解释。结构主义语法学也着重描写,但它和传统语法学有些不同。传统语法学描写的是人们熟悉的语言;虽说是熟悉,并非人人都能把其中的结构规则说出来。语法学家的任务只不过对语言事实加以总结,使之条理化、系统化、规范化。结构主义语法学告诉人们一套方法,如何去描写陌生的语言,例如使用替换法找出语言单位,采取分布分析法给语言单位分类,利用直接成分分析法说明语言单位的内部结构,运用变换分析法描写语句之间的关系,如此等等。显然,目的都不在解释语言现象。

我国的训诂学倒是着重解释的。不过,它解释的不是语法结构,而是词语的含义。传统的训诂学是对古代语言的解释,目的在帮助人们阅读经籍。今天的训诂学却常有以古释今的。例如"救"的今义是"援助",为什么又出现"救火"、"救灾"之类的说法?训诂学家告诉我们:古汉语中"救"的含义是"止",所以"救火"等于灭火,"救灾"等于消灾。又如人们把不带袖子和领子的上衣叫"背心",训诂学家解释说:古汉语中有"裲裆",也写作"两当",指既挡前胸又挡后背的上衣，由此转化成背心。诸如此类的解释，用意义说明意义，当然不属语法研究的范围。在外语的分析中，即使涉及形态单位，也不一定属语法的研究。例如英语的-er是构词形态，接在动词后边使它变成名词，worker、writer之类都是。可是teller常用来指出纳员，词源学家曾加以解释：动词tell的古义是清点数目。由动词变成名词是语法现象，可是这里解释的是词义，而不是语法结构，与我国的训诂学如出一辙。

训诂学的范围在不断扩大，主要表现在三方面。第一，早期的训诂学是以古释古，即专为读经服务。后来发展到以古释今，即重视俗语的研究。如今则发展到以今释今，即把句子意义的解释化为词义的分析。第二，由重视实词意义的研究发展到重视虚词意义的探讨，这一发展趋势在明清时代尤为显著。第三，从解释词义发展到分析句读，进而解释句子的表达方式，这是近年来的趋向。综合起来看，一种新的训诂学正在形成，它几乎与我们所要谈的语法结构的功能解释同步前进，有时还如影随形。为了避免混淆，作了如上的说明。

乔姆斯基的转换生成语法是解释性的语法。不过，他解释的不是某一种语言的语法现象，而是人类的语言能力。他要说明的是人们如何运用有限的手段适应无限的表达需要。他把语法看成是许多原则构成的系统，用来说明人类语言具有共同的基础，同时按照某些原则在这个基础上生成千变万化的句子。我们可以按照他的原则把某种语言（比如汉语）的句子加以改写，形成许多树形图。这能说明什么呢？这只能说明这种语言可以纳入人类语言共同的模式。或者说，由此可以证明乔氏的原则也适应于汉语。这里解释了语言事实的原因，并没有解释语言结构本身。在语言实践中，人们为了表达或理解，总是对语言事实本身的解释感兴趣的。

二

语言符号具有线条性,句子中词语的次序安排问题自然是语法学者所关注的。然而次序的安排不必都基于语法上的考虑,所以,有些语法学者解释汉语的语序,是立足于句外因素,如逻辑因素、心理因素等等。戴浩一曾从逻辑角度解释汉语句子的时间顺序。他认为两个句子相连的时候,首句表示的条件发生的时间总是在先,如"我吃过饭,你再打电话给我"。又认为表达动作和目的时,先说动作,再讲目的。如"我们开会解决问题"。还认为在比较句中,总是先作比较,再说明结果。如"你比我高"。正如戴所说,比起英语来,汉语的语序更接近客观事理的先后顺序。从广义上说,事理的顺序属于逻辑的范畴。当然,戴所说的只是一种倾向,不是严格的规律。正因为如此,相反的语言事实并不罕见。例如:"我走进屋里,饭菜已经摆好了。""为了解决问题,我们正在开会。""权大于法还是法大于权?"其实,按事情发生顺序安排语句是许多语言共有的现象,倒是那些具体语言特有的语序安排值得重视,包括功能解释。

语言学和心理学是密切相关的两门科学。结构主义语言学的某些观点来自行为主义心理学,这是人们十分熟悉的。近年来风行的认知语法用认知心理学的方法解释语言现象,已引起了学者们的注意。现代认知心理学(modern cognitive psychology)所讲的"认知"指的是信息加工;它把人脑看成是接受信息、加工信息、储存信息的装置。人们接受信息,在脑子里如何加工,这正是认知语言学所关心的问题。比如,把语句归入一定的模式,这是平行加工(parallel processing)。把语句编成便于记忆和理解的形式,这是系列加工(serial processing)。这两种加工不过是认知的基础,人类对语言的认知有许多复杂的因素,其中使语言学家最感兴趣的是处理信息的目的性。生物界处理信息都是有目的的。动物和植物由于长期积累的经验,对信息的处理用密码形式储存在体内。比如树木的春华秋实就是如此。人类处理信息的目的与社会生活密切相关,所以,句子的意义不但与词义、语义、句法结构有关,而且与语境(包括说话人和听话人)有关。在交际中,发送信息的一方对语句有所选择,接受信息的一方也有所选择(理解方面的选择)。根据交际的目的,反复运用某种形式,这就形成稳定的认知结构。语言学家的责任在于指明这种结构,以利于语言的正确使用。所谓稳定的认知结构,主要是根据交际需要形成的模式。对这种模式加以解释,就是功能解释。功能解释与结构描写通常是密切联系的。

三

在语法学里,结构和功能是相关的概念;前者指语言单位内部成分的安排或组合,后者指语言单位的外部关系。单纯从句法上考察,语言单位的内部结构与外部功能未必完全一致,例如"司机"、"动员"、"悦耳"的内部结构相同,外部功能不一样。又如"司机"、"朋友"、"台灯"、"地震"内部结构不同,外部功能却一样。这属于静态的描写。如果从使用的角度考察,则包含动态的选择,它着眼于内部结构与外部功能(交际功能)之间的联系,认知语法正是这样。因为把句子当作信息交流的基本单位,所以在进行句子内部结构的分析时不能脱离外部条件,它不是像传统的句子分析那样去切分句子成分,而是指明与交际目的有关的因素,如旧信息、新信息、焦点、疑问点、指称、指定、不定指,等等。分析是为了解释,所以,从认知的角度对句子进行分析与对句子加以功能解释实际上是一回事。

句子的内容千变万化,但是可以根据交际中形成的模式,分析句子的认知结构。在这方面,汤廷池曾提出四条原则,用来解释汉语的语用结构。

1. 从旧到新的原则。指的是旧信息先出现,新信息后出现。

2. 从轻到重的原则。指的是通常把复杂的句子成分用于句末。

3. 从低到高的原则。把语言单位分成若干等级(rank)。单独的句子高于分句,分句高于短语,短语高于词。

4. 从亲到疏的原则。所谓"亲",指的是当事人(说话人和听话人)所关心的对象。

我们想就这几个原则作简单的评述。

从旧到新的安排是一般语言所共有的,不是汉语特有的结构方式。所谓从轻到重,实际上是从旧到新的原则的具体化。因为旧信息是对话双方已知的,可以说得简单些,新信息是未知的,宜作详细的阐述。从低到高的原则并不是指语言单位的线性排列,而是指语言单位的选择。同样的意思可以用短语表达,也可以是小句表达,选择了后者显得强调一些。例如"我们相信他是无辜的"比"我们相信他的无辜"语意较强。按照这个原则,用短语表达的意思比用单词表达为强。这种情况也并非汉语所独有。例如英语里用 in all places 比用 everywhere 显得强调一些;用 all of a sudden 比用 suddenly 显得强调一些。从亲到疏的原则指的也是语言单位的选择,包括词语的更换(平行的选择)和语序的改变(系列的选择),目的在突出当事人(说话人和听话人)所关心的对象。如"老张被一个疯子打了",说话人关心的是老张。"有一个疯子打了老张"却没有前一句那样突出关心的对象。其他语言也有类似情况。

诸如此类的解释有一定的依据,但还不能满足我们对汉语解释的要求。我们的要求是:

第一,在说明普遍规律的同时,对汉语的特点加以说明和解释。

第二,在解释汉语的一般现象的同时,注意指出比较特殊的情况,并加以解释。

四

所谓汉语的特点,是与某些语言(通常指印欧系语言)相比较而言的,习惯了使用某种语言,不会认为它有什么特点。一与别的语言相比较,就会发现它们之间的差别。比如报时间,我们先说钟头,再讲分秒。写日期,由年到月和日。写地址,先写国名,再写省市,然后写街道及门牌号码。英国人的习惯却与此相反,先小后大。有人从民族心理的差异加以解释,这不属于功能解释的范围。当然,我们并不认为任何语法现象都可以从功能方面加以说明,但是功能解释在语法研究中应该受到重视。为此提出下列建议。

第一,功能解释应该着重解释具体的句子,而不是抽象的句子。比如"下雨了",作为抽象的句子,属非主谓句,没有时制(tense)。作为具体的句子,必有时制。或者说的是"现在",或者说的是某一时间。英语的每个句子都有时。例如:

The sun rises in the east.

通常称之为现在一般时。如果用汉语译成:

太阳从东方升起。

离开语境,这只是一个抽象的句子,没有表达"时"。必须说成：

> 太阳是从东方升起的。（一般时）
> 太阳从东方升起来了。（现在时）

这种具体的句子才是功能解释的对象。又如"他在图书馆里看书"是个抽象的句子，没有表明时间，如果有人问"他在什么地方"，用"他在图书馆里看书"回答，则属具体的句子，表示"现在"。"他打算上图书馆看书"、"他昨天在图书馆看书"都包含"时"。

所以，研究汉语句了的时间系统，解释汉语时间的表达方式，不能以抽象的句子为分析对象。当然，我们并不认为抽象的句子不能分析。抽象的句子可以进行句法分析、语义分析，但是，如果要从语用角度加以功能解释，必须以具体的句子作为研究对象。

第二，我们应该重视汉语特有的句式的分析和解释，如"把字句"、"被字句"、"有字句"、"是字句"、"得字句"等等。例如"得字句"（用结构助词"得"连接补语的句子）如果带了宾语，必须重复使用动词，如"打扫房间打扫得干干净净"，或者改用"把字句"，如"把房间打扫得干干净净"。从汉语发展的历史上考察，这种现象的产生与补语的长度日渐增加有密切的关系。在近代汉语里，常有宾语和补语都出现在动词后边的格式，如"宋江攻城得紧"（《水浒传》）、"奉承得他好"（《碾玉观音》）。这两种格式在现代汉语里都不使用了。有些语法学家据此作出解释：使宾语（受事）和补语都靠近动词，让宾语前置，补语后置，目的是便于理解。

第三，解释的对象不宜限于最常见的格式。例如"把字句"，包括的格式多种多样，解释的时候不能只看到"猫把老鼠吃了"之类。薛凤生曾对"把字句"作过说明，他解释的范围较大，包括各种式样的"把字句"。他曾论述"A 把 B＋C"（如"我把他批评

了"),得出如下的结论:

1)全句的话题是B,而不是A。所以有些"把字句"可以没有A,而不能没有B,如"可把我累坏了"。

2)C对话题B加以说明、描写。C不直接与A发生关系。最明显的例子如"他把头发剃光了"。剃头发的是理发师,而不是他。

3)A可以称为次要话题。或者不妨说,B成为C描述的对象,往往是由于A的关系。如"这段路把小李跑得上气不接下气"。当然,不能认为A处置B。

对于薛的解释该如何看待,可以有不同意见。他的论文给我们的启迪在于:我们不能把眼光老盯住屡见不鲜的那些用例。

语法规律的描写以语言事实为基础,而语法规律的解释通常是在描写的基础上进行的。可是,解释也可以有假设,关键在于解释的效能(即覆盖面)如何。我们分析汉语的音节,假设所有的音节前边都有声母,包括零声母,这就是一种假设。这种假设能为人们所接受,是因为它有助于规律的描写。可见,描写是解释的基础,有效的解释反过来有助于规律的描写。在语法方面也有运用假设来解释语言现象的。例如有人假设汉语名词前边都带定语,包括零修饰语。又如有人假设汉语的及物动词的受事如不在动词后边出现,必定用代词回指,包括零回指。再如朱德熙认为"白的纸"中的"白的"是体词性结构,也就是说这类偏正短语的定语是体词性的。这也是一种假设。要讨论这些问题,必须把重点放在解释的效能上边。

语言的解释的目的不在发现什么,而在说明为什么。现代语法学的功能分析要求把各种语言单位看作是更大单位的组成部分,要求解释能反映交际功能的选择系统。为了要概括复杂的语言事实,从中整理出规律,不妨运用假设。有些假设可能不符合一般人的语感,但是在电脑上运用,可能获得很好的效果。

参 考 文 献

戴浩一 1985《时间顺序和汉语的语序》,《国外语言学》1988年第1期,黄河译。
戴浩一、薛凤生主编 1994《功能主义与汉语语法》,北京语言学院出版社。
汤廷池 1985《国语语法的功能解释》,《全美华文教师协会年会论文集》。后收入1988年出版的《汉语词法句法论集》,台湾学生书局。
朱德熙 1956《现代汉语形容词研究》,《语言研究》第1期。

(原载《中国语文》1996年第6期)

语法分析的心理学基础

语法分析最早是和哲学联系在一起的。古希腊学者的著作中提到名词、动词、主语、谓语之类的术语,只是为了说明思想认识方面的问题。17世纪出现的唯理语法在分析方法上提出了一些基本原则,实质是以拉丁语为规范,以逻辑为准绳。这种观点对传统语法的分析方法有深重的影响,一直受到现代许多语言学家的责难。把语法分析和逻辑分析混为一谈,自然是不恰当的,但是语法分析和逻辑分析并非毫无关系,这个问题我们不打算讨论。现代语法学的分析方法却是和心理学密切相联的,不同的分析方法跟不同的心理学派有密切联系。没有听到什么人指责在语法分析中运用了心理分析的方法,但是不同的语法学派常常互相责备,认为自己的分析方法所根据的心理学方法是科学的,而别人所依赖的心理学基础是不可靠的。往往各有所见,各有所偏。本文的目的在简要地介绍语法分析的心理学基础,从而使读者了解它们可以互相补充,并非绝对对立。

一

心理学是19世纪80年代才建立起来的。早期运用的方法是内省法,即通过自我观察来发现心理现象,完全着重主观体验。这种方法与传统语法有吻合之点,但是无论如何不能认为传统的语法分析方法是受了早期心理学的影响。反对把人的心理现象当作纯粹的内在心理活动来研究的是行为主义(Behaviorism)心理学。它的基本理论是1913年华生(J. B. Watson)提出来的,即用"刺激—反应"(Stimulus-Response,简作S-R)来解释人类的行为。与此相关的是认为人们的学习过程可以概括为"尝试与错误"(trial and error,简称试误),即经过反复试验,从失败中吸取教训,然后取得预期的效果。布龙菲尔德(L. Bloomfield)等结构主义学者运用这种理论来说明言语活动。语言是表义的,什么是意义呢?他们认为意义是说话人发出的声音(刺激)使听话人引起预期的反应。由此可见,结构主义并非不讲意义,只不过对意义另有解释罢了。结构主义提倡用替换法辨识语素,实际上是运用"试误"的方法。为什么"枇杷"是一个语素,而不是两个语素?因为用任何已知的语素替换"枇"或"杷",都不能引起预期的反应。也就是说"X杷"或"枇X"不是音义结合的语言单位。为什么"工人"是两个语素?因为可以替换成"客人、大人、古人"或"工厂、工程、工具"等等,替换之后都能引起预期的反应。不难看出,意义在这里不是确定语素的标准,但是它是测定语言单位能否成立的依据。本来么,语言单位是声音和意义的结合,这一点结构主义也是承认的。结构主义还提倡直接成分分析。对语段进行切分,也属试误过程。比如把"他们来了"切分成"他"和"们来了",后边这组声音不能表达意义,所以要重新尝试切分。

二

行为主义心理学主张对行为作客观的考察,尽可能排斥主观意识的作用。既然人类的行为是对刺激的反应,而学习又是一种试误的过程,那么,主观方面的积极作用自然被忽视了。拿言语活动来说,持行为主义观点的人总认为说和听(或者读和写)是一件事的两端。至于析句,说明语句是怎样表达的,就自然能达到理解的目的了。可是不少语言学者并不这么认为。叶斯柏森早在1938年出版的 *Essentials of English Grammar* 中就曾经谈到:在言语活动中,必须区别表达(expression)、隐含(suppression)和印象(impression)。表达是说出来的语句,隐含是说话人该表达而没有说出来的内容,印象是听话人所获得的信息。

不难想象,听话人所获得的印象,不但来自表达的语句,而且来自隐含的内容,但远不止此,还来自听话人的经验,包括直接的经验和间接的经验。看来,用言语进行交际,并不是一种单向的活动,不能认为一方发送信息,而另一方接受信息,应该把交际双方都作为积极的主体,这就是现代认知心理学(Modern Cognitive Psychology)的观点。根据这种观点来考察言语活动,听或读的方面的积极性主要表现在:1.对信息加以辨识;2.对信息加以整理;3.对信息加以处理。

整理信息,指把语言的线性单位加以编排,以便于理解。现代认知心理学认为人们听别人说话,接受一个一个单词,必须依次纳入暂时记忆的领域,到听完一句话才能串起来理解。然而人的暂时记忆的容量是有限的,必须把语言材料编成记忆的形式,即所谓块(chunk)。例如"天空出现彩云"是三块,"东方的天空昨天早晨出现美丽的彩云"经过编排,仍旧是三个组块。他们通过实验,证明语句的合适的信息数量是 7 ± 2 块。这里把语句的结构单位看作一个变数(一个词、一个短语……)是符合人们的认知规律的。因为在理解语句的过程中,人们不是对一个个的词作出反应,而是对块作出反应。所谓作出反应,是指人们把块的内部结构纳入经验积累中得到的种种范畴和模式,这是一种不依靠临时的推理来识别言语的活动。在这里,没有理由否定试误的作用,因为这种识别能力通常是经过试误的过程才获得的。而且,语言在发展,试误的过程永远不会终止。况且,直接成分分析其实也是一种整理过程,有了块,还必须整理出层次,否则是不能达到交流思想的目的的。

处理信息,指按照一定的目的作出储存信息或进行反馈的决定。一般地说,陈述句和感叹句是供储存的,疑问句是要求用语句反馈,祈使句则要求用行动反馈的。但也不尽然。例如儿童指着橱窗里的玩具对母亲说:"那个小娃娃真可爱!"这是感叹句,可是真实的含义是要求母亲购买玩具。又如有人问你:"能不能把钢笔借给我用一用?"这是疑问句,却并不要求你用语言回答,要求的是把钢笔递给他。

现代认知心理学是50年代兴起,60年代流行的,几乎与乔姆斯基(N. Chomsky)的转换生成语法的兴起同时。两者的基本观点(例如把人脑看成是接受信息、加工信息、传达信息的装置)十分接近,当然不是偶然的。一方面由于信息论的影响,另一方面由于旧的认知心理学(完形心理学)给他们以启迪。完形心理学又称格式塔(Gestalt)心理学,它认为学习的过程不是试误,而是领悟,类推是语言习得的重要途径。这些观点看到事实的另一面,所以有启发性。它的缺点是没有重视人们在生活中积累的语言模式,未能深入说明语言现象。

三

现代语言学的主流在美国。科学的心理学的建立虽然在德国,但是有影响的流派都在美国兴起。语言学和心理学的思潮相互影响,这不但由于科学本身有内在联系,而且也因为在美国这个地方,两者观点的交流具有十分有利的条件。无怪人们一提起语法分析的心理学基础,想到的就是上边讲的那些内容。

然而我们把眼光放远一点,一定还会发现新的景象。比如在苏联,语言学也好,心理学也好,一直有它自己发展的道路。他们的旗帜是以马克思列宁主义的方法论为基础,强调与各种唯心主义和机械唯物主义的斗争。对于西方的各种学派,曾广泛地进行批判。然而近年来不少学者认为苏联科学的进展应该与世界科学的发展密切联系,批判与吸收应该是相关而不是相悖的。不管你承认不承认,事实的确如此:科学的进展是打破国界的。比如行为主义心理学是在美国兴起的,可是它吸取了巴甫洛夫信号系统的学说。又如现代认知心理学把人的感性认识和理性认识联系起来等合乎辩证法的观点,当然接受了当代哲学的影响。另一方面,苏联的心理学和语言学,它的发展也往往概括了世界上科学的某些成就。在这里,我们想提一提"定势"(set)的问题。

提倡定势理论是苏联心理学特有的派别。什么是定势?简单地说,指的是已进行的定向活动形成的简化形式。他们认为不仅在知觉当中,而且在心理活动的各个领域都有定势。在知觉当中,生理上无意识的自我调节自然属于定势。在别的方面,包括言语活动,无不包含定势。定势的表现是没有推理过程的,但常常是已有的逻辑思维简约的结果。我们常说的"语感"大都如此。

定势理论广泛应用于语言研究方面。比如,定势有不同的控制范围:有些语言定势是全人类的,有些语言定势是全民族的,有些定势是某些地区的,有些定势是个人的……这些理论对我们很有启发。如今有些语言学者强调语言共性的研究,有些语言学者强调民族语言的个性的研究,其实可以并行不悖,大可不必争长论短。

近年来,随着对外文化交流的频繁,语法学者对新兴的分析方法大都很感兴趣。这当然是好事,但是有几种倾向也值得注意:第一,认为最新的方法就是最好的。其实科学上新的成就都是在已有的成就的基础上发展的,旧的方法往往被消化吸收,并非完全屏弃。而且,科学在不断发展,所谓最新的方法,并非十全十美。比如现代认知心理学,可算是最时兴的了,可是批评的文章并不少见,而且愈来愈多了。我们必须了解一种学说、一种方法的来龙去脉,知道它的长处和短处,才能充分利用。第二,人家把老祖母的衣服找出来当作时装,有人也以为是最新创造。比如目前有些语法分析的文章(特别是海外发表的),运用的是内省法。例句是杜撰的,有人也加以引用。这种情况只有加强科学发展史的修养,才能避免。第三,老是跟在人家后边,亦步亦趋。学习外国的东西是应该的,但须有个立足点。我们的语言有什么特点,我们需要解决什么问题,我们迫切需要的是什么,这就是我们的立足点。排斥外来的东西当然不对,一味引进,毫不考虑实用,至少是浪费。

(原载《烟台大学学报》(哲学社会科学版)1988年第1期)

句子的解释因素

对句子的理解有两种情况:一种是通过句子的形式理解它的意义,另一种是在理解意义的基础上了解它的内容。[①]例如"吸烟损害健康"这个句子,人们通过语言符号了解它的含义,包括:1.句中各个词的意义。2.结构层次和结构关系,"吸"和"烟"结合,"损害"和"健康"结合,它们之间都有动宾关系。"吸烟"和"损害健康"结合,有主谓关系。3.语义关系,"烟"是"吸"的受事,"健康"是"损害"的受事,而"吸烟"是"损害"的施事。4.语气,全句陈述事实。所有这些解释因素(interpretant)处在互相制约、互相补充的关系之中,形成一个整体,显示出句子的含义。又如人们理解电影院里的"禁止吸烟",不会停留在句子本身的意义上边,必定联系句子出现的环境,了解它的内容——在这个场所不能吸烟。

语言的交际关涉到两个方面:发送信息方面和接收信息方面。前者是选择适当的形式表达内容,后者是通过形式理解其内容。这两方面的过程都遵守共同的信息处理原则,这些原则中最基本的是要把句子的解释因素加以综合。然而语言研究的任务却是把句子加以分析,抽绎出有关因素,从而寻求规律。曾经有不少人认为句子不过是:

词+句法结构+语调→句子

这个简单的公式不能完满地说明句子表达的意义,当然更不能说明有关句子内容的问题。下边谈谈汉语句子的几种重要的解释因素。

一 旧信息和新信息

理解句子要区分旧信息和新信息,新信息总是在旧信息的基础上获得的。比如有人知道世界上有个国家叫埃及,但不知道它的首都在哪儿。于是别人告诉他:"埃及的首都是开罗。"他就获得了新的知识。又如有人知道世界上有个城市叫开罗,但不知道它属于哪个国家。于是别人告诉他:"开罗是埃及的首都。"他也获得了新的知识。一般地说,汉语的句子常常把旧信息安排在前边,而让新信息后出现。最常见到的句子是主语代表旧信息而谓语代表新信息。主语如果是个偏正结构,中心词就是语义重点。如果要省略,通常省略修饰语。例如"我的表弟刚从美国回来",在一定的语言环境下,可以说成"表弟刚从美国回来"。谓语的情况不同一些,结构中心不一定是语义重点。新信息的语义重点称之为焦点(focus),通常在句末出现,下边句子表达的内容相同,但是重点(旧信息的)或焦点(新信息的)不一样:

(1) 我家来了客人。
(2) 我家客人来了。
(3) 客人来我家了。

(1)和(2)的新旧信息相同,但是焦点不一样。(1)的焦点是"客人",(2)的焦点是"来了"。(3)和(1)(2)相比,不但新信息不同,旧信息也不一样。

值得注意的是上边举的是作为发端句的例子,如果是后续句,焦点分布的情况比较灵活,不一定在句末出现,而且新信息也

不一定出现在旧信息的后边。在问答中,疑问点暗示焦点,答句常常针对疑问点,而将旧信息省略。例如:

(4) a 谁在宋代发明了活字版印刷术?
　　 b 毕昇(在宋代发明了活字版印刷术)。
(5) a 毕昇在什么时候发明活字版印刷术?
　　 b (毕昇)在宋庆历年间(发明活字版印刷术)。

二　定指和不定指

旧信息是交际双方所共知的,所以,句子表达的内容总是从有定的事物开始。"他是工人"中,"他"是有定的。"人是高级动物"中,"人"泛指所有的人,也属有定。"有人来了","人"是无定的,"有"的前边是空位,这个空位隐含有定的因素,如处所、时间等等。就是说,这个句子的内容是指某一特定的处所或某一特定的时间"有人来了"。"下雨了"、"出太阳了"之类的句子也是如此。这些句子在结构上没有主语,在内容上仍是从有定事物开始陈述的。

怎样确定句中的词语属于定指或不定指呢?在英语里,人们常依靠有定冠词和不定冠词来辨认。当然,这种区分方法也有遇到麻烦的时候,不过大体不差。在汉语里,问题比较复杂。这并不是说我们的思想本身存在有定和无定区分不清的问题,而是指表达定指和不定指的方式有待进一步说明。要解决这个问题,首先要明确什么是定指和不定指。这又包括两个问题:

第一个问题:"定指"和"不定指"是就概念的内涵而言,还是就概念的外延而言?我们可以考察一下交际双方对词语理解的情况。比如,在动物园里,大人指着一种动物对小孩说:"鸭嘴兽!"小孩学会了这个词,于是他和大人有了共同的理解。然而这种理解只能从外延来说明,就是说,他能像大人一样,把鸭嘴兽和别的动物区别开来。至于内涵,大人和小孩的理解很不相同。例如大人知道鸭嘴兽属哺乳动物,小孩未必知道。讲定指和不定指也是就所指范围来说的。所指范围是确定的,属定指;不确定的,属不定指。遍指的范围是确定的,所以属定指。不过,这里所说范围是交际时所指的范围,并不是词义所指的范围。例如:"我的六岁的孩子进学校读书了。""学校"这个词概括了各级学校,句中的"学校"仅指小学。

第二个问题:定指或不定指是从说话人的角度说的还是从听话人的角度说的?试比较:

例　　句	从说话方面看	从听话方面看
(1) 给我那本书。	"书"是定指	定　指
(2) 给我一本书。	"书"是不定指	不定指
(3) 我有一本书,这本书你没有读过。	"书"是定指	不定指
(4) ?	不定指	定　指

(1)和(2)没有问题,因为无论从说话方面看还是从听话方面看,结论是一致的。(3)的情况不同,两者的结论不一致。有人认为汉语的"一"相当于英语里的不定冠词 a 或 an,"这"和"那"相当于有定冠词 the。按照这个标准,(3)当中的第一个"书"属于不定指,而第二个"书"属于定指,这是很费解的。一句话讲的是同一事物,一会儿是不定指,一会儿是定指,岂不令人惶惑?我们认为:决定定指或不定指,主要是从交际效果来衡量。②说话人心目中的定指或不定指的概念,离开了接收信息的一方,并无多大价值。之所以要区分定指和不定指,正是从接收信息方面来考虑的。也就是说,交际效果在这里起了决定的作用。因此,(3)中的两个"书",都该归入不定指一类。(4)属于不可能存在的情况。

也许有人认为下边的对话能说明(4)的存在：

　　甲问：谁来过这儿？

　　乙答：小李来过。

　　这能不能说明有这么一种情况，说话人认为是不定指的而听话人认为是定指的呢？不能，因为"谁"和"小李"是两个不同的词，它们又分别出现在不同的句子里。第一句的"谁"无论是从说话人的角度看，或者从听话人的角度看，都属不定指。第二句中的"小李"则属定指。

　　明确了什么是定指和不定指，就应当进一步探讨它们在句中的表达方式了。

　　人们首先想到的是语序。赵元任认为："有一种强烈的趋势，主语所指的事物是有定的，宾语所指的事物是无定的。"③朱德熙也说："汉语有一种很强的倾向，即让主语表示已知的确定的事物，而让宾语去表示不确定的事物。"④许多语法书都举例来证明这种观点，如"客来了"和"来客了"，"雨下了"和"下雨了"等等。当然，他们说的只是一种"趋势"或"倾向"，并没有绝对化。不过，我们不妨从另一个角度来验证，即考察不合乎上述趋势的情况。我们不难找到宾语表示有定事物的例子，包括：1.祈使句的宾语常常是有定的。例如开会时主席宣布："开会了！"2.专有名词充当宾语，当然属于定指。3.人称代词充当宾语，通常是定指。4.宾语带领属性的修饰语，多数是定指，如"我十分同意你的意见"。5.宾语表示泛指的事物，应当归入定指，如"他真像个孩子"。

　　由此看来，"宾语倾向于表示不确定的事物"这个命题还值得研究。至于主语，确实有表示确定的事物的倾向。要补充说明的是：赵元任、朱德熙所说的主语范围十分广泛，其中包括别的语法学者所说的话题。话题毫无例外都是有定的。主语也有表示不确定的事物的,例如"人来了"中的"人"有时指未确定的人。这个"人"前边可以加"有",有的语法书认为是"有人"的省略形式,也不无道理。

三 预设(presupposition)和隐含(implication)

用语言交谈,目的是要达到共同的理解。这不但要求双方对语句本身的种种因素有共同的认识,而且要求对语句存在的前提即预设有共同的了解。例如有人说:"他果然离开了。"说话的人曾有过这种预期,所以才这么说。如果有人说:"他居然离开了。"说话人的预期与句子所表达的相反,所以才这么说。理解"他画得好",应当加入预设:预设或者是他刚画过一幅画,或者是他正准备画一幅画。照前者的理解,"好"是称赞画的结果;照后者理解,"好"指的是可能。理解"他跑得满头大汗",却只有一种预设,即认为他已经跑过了。在这里我们发现预设和句子结构形式之间的联系。比如"得"后边的补语如果是主谓结构、动宾结构之类,必定暗示动作已经完成。我们的任务正是要根据句子结构去说明预设,而不是笼统地用"语言环境"概括一切。再比较下边的句子:

(1) 他虽然十六岁了,但是仍旧像个孩子。
(2) 他虽然只有十六岁,却已经像个大人了。

用"虽然 A,但是(却)B"的句子,通常称之为"转折复句",认为分句之间有语意的转折,后边分句是"正意所在"。然而这里所谓"转折",所谓"正意",很难从事理本身来加以说明。上边两句的偏句说的是同一件事,一经转入正意,结果大相径庭。为什么会出现这种情况？原来说话人的预设不一样。说(1)的人的预设是：十六岁该算大人了。说(2)的人的预设是：十六岁还是孩子。可见预设不是指客观存在的事实，而是指说话人所认定的事理。这种事理虽然属于主观认识，但总是通过一定的形式表达出来，因而使听者能够理解。"虽然A,但是B"这种表达形式的预设是：在一般情况下,有了A,应该出现B。再比较两个句子：

（3）他把稿子誊写得清清楚楚。
（4）他誊写稿子誊写得清清楚楚。

这两句话有共同的预设：他誊写过稿子。可是它们之间还有区别：(3)指的是他誊写过某一特定的稿子,(4)指的是他经常誊写稿子。

指明句子的预设还可以使我们对某些语言现象有正确的认识。例如人们对语气词"了"的作用曾经有不同说法。较早的说法是认为"了"表示"已经如此"。拿"我知道的"和"我知道了"相比,前者说明"的确如此",后者说明"已经如此"。可是人们道别时说："我走了！"这并不表示事情已经发生。近来的说法是认为"了"表示"新事态",或者说表示出现新情况。这就可以解释"我走了"之类的句子了。可是下列句子该如何说明呢？

（5）这件事我早就知道了。
（6）早就瞧见你了。

从客观事实来看,这里讲的不是新情况,然而可以从主观预设来加以解释。(5)的预设是：你并不知道我知道这件事,说出来你才知道。(6)的预设是：你并不知道我已经瞧见你。正因为有这样的预设,所以(5)和(6)表达的内容,就接收信息方面说,属于新情况。

此外,口语里的重读也可以作为预设的表达形式。例如有人问:"你昨天来找过我吗?"重读"你",说明昨天有人来找过我,但不知道是不是你。重读"昨天",说明你来找过我,但不知道是不是昨天。重读"我",说明你昨天来找过什么人,但不知道是不是我。用书面语表达这种区别,可以在"你"或"昨天"前边加"是",或者变换句式,如:"你昨天来找的是我吗?"

关于隐含,吕叔湘有一段说明:"在'他要求参加'和'他要求放他走'里边,可以说'参加'前边隐含'他','放'前边隐含着'别人',但是不能说省略了'他'和'别人',因为实际上这两个词不可能出现。'隐含'这个概念很有用,'隐含'不同于'省略',必须可以添补才能叫做省略。"⑤为什么说隐含很有用呢?因为理解一个句子的意义,特别是理解内容,常常需要找出隐含的解释因素。这些因素可以由句子的环境(包括上下文)来指明,也可以由句子本身来暗示。当然,我们应该特别重视后者,因为其中可以找到规律。例如:

(7) A 请(领导 帮助)B 从事……

这一类句子,属兼语式。它的特点是第一个动词的主语是A,第二个动词的主语是B,B兼作第一个动词的宾语。如果从语义上分析,有两种可能:一种是 A 和 B 都是第二个动词的施事,另一种是只有 B 是第二个动词的施事。例如"我请他吃饭",可能是我和他一块儿吃,也可能只有他吃。究竟表达的是哪种意思,要根据别的条件才能确定。我们不能把句法分析当作语义分析,认为"吃"的施事只可能是"他"。隐含常常包括可能的选择。又如:

(8) A 和 B 是 C。

这种句式包含不同的语义关系,常见的有:

(9) A 和 B 是学生(工人/教师……)。

(10) A 和 B 是同学(同乡/同事……)。

(11) A 和 B 是兄弟(父子/夫妇……)。

(9)可以理解为:A 是学生,B 也是学生。(10)可以理解为:A 是 B 的同学,B 也是 A 的同学。(11)可以理解为:A 是兄,B 是弟,如此等等。这里的区别是由学生、同学、兄弟所代表的概念来确定的。

如果不顾隐含意义,只看到语句的表面形式,可能产生两种毛病:一是把有区别的句式混同了,例如只看到例(9)(10)(11)相同的一面,而忽视了它们之间的细微差别。一是在归类上不合事理。最明显的例子是把用"如果 A,就 B"的句子和用"如果不 A,就不 B"的句子归作一类,而让用"只要 A,就 B"的句子和"只有 A,才 B"的句子归作一类。其实用"如果 A,就 B"的句子和用"只要 A,就 B"的句子表达的是充分的条件,即有 A 必有 B,但有 B 不一定有 A。用"如果不 A,就不 B"的句子和用"只有 A,才 B"的句子表达的是必要的条件,即有 B 必须有 A,但有 A 不一定有 B。这种不同的条件,也是一种隐含意义。语法要训练人们的逻辑思维,难道可以不顾逻辑?⑥

四 社会因素和心理因素

上边谈到的句子的解释因素,有句内的,有句外的,但是都与句子的结构形式有关。理解任何一个句子,必须依靠头脑里储存的知识。这些知识不仅仅是词库、语法等语言范围的东西,而且包括生活中积累的经验。这些经验是不断积累的,而且它的可靠性也是在不断地验证、不断地修正的。美国著名语言学家 Sapir 的学生 Whorf 曾经调查失火的原因,他发现对词语的误解有时也是引起火灾的原因。例如人们对"汽油桶"倍加注意,因为知道汽油是容易着火的。但是对"空汽油桶"则麻痹大意,认为它是"空"

的,没有危险。其实,我们平常所讲的"空",并非真空。"空房子"、"空盒子"等等都充满了气体。至于"空汽油桶"则充满了易燃易爆的气体,比"汽油桶"有更大的危险性。⑦对语言的理解不但须有科学知识的基础,还须有社会知识的基础。例如我们提到西红柿,或者叫番茄,联想到的是蔬菜,要购买的话总是去菜场的。有些民族听到了 tomato 这个词,联想到的是水果,要购买的话是上水果店的。这也说明各民族对词语的理解有自己的社会背景。有位翻译家讲到翻译英语里的一个句子:

He eats no fish and plays the game.

直译是"他不吃鱼,并且在做游戏",其实讲的是:"他很忠诚,并且很守规矩。"如果不了解社会背景,就无法正确理解这句话的意思。原来英国宗教上有新旧教的斗争,旧教规定星期五为斋日,只许吃鱼。新教徒则相反,在斋日不吃鱼。所以,不吃鱼是忠诚的表示。至于 play the game 几乎是个成语,意思和 play fair 一样,是规规矩矩参加的意思。⑧

交谈时还要求双方有心理上的默契,主要表现在对话题有共同的了解。哲学家对小孩谈宇宙论,当然不可能交流思想。交流思想有两个目的:一是使信息储存,一是使信息反馈。通常所说的陈述句和感叹句属于前者,疑问句和祈使句属于后者。疑问句要求用语句反馈,祈使句要求用行动反馈。值得注意的是:疑问句、陈述句、感叹句都可以表示祈使。例如顾客对店员说:"你能拿到架子上边那种衬衫吗?"实际上是要求对方把衬衫拿下来。又如父亲对孩子说:"现在已经七点钟了。"实际上是催促孩子上学。再如有人对坐在窗前的人说:"哟,多大的风!"实际上是要求人家关窗。所有这些情况都要求对话题有共同的了解。这种共同的了解也包括对说话角度的认识。例如甲说:"铁路的路轨是平行的。"乙说:"铁路愈远愈窄了。"前者是从认知的角度说的,后者是从感知的角度说的。他们的说法不同,但是可以互相理解。

在成段的言语中,话题常常在变动,不过这种变动有事理或逻辑的依据。例如:

> 阿Q不独是姓名籍贯有些渺茫,连他先前的"行状"也渺茫。因为未庄的人们之于阿Q,只要他帮忙,只拿他玩笑,从来没有留心他的"行状"的。而阿Q自己也不说……(鲁迅《阿Q正传》)

开头的话题是阿Q,接着话题转到"未庄的人们",最末的话题又回到阿Q。这里的话题转换,有逻辑基础,然而作者选择这样的安排有其心理上的依据。有同样的逻辑基础的内容,可能不止一种安排方式。先说什么,后说什么,这里的选择依据是心理的。话题的转换也有超出常规的例子。美国陆孝栋教授讲过这么一件事:

> 我在一个朋友家的宴会上,认识了一位年轻美国女郎。女主人介绍时说她是一位出色的钢琴家。想不到两个星期后,我到一家银行去取款时,发现那位女郎在当出纳员。在美国这种取款手续原来非常简单,没想到她却要我填好几种表格。我忍不住脱口而说了一句:You are a good musician。(你是一个好的音乐家)她回我一句:I am a good teller, too。(我也是一个好的出纳员)⑨

他们的话题本来应该限于取款的范围,可是突然转到音乐上边了,这样就出现弦外之音。说话人的讽刺和听话人的回答证明他们对主题的转换有共同的了解。

理解句子的意义和内容,要把许多有关因素加以综合。如何综合这些因素,这是一种处理信息的能力。分析句子的解释因素和研究人们如何处理信息是密切相关的,但是毕竟不是一回事。我们这里谈的只是前者。

附注

① 参考文炼《关于句子的意义和内容》,《语文研究》1984 年第 1 期。

② 参考 Chauncey Chu, *Definiteness, Presupposition, Topic and Focus in Mandarin Chinese*, 载 *Studies in Chinese Syntax and Semantics*(1983)。

③ 赵元任《汉语口语语法》第 46 页,吕叔湘译。

④ 朱德熙《语法讲义》第 96 页。

⑤ 吕叔湘《汉语语法分析问题》第 68 页。

⑥ 参考张文熊《怎样分析复句中各分句间的关系》,《逻辑与语言研究》第一集第 39 页。

⑦ 参考桂诗春《心理语言学》第 172 页。

⑧ 许渊冲《翻译的艺术》第 1 页。

⑨ 陆孝栋 1985 年在台湾参加语法讨论会上的讲话。

(原载《语文建设》1986 年第 4 期)

句 子 种 种

——谈谈句子和语境的关系

一 具体的句子和抽象的句子

"鸡叫了!"这是一个句子。"鸡叫了的时候"中的"鸡叫了"不是句子。这里的区分标准是什么?显然,不能用具备不具备主谓两项来衡量。句子不一定具备主谓两项,具备主谓两项的也不一定是句子。况且,汉语的动词没有定式与非定式的区别,什么才算是句子的主谓关系也就难以确定。有些语言学者采取布龙菲尔德的说法:"句子是独立的语言形式,它不被包含在较大的语言形式里。"[①]据此可以认为前一个"鸡叫了"是句子而后者不是。然而我们又想到另外一个问题:单说"鸡叫"能不能成为句子呢?在通常的情况下,它不是一个句子,但是,在一定的言语环境之下,却可以成句。比如,有人问"什么东西在叫",回答说"鸡叫",这是一个无可非议的句子。如何解释这种现象?用包含不包含的标准难以说明问题。一种比较合理的解释是:前一个"鸡叫"不具备表述性而后者具备。这就是说:句子的特征是具有表述性。苏联的斯米尔尼茨基对表述性的解释是:"句子表达了具有一定现实意义的某种实在的事实。"[②]比如 the doctor's arrival 和 the doctor arrived 讲的是同一个人或同一件事,但只有后者才有现实价值,因为它表明了事情发生的时间,表明了说话人对事情的态度——用肯定的口气陈述一个事实。

如果教师把"医生来了"这四个字写在黑板上,末了添上句号,作为语法教学的例子,那么,它是不是句子呢?当然得承认它是句子,虽然这个句子并没有与现实发生某种联系。这里,我们发现了抽象的句子和具体的句子之间的差异。具体的句子和现实的联系是实现了的,抽象的句子与现实的联系是隐含的、尚未实现的。或者说,具体的句子是形式、意义和内容的"三位一体",抽象的句子只有形式和意义,没有内容。因此,对句子的理解有两种:一种是通过句子的形式理解它的意义,同时在理解意义的基础上理解其内容;另一种只是通过形式理解句子的意义。举例说明:大街上竖立着"禁止机动车通行"的标语牌,人们通过词语的序列了解它的含义,同时联系句子出现的言语环境,了解句子实际指称的内容,即哪一条街不让机动车通行。这一个标语牌可以出现在别的街道上,它的意义仍旧,可是内容改变了。另一种情况如人们理解"二加二等于四",只须懂得它的意义就满足了,不去深究它的内容。当然,这并不等于说这个句子不能有内容。语法课上教师所举的例子多半属于这一类。

二 使信息储存的句子和使信息反馈的句子

说话是传达信息,使别人理解。传达信息的目的有两种:一是使信息储存,即储存在听话人的大脑中;一是使信息反馈。通常所说的陈述句和感叹句大都属于前者,通常所说的疑问句和祈使句大都属于后者。疑问句要求对方用言语反馈,而祈使句要求对方用行动反馈。然而下列例子说明陈述句和感叹句也可以要求信息反馈:

(1) 父亲对孩子说:"现在已经七点了。"(这是一个陈述句,父亲的意思是要求儿子赶快上学去。)

(2) 有人对坐在窗户前的另一个人说:"哟,今天风真大!"(这是一个感叹句,真正的意思是要求对方关上窗户。)

疑问句也不一定要求对方用言语反馈,而可以要求对方做什么或不做什么。例如:

(3) 顾客对售货员说:"您能拿到架子上边的那种衬衫吗?"(这是一个疑问句,它要求对方用行动反馈。)

至于用疑问句表示陈述的内容,即所谓反问句,更是常见的,它不要求用言语反馈。可见把句子分为陈述句、疑问句、祈使句、感叹句,是就抽象的句子而言。从交际目的来看,不外使信息储存和使信息反馈两类。

信息储存总是以已知信息为基础。例如:"老李刚从北京回来。"说话的人和听话的人都知道"老李是谁",这属已知信息。"刚从北京回来"则是说话人向听话人提供的新信息。又如:"下大雪了。"这是新信息。已知信息是时间和处所,没有说出来,但双方却有共同的理解。隔了很长的时间,接受信息的人回忆这句话,一定联系时间和处所,否则这个句子就缺少内容了。

三 发端句和后续句

前边谈到"鸡叫"有时能成为句子,有时不能成为句子,关键何在呢?作为发端句,"鸡叫"是一个残缺的形式,必须说成"鸡会叫"、"鸡在叫"、"鸡叫了"等等,才能成句。作为后续句,情况不同一些,回答的语句只要针对疑问点就行了。我们这里所说的发端句,不但包括单句,而且包括分句。有发端句,不一定有后续句,但有时必须有后续句。例如"来了客"、"下了雨"作为发端句,必定有后续句。比如:"来了客,你必须好好招待。""下了雨,你马上把外边晾的衣服收进来。"再比较两个句子:

(4) 这本书我读了三天。

(5) 这本书我读了三天了。

这两句话的区别在什么地方呢?不区分发端句和后续句,人们的理解就不可能完全一致。如果把(4)看作发端句,它要求有后续句。比如:

(6) 这本书我读了三天,还没有把它看完。

(7) 这本书我读了三天,才把它看完。

(4)的末了用上个句号,当然可以看作后续句。比如它回答的是:"这本书你读了几天?",这样就暗示把书读完了。再看(5),不管是作为发端句还是作为后续句,由于动词"读"的后边用了表示完成态的"了",句子末了用上表示新事态的"了",指明到说话的时候为止,已经"读了三天",隐含的意思是继续在读。可以这么理解,书还没有读完。

四 自足句和非自足句[3]

前边谈到理解句子的内容要联系言语环境,至于理解它的意义,根据句子本身提供的语言因素(如词义、句法关系、结构层次、语义关系、语气和口气等)就行了。这是对自足句而言。理解非自足句的意义,须凭借言语环境。例如:

(8) 票!

(9) 好!

(10) 加油!

(8)中的"票",词义是一望而知的,加上语调构成了句子,可是这个句子表达什么意义呢?如果是查票的人说出来的,就是要求对方把票拿出来。如果是持票人对检票人说这句话,则是告诉对方票在这儿。总之,这个句子是不自足的。(9)中的"好",词义也是明确的,但是句子的含义也要依赖言语环境才能确定下来。"好!"也许表示赞美,也许表示同意,也许表示不满,等等。(10)离开了言语环境有歧义,可以指加油站干的活,也可以指鼓干劲儿。

主谓句一般是自足的,但是自足句不一定是主谓句。例如:

(11) 出太阳了。
(12) 多好的天气!

(11)是动宾结构,(12)是偏正结构,它们和主谓句有共同的地方:既有所指称,又有所陈述。指称的是"太阳"和"天气",陈述指称对象的是"出了"和"多好"。

附注

① 参看布龙菲尔德《语言论》第 208 页,袁家骅等译。

② 参看斯米尔尼茨基《句子,句子的主要成分》,《语言学译丛》1960 年第 2 期。

③ 参看吕冀平《两个平面,两种性质,词组和句子成分的分析》,《学习与探索》1979 年第 4 期。

(原载《中文自修》1986 年第 6 期)

蕴涵、预设与句子的理解

句子的意义是多种因素决定的,有句内因素,也有句外因素。句外因素是指语境、文化背景、交际关系等等。当然,并非所有的句子都须依赖句外因素去理解,例如:"二加二等于四";也有些句子必须依赖句外因素才能理解,例如通常所说的独词句。"票!"这个独词句是什么意思呢? 不同的语境可以有不同的解释。不过,话又得说回来,理解"二加二等于四"不依赖语境,指的是意义(meaning),而不是指内容(content)。这里的"二"和"四"可以有所指,具体所指即内容仍旧离不开语境。

由句子本身表达的意义,有的是句子成分直接表达出来的,例如:"时间"、"语气"、"施事"、"受事"之类,有的是依据句子的结构形式推断或分析出来的,最常见的是省略和隐含。省略是句法成分的删节,可以添补出来,而且词语的添补只有一种可能。关于隐含,吕叔湘先生曾举例说:

> 在"他要求参加"和"他要求放他走"里边,可以说"参加"前边隐含有"他","放"前边隐含着"别人",但是不能说省略了"他"和"别人",因为实际上这两个词不可能出现。

隐含的词语虽然不能在句子中出现,但是理解时并不依赖句外因素。这种不依赖句外因素而依据句子本身推断或分析出来的意义,还包括蕴涵和预设。

一

蕴涵是指命题之间的关系。如 AB 两个命题,有 A 必有 B,通常认为 A 蕴涵 B,可以记为:

A→B

这是一种简单的说法。仔细考察起来,有两种不同的蕴涵。一种是严格的蕴涵(strict implication),石安石在他的《句义的预设》一文中举了这种蕴涵的例子:

(1) 他是中国青年。→他是中国人。
(2) 他买了一支笔。→他得到一支笔。
(3) 他过节照样要上班。→他国庆节要上班。

不可能肯定 A 而否定 B,AB 两个命题在意义上有依存关系。这种蕴涵还有其他表现形式。例如:

(4) 小王和小李是工人。→小王是工人,小李是工人。
(5) 小王和小李是夫妻。→小王是丈夫,小李是妻子。
(6) 小王和小李是同学。→小王是小李的同学,小李是小王的同学。

这里的蕴涵其实是复杂命题的分化。分化的结果不同,关键在"是"后边的名词性成分,(4)中的"工人"是一般名词,(5)中的夫妻是两个相对概念的名词的并列,类似的如"兄弟"、"师生"、"父子"、"爷孙"等。(6)中的"同学"是互向名词(mutual nouns)。这种名词表示密切依存的关系,常见的如"同乡"、"朋友"、"亲戚"、"对手"、"仇家"等等。

另外还有一种蕴涵,通常称之为实质蕴涵(material implication)。它的特点是有 A 必有 B,但是没有 A 也可以有 B。可以用下列句式表示：

如果 A,就 B。

用于复句,例如：

(7) 一个词如果能带宾语,它就是动词。

这个句子含有另一层意思：不能带宾语的也可能是动词,例如："休息"、"咳嗽"、"游行"。这就是说,在"如果 A,就 B"句式中,否定 A,不一定否定 B;否定 B,必定否定 A。通常把具有这个特点的句子称为表示充分条件的句子。

在汉语里,表示充分条件,还可以用"只要 A,就 B"。至于用"只有 A,才 B"的句子,表示的是必要条件。例如：

(8) 只有能修饰名词的才是形容词。

这个句子含有另一层意思：否定 A,必定否定 B;肯定 B,必定肯定 A。从蕴涵的角度说,不是 A 蕴涵 B,而是 B 蕴涵 A。

不少语法书把使用"如果 A,就 B"的句子称为"假设句",把使用"只要 A,就 B"和"只有 A,才 B"的句子称为"条件句",这是依据词语意义的区分。如果着眼于逻辑关系,使用"如果 A,就 B"的与使用"只要 A,就 B"的宜归为一类。而使用"只有 A,才 B"的与使用"如果不 A,就不 B"的应归为另一类。例如前边的例(8)可以改写为：

(9) 如果不能修饰名词,那个词就不是形容词。

此外,要补充说明的是：用"一……就……"的复句,通常认为它表示连贯关系,这是从事理的角度说的,当然不错,可是其中有一些句子是在事理的基础上表达逻辑关系。例如：

(10) 一听到枪声,就知道鬼子进村了。

(11) 一到冬天,他的病就复发了。

这些句子可以添加"如果",表示的是充分条件。

用上"不……不……"的紧缩复句,也可以添上"如果",例如:

(12) 不碰钉子不回头。

(13) 不见真佛不烧香。

这其实是"如果不 A,就不 B"的句子的紧缩,当然属必要条件句。有时也用"非……不……"表示类似的关系。例如:

(14) 非下基层不了解情况。

这等于说:"如果不下基层,就不了解情况。"

二

用"如果"表示蕴涵,只不过提出大前提;要下结论,还得补充小前提。例如:"非下基层不了解情况"是大前提,补上"他没有下基层"这个小前提,于是可以得出"他不了解情况"的结论。

作出一个结论,或者肯定什么,或者否定什么,当然并非来自推理,有的来自感觉或知觉。然而,在大多数情况下,人们都是依据一些已知条件才推论出结果的。所谓已知条件,包括前提(premise)和预设(presupposition)。前提是结论之外的判断,预设则是句子本身所隐含的内容。例如:

(15) 他的哥哥被处以罚款。

这个句子作为结论,它必有前提。比如:大前提是"违反了××法规必须罚款",小前提是"他的哥哥违反了××法规"。这些前提在结论中是看不出来的,可是从句子本身可以了解到:他有哥哥,他的哥哥犯了法规,犯了法规可能被处以罚款。这些就是预设。

从前提推出结论,总是用陈述句表示的。预设并不限于陈述句。例如：

（16）你借过我的词典吗？

这句话预设：我有词典，有人借过我的词典。

预设隐含在句子之中，但是它与前边谈到的隐含不是一回事。前边举的隐含的例子，如"他要求放他走"，"放"的前面隐含"别人"，这是语义的隐含。语义的隐含大都属于施事受事之类，也有表示领属或被领属的，可以用词语表示。预设是说话人认定的双方可理解的语言背景，属语用范畴，通常用判断表示。

预设与蕴涵不一样。实质蕴涵用假言判断表示，预设不是这样，这是显而易见的。严格蕴涵，A→B，肯定A，必定肯定B；否定A，也必定否定B。总之，一个句子的肯定形式和它的否定形式不可能有同样的蕴涵。但是它们可以有同样的预设。例如：

（17）这场雨马上会停止。
（18）这场雨不会马上停止。

这两句都预设说话时正在下雨。

预设是理解句子的先决条件。例如：

（19）你知道谁给我来过电话呢？
（20）你知道谁给我来过电话吗？

（19）预设有人来过电话，但不知道是谁，希望对方回答。（20）预设可能有人来过电话，希望对方加以证实。句末的语气词"呢"和"吗"不同，使句子的预设不一样，回答的方式也有差别。这两个句子如果不用语气词就会产生歧义。

朱德熙（1982）曾经谈到句末的另一个语气词"了"，他指出，"了"表示新情况的出现，这个说法是汉语语法学界所公认的，可是如何解释下列例句？

(21) 早就瞧见你了。

(22) 我早就报了名了。

这两个句子中都有"早",说明事实是前些时候就有的,能算新情况吗?原来这里包含了这样的预设:说(21)这句话,说话人预设对方并不知道别人瞧见他,从这个角度来说,当然可算新情况。(22)也可以作同样的解释,说话人认定说出来的是一种新的信息。

句末的"了",如果前边是个词,它是了$_1$(表完成)与了$_2$(表新情况)的合并。如"春天到了"、"下课铃响了"。可是如何解释下边的句子呢?

(23) 我走了!(快分别时说的)

"走"这个动作并未完成,用上"了"预设对方还不知道"我要离开",说出来让你知道,也属一种新情况。

下列成对的句子,一正一误,也可以用预设加以解释。

(24) 快把这些货卸了。
(25) *快把这些货装了。

(26) 你把帽子脱了。
(27) *你把帽子戴了。

我们可以说"你把门关了",也可以说"你把门开了"。"关"和"开"是对立的动词,句子中用上其中之一,另一个就成为预设。"你把门关了"预设"门开着";"你把门开了"预设"门关着"。(24)预设"货装着",先装后卸,合乎情理。可是(25)难道可以预设先卸后装?如果添上几个字。说成"快把货装了上去","快把货装上船"等等,预设改变了,句子也就通顺了。(26)和(27)的情况也一样,两句的句法结构相同,差别只在成对的反义词中各用了一个,听话的人心目中认定帽子是先戴后脱,所以觉得(26)合乎情理。

(27)如果说成"你把帽子戴好"、"你把帽子戴上"就行了。句末的表示新情况的"了"对预设的暗示作用也是值得注意的。

再举几个用预设分析复句的例子。

(28)他不但学识丰富,而且品德高尚。
(29)他不但品德高尚,而且学识丰富。
(30)他不但能说汉语,而且能讲标准的普通话。
(31)*他不但能讲标准的普通话,而且能说汉语。

这些句子都用上了"不但……而且……",通常称为递进句。所谓递进,是说重点在后边的分句。这是就句子本身的含义来说的,其实,说话人心目中还有更深广的认识,那就是隐含在句中的预设。说(28)句,预设学识丰富的人不一定品德高尚,说(29)句,预设品德高尚的人不一定学识丰富;说(30)句,预设能说汉语的人不一定会讲标准的普通话。(31)句的预设不合事理,所以属病句。

(32)他虽然用了50秒游完全程,但是得到了冠军。
(33)他虽然用了50秒游完全程,但是没有得到冠军。
(34)虽然他父亲是研究科学的,他却读了文科。
(35)*虽然他读了文科,他父亲却是研究科学的。

这些句子用上了"虽然……但是(却)……",通常称为转折句,意思是说后边分句不是顺着前面的意思说的,而是转入另一层意思。其实,这些句子都含有某种预设。(32)预设用50秒游完全程本不能得到冠军。(33)预设用50秒游完全程本应该得到冠军。(34)预设子承父业,克绍箕裘。(35)成了预设父承子业,当然不合乎情理,所以不这么说。

从上边的分析可以看到:预设是说话人对事物的认识或看法,听话人接受了这种看法才能正确理解句子的意思。因此,大多数学者认为预设属语用范畴。有些学者认为词语也可以有预设,如"果然"预设事实与期望相符,"居然"预设事实与期望不符,又如"至多"与"至少"也有预设:

  (36)他至多受到警告处分。

  (37)至少须有大专学历。

"至多"和"至少"都预设事情有轻重、高低、多少等不同层级。(36)预设处分有不同层级,用"至多"表示最大限度。(37)预设学历有不同层级,用"至少"表示最小限度。因为层级是客观存在的,因此属语义范畴。其实,这里选用"至多"或"至少"仍带有主观色彩。归根结底,属语用的选择。再如在大学教师中,层级最高的是教授,可是有人说:"他至多是个教授"时,预设教授不是最高级。虽然是假设,听话的人却能理解表达的意思:教授也没什么了不起。这种修辞上的用法更能说明预设的语用性质。

参 考 文 献

吕叔湘 1979《汉语语法分析问题》,商务印书馆。
石安石 1986《句义的预设》,《语文研究》第2期。
周礼全 1994《逻辑》,人民出版社。
朱德熙 1982《语法讲义》,商务印书馆。

(原载《世界汉语教学》2002年第3期)

指称与析句问题

一

词是声音与意义的结合,人们在交际过程中,使用的每一个词,既有声音,又有意义。这里的意义,更准确地说,该称之为含义(sense)。例如"人"这个词,词典中指出它的意义,包括"属于高等动物"、"运用两足直立行走"、"会制造工具进行劳动"、"能以语言进行思维"等等。可是,一个并不了解这些意义的小孩,却能正确地使用"人"这个词来进行交际。这当然不是说小孩运用的词没有意义,而是指他们理解的意义不属于通常所说的代表概念本质特征的那些意义。这里,我们得到一种启示:在通常的情况下,人们运用同一个词进行交际,达到互相理解,最重要的是词代表的概念的外延能够一致。小孩所说的"人"和大人所说的"人"含义不尽相同,并不妨碍交际;对外延的认识一致才是对话的基本要求。这是不是说外延可以不受内涵的制约呢?自然不是。内涵和外延互相制约,这是颠扑不破的,在词语的具体运用中,掌握那些确定的内涵去制约外延,往往因人而异。从理论上讲,概念的本质特征最能确定它的外延。在语言实践中,人们往往综合某些非本质的特征,也能起到规定外延的作用。小孩对"人"的认识,就是综合某些特征的结果。孤立地使用某个非本质的特征去规定事物的范围,那就如同盲人摸象,不免穿凿。把许多特征结合起来认识事物,这些特征即使是非本质的,由于结合,可以使不精确变为精确,这正是人类认识客观世界的一种高明手段。

人类认识客观事物,从感觉开始,逐步形成概念,然后加以命名,这就是常说的指称(refer to)。被命名的事物一般也叫指称(reference),例如"人"。当人们运用词语进行交际时,就赋予指称以特定的内容(content)。例如"哪儿来了一个人"中的"人"。有了内容的指称,即指称涉及的对象(referent)。为了避免混淆,我们分别使用"称说"、"指称"、"所指"来称呼上边提到的三个不同的概念。

二

词典中的词是备用的(preparatory),它们的外延不明确,属于无指(nonreferential)。句子中的词由于有上下文或语境,有明确的外延,属于有指(referential)。陈平在《释汉语中与名词性成分相关的四组概念》中举例说明有指和无指:

去年八月,他在新雅餐厅当临时工时,结识了一位顾客。

作者认为句中的"他"、"新雅餐厅"、"一位顾客"都是有指,而"临时工"属无指。理由是前者表示实体,而后者具有抽象性。这里给我们提出了一些值得思考的问题。

词典中的词具有抽象性,即使是表示具体事物的词也是如此。这里所谓抽象是说它没有具体所指。词用在句子当中,受上下文或语境的制约,外延缩小,内涵增加,这就是具体化。上边句中的"临时工",在词典中属无指,可是在句中指的是"新雅餐厅"的临时工,就属有指了。

那么,有指是不是限于个体名词呢?的确在哲学上有些学者(例如牛津学派的 Peter F. Strawson)讲到 refer to,总是指单个对象。但是,在符号学的领域里,指称不限于个体事物,这是一般语义学者所公认的。如果不这么认识,就很难理解作为语言符号的名词,如"教师"、"工人"、"钢笔"、"锯子"既可以用于单数,又可以用于复数了。在英语中,"you"可以指单数,也可以指复数,还可以泛指任何人,总不能说只有用于单数才是有所指称。

词作为一个备用单位,在使用中才有所指。所指可以是单数,也可以是复数,有时所指为"零"。有名的例子是"1988 年的法国国王"。"国王"这个词可以称说各国的君主,加上"法国",外延就缩小。1988 年法国已经没有国王,这个修饰语使称说的对象为零。从集合的角度看,成员为零的集(set)是空集。即使是空集,仍然属有指。

词用在句中才有所指,包括定指(identifiable)和不定指(nonidentifiable)。

邓守信曾论述有定与无定,认为它们的区别与量词的位置有关。例如:

> 这里有人每天来看书。
> 这里每天有人来看书。

他认为前边一句的"人"属有定,后边一句的"人"属无定。这似乎可以认为,有定与无定是由说话人规定的。从听话人的理解来说,两句的"人"都属无定。我们常常看到报纸上有这样的语句:"一个美国记者对我说……""一位权威人士当场表示……"既然由说话人规定有定与无定,那么,这里虽然用上了"一个"、"一位",也当属有定了,因为作者心目中有所指,不过当时不便说明罢了。其实,有定与无定的区分是为了说明言语行为的,言语行为涉及表达和理解两个方面,有定与无定不能不从理解方面来说明。当然,单凭读者(或听者)的主观识别有定与无定也是不可取的。在这个问题上,陈平的说法是正确的:"发话人使用某个名词性成分时,如果预料受话人能够将所指对象与语境中某个特定的事物等同起来,能够把它与同一语境中可能存在的其他同类实体区分开来,我们称该名词性成分为定指成分。"

简单地说,定指是发话人认为自己和对方都了解所指,例如:

(1) 老王早就想找一个保姆,昨天找到了,她有四十来岁。

(2) 老王昨天在街上遇见了一个朋友,他请我去吃晚饭。

(1)中的"老王"是特指(specific),听话人当然知道是谁,否则这句话就没有必要说出来了。"一位保姆"是泛指(generic),指任何一个保姆。"她"指的是上文暗示的找到的保姆,说话人和听话人都是知道指谁,这属于同指(coreference)。(2)中的"街上"属不定指,说话人心目中知道哪一条街,他并不想让对方了解得那么具体。就听话人来说,句中的"街上"的含义与词典中的含义一样,在这里并没有增添什么。"一个朋友"也是不定指,说话人知道是谁,他估计对方并不知道是谁,"他"指的是上文出现的两位朋友,是同指,属于定指。

三

这样看来,在汉语中表示关于指称的分析纯粹是语义的分析。不像英语使用冠词 the 表示定指,a 和 an 表示不定指,虽然以语义为基础,但是涉及一些语法现象。或者,用 the 还是用 a 或 an,并非完全取决于语义。例如"wind"前边用 the 不用 a,可是插入形容词之后却用上 a,如"a brisk wind"、"a strong wind"等等。

汉语没有表示定指和不定指的冠词,当然不会有类似英语的情况,可是有些学者认为名词的定指与不定指与句法有一定联系。赵元任、朱德熙有这样的论断:在汉语里,主语倾向于有定,而宾语倾向于无定。这个论断有一半是对的,即关于主语的论述。至于宾语,未必倾向无定。用特指、泛指、同指等充当宾语是常见的,它们都属有定。其实,赵、朱两位先生的主语就是话题,与其说主语倾向有定,还不如说话题倾向有定。话题是已知信息,自然不能是无定的。

主语或话题倾向有定,句首的有定名词是不是全属主语或话题,对这个问题有不同的看法。这里,谈谈周遍性主语的问题,因为在这个问题上反映出一些语法观点的差异。所谓周遍性也就是通常所说的泛指或遍指。下列句子的头上出现泛指名词:

(1) 哪儿我都不去。
(2) 一句话他也不说。
(3) 哪儿都不去。
(4) 一句话也不说。

用层次分析法切分(1),首先得出的直接成分是"哪儿"和"我都不去"。从语义上看,"哪儿"是"去"的受事;可是从句法上分析,先切出主谓,然后在谓语中才能切出述宾,所以不能认为"哪儿"是宾语。说"哪儿"是宾语,无法说明它与"我都不去"之间的关系。当然,这是采取层次分析得出的结论,如果采取成分分析法,那就是另一回事了。(2)的情况也相同,(1)和(2)属同一句型,或者认为它们是主谓的语句,或者认为前边的泛指名词是话题,后边的"我"和"他"是主语,共同之点是立足于层次分析。

(3)和(4)的情况却不同,它们是不自足的句子。这里讲的不自足,不是说其中的词语的所指不明确,如(1)和(2),其中的"我"和"他"所指也不明确,但是这两个句子是自足的。一说出来,人们懂得它们的意思,并不感到缺少什么。

汉语里不自足的句子有两个特点:

第一,不能作为发端句使用。

第二,表示的是陈述,在理解上须补充指称。

(3)和(4)不能用作发端句,这是很明显的。问题是它们表示的是不是陈述。

用指称构成的句子,不必有陈述。例如人们在动物园说声:"熊猫!"听话的人便把这一指称与所指联系起来,达到交流思想的目的。可是用陈述性的词语构成的句子,必定有指称。例如"下雨了",作为句子,不必有主语。作为交际的实用单位(即具体的句子),听话人必然要补上指称去理解,如"今天下雨了"、"这儿下雨了"等等。"哪儿都不去"、"一句话也不说"究竟是陈述性的单位,还是既有指称又有陈述的自足的单位?

在汉语里,指称和陈述之间可以插入时间或频率副词。例如:

(5) 我已经哪儿都不去。

(6) 他常常一句话也不说。

如果用主谓结构作为陈述单位,那么,主谓之间可以插入时间或频率副词。例如:

(7) 这东西价钱已经很贵。

(8) 我大哥性格常常改变。

可是我们不这么说:

(9) *我哪儿已经都不去。

(10) *他一句话常常也不说。

这就说明:(3)和(4)是一个陈述性结构,而且不是由主谓结构构成的。

要补充说明的是,(3)和(4)与下边的句子并非同一种句式。

(11) 谁也不想去。

(12) 什么都不便宜。

这种句子是自足的,既有指称,又有陈述,说出来不会让受话人另找指称。至于所指,那当然像所有的句子一样,要在上下文(或语境)中确认。看来,在语法分析中区分自足的句子与不自足的句子还是必要的。

参 考 文 献

陈 平 1987《释汉语中与名词性成分相关的四组概念》,《中国语文》第2期。

陆俭明 1986《周遍性主语句及其他》,《中国语文》第3期。

(原载《广播电视大学学报(哲社版)》2000年第4期)

句子的理解策略

　　句子的理解策略的研究和通常所说的句子分析不是一回事，虽然它们的关系十分密切。句子分析是把已经完成的句子加以解剖，使用的材料主要是书面语言；句子的理解策略的研究是从听话的角度考察接收信息的过程，探讨人们如何逐步懂得全句的意思。这种策略当然也适用于书面语言，不过，我们不把句子当作一次出现的整体符号，而看作一种动态的符号串，一个符号接一个符号显示出来，使接收信息的人逐步理解，直到达到目的。打个比方吧，人们研究消化系统，可以有不同的角度，或者着眼于了解食道和肠胃的功能，或者着眼于消化的过程。前者须进行生理解剖，后者则采取种种测试方法，包括对不同年龄的人的消化吸收情况的测定。当然，要了解消化过程，须先进行生理解剖。

　　句子分析和句子理解策略的研究，它们的着眼点不同，但是后者以前者为基础。如果要对理解句子的过程作科学的分析，就必须对句子的表意因素作细致的解剖。[①]粗略的解剖不可能作为复杂的理解过程的描述基础。比如有人认为句子的意义不过是词义加上句法结构构成的，在这种认识的基础上研究句子的理解过程，最多只能说明对简单句子的理解。国内外有些心理学家，以幼儿作为研究对象，他们考察的结果大体一致，即词义策略在幼儿的理解过程中占首要地位，句法次之。[②]对成人来说，特别是理解复杂的句子,情况又如何呢？要回答这个问题,必须了解句子的意义究竟有哪些因素在起作用。通常称之为句子的理解因素(interpretant)的,包括句内因素和句外因素。句内因素包括词义、语义、句法、层次、语气、口气等等；句外因素即语境,也是十分复杂的。理解因素的分析为探讨句子的理解过程创造了必要条件,而各种理解因素在不同的情况下所起的不同作用,正是有待于深入研究的问题。情况虽然复杂,但是可以把理解策略归纳出一些类型来,或称之为理解模式。常见的有下列四种。

一 词语提取策略

句子总是在旧信息的基础上传达新信息。所谓旧信息是交谈双方共知的,有时用词语表达出来,有时依靠语境暗示。接收信息的人当然把注意点集中到新信息上边,往往抓住新信息中的关键词语,据以探索全句的意思。这种策略只适用于简单的句子,特别是动词谓语句。人们利用动词的格框架(case-frames),把词义(动词的意义)和语义(动词与名词性成分的关系,主要是施受关系)融为一体,从而掌握全句的意思。例如下列两组词有不同的框架：

  A 战胜 看懂 听见 〔_A(O)〕
  B 战败 揭露 改善 〔_O(A)〕

比如用"战胜"造句,须出现施事,或出现受事或不出现受事：

  甲队战胜了乙队。
  甲队战胜了。

用"战败"造句,须出现受事,不一定出现施事：③

  甲队战败了乙队。

乙队战败了。

同一个动词可以有不同框架,而不同框架表示动词的不同含义。以"笑"为例:

笑$_1$ 〔_A〕 他笑了。
笑$_2$ 〔_AO〕 他笑你。

即使是简单的动词谓语句,也不是都能单凭动词的格框架就可以理解全句的意思的。例如"爱"的框架是〔_AO〕,幼儿区别"妈妈爱宝宝"和"宝宝爱妈妈",还得借助于语序。又如"做"的框架也是〔_AO〕,儿童在游戏时一会儿说:"我做爸爸,你做妈妈。"一会儿说:"我做饭,你做菜。"他们能区别"做"的不同含义,是因为语境的限制。

总之,利用动词的格框架理解句子的含义,是一种简便的策略,幼儿初学语言,常常运用这种策略,但是在许多情况下,这种策略不是自足的,须有其他条件作补充。

二 词语预测策略[④]

信息交流是一种双向活动,一方面是表达(包括说和写),一方面是理解(包括听和读)。听和读的方面并非完全处于被动地位,往往根据自己的经验作选择性理解。比如某人听到别人叫他的名字,他首先判断声音出自熟人还是生人。如果是熟悉的人,他再根据具体情况作出反应。如果是陌生人,他也可能作出种种猜想。总之,理解过程伴随着猜测;人们对此大都是不自觉的,但事实的确如此。猜测的范围与接收信息人的文化修养、交谈背景、双方关系等密切相关,但语言学家关心的是语句结构方面猜测,而一切具体的合乎逻辑的思想也是离不开语言结构的。这方面的现象已被一些语言学家所重视,例如 Hockett 在他的 *Grammar for the hearer*(《听话者的语法》,1961)中认为人们听话时总是一边听,一边预测,一边修正,一边理解的。

从心理学的角度考察,语言预测的基础是联想。语言符号引起的联想受两种规则的支配,一是聚合规则(paradigmatic rules),一是组合规则(syntagmatic rules)。人们在长期的言语活动过程中,把语言符号加以分类(不一定是词类),这是聚合;把符号与符号的连接关系加以确定,这是组合。例如人们听到数词后边出现"个"或"只",马上会归为一类;听到"点"或"些",会归入另一类。前者可称为定量量词,后者可称为不定量量词。在人们的头脑中,定量量词常与个体名词同现,不定量量词常与抽象名词或集体名词同现。当然,这里只不过是为了叙述的方便,实际上储存在人们脑子里的认知知识,并没有贴上一个个的标签。在我国传统的语文教学中,童蒙入塾,要学习对偶,其实是培养对聚合规则和组合规则的自觉理解。拿今天的眼光看,似嫌陈旧,但是这种训练确实能收到一定的效果,其合理之处,仍值得发扬。

当然,不能认为句子的理解完全依靠预测。预测不过指出理解的方向。譬如行路,有了方向的指引才不会到处摸索。这样就可以用较短的时间,花较小的气力,最有效地到达目的地。作为理解的策略,词语预测必然具有民族语言的特点。关于汉语的情况,我们还缺乏全面的系统的研究,但是不少语法学者已经注意到这方面的问题。例如:

发端句和后续句 听到发端句,预测后续句,这是较常见的现象。最明显的是带有"因为"、"如果"、"虽然"之类的句子,必有相应的后续句。此外还有一些值得注意的语言格式,试比较:

可以自足的句子	须有后续句的句子
中国人民站起来了。	中国人民站了起来,……
你通知他一下。	你通知一下他,……
大家夸着你呢。	大家夸着你,……
他刚从北京回来。	他从北京回来,……

不难看出,语序、虚词以及表示时间的词语能影响句子的独立性。发端句促使听话的人预测,预测的内容虽不十分确定,但有一定的范围。

指称和陈述[5]　在具体交谈中,出现指称,不一定有陈述;出现陈述,必定有指称。例如有人指着地图中的一个圆点说:"上海。"这是指称,没有陈述。又如有人说:"下雨了!"这是陈述,必有指称,那就是某时某地。虽然不说出来,听话的人能够领会。可是有些指称必有陈述,例如"老王"是指称,如果称呼对方,不必有陈述;如果指称第三者,必有陈述。又如"研究问题"、"改善关系"、"提高水平"是陈述,而"问题的研究"、"关系的改善"、"水平的提高"是指称。这些由陈述转变而来的指称要求有所陈述。也就是说,听话的人预测有后续词语。

一般地说,人们接收了指称信息,总是预测下边有陈述信息出现,可是下边可能出现另一个指称。例如别人说出"下午",接着说出"我们",听话的人先是等待对"下午"有所陈述,后来便把它当作没有陈述的指称,作为全句的背景说明,再等待对"我们"有所陈述。下边如果出现"开会"、"休息"、"参观"等等,预期才得到满足。在这里,有两种指称,一种是"下午",一种是"我们"。前者只表示叙事的背景或相关事物,属广义的指称(reference),后者有所述,属狭义的指称,可称为所指(referent)。

附加信息和主要信息　句子中必定有主要信息,但不一定有附加信息。附加信息出现,必然跟着出现主要信息。有些词专用作附加信息，如非谓形容词和副词。有些短语也属附加信息，如介词短语。名词性短语用作附加信息的如：

  大规模（生产）   小范围（试验）

  高速度（运行）   长时间（鼓掌）

数量短语通常用作附加信息，但是也可以代替主要信息。如果用ABB的形式重叠，多用作主要信息，如"一个个身强力壮"、"一朵朵争奇斗艳"。如果用ABAB的形式重叠，只用作附加信息，如"一本一本阅读"、"两个两个排列整齐"。此外，结构助词常用作附加信息的记号，可是带"的"的词语也可以成为主要信息，即通常所说的"的字短语"。

  动词和宾语 能带宾语的动词，有的是必须带的，有的是可带可不带的。前者即所谓黏宾动词，它们的宾语比较简单，也就容易预测。比如"归咎"、"归罪"、"归功"后边必定出现人或集体；"自称"、"通称"、"简称"后边必定出现事物或人的名称。至于可带宾语的动词，情况较复杂。有的只能带名词性宾语，有的只能带非名词性宾语，有的兼而有之。有的只能带一个宾语，有的能带双宾语。总之，在我们的经验中，已经把动词分为若干小类，以便于预测。

三 尝试组合策略[6]

  构成句子的词一个一个地出现，词和词不断地发生组合关系，直到体现整个句子的意思。比如先出现语言单位A，再出现B，人脑子里的语言知识库对输入的信息不断扫描，提出一种假设，即认为A和B有某种句法关系。也可能认为A和B之间没有直接关系，于是让A储存在短时记忆里，等待C的出现。C出现之后，可能有种种情况：或拆散已经组合的AB，或将游离的A

跟 BC 组合,等等。例如:

> 我的家在东北松花江上。
> 双方尽了最大努力。

人们一边听,一边将词组合成板块(chunk),储存在短时记忆里,直到理解全句为止,前一句中,"我的家"组成一个板块,"在东北"组成第二个板块。出现"松花江上"的时候,拆散第二个板块,让"东北"与"松花江上"组合,然后与前边的"在"组合。后一句中,"双方"成一个板块,"尽了"与"最大"不能组合,自成板块。"努力"出现,先与"最大"组合,再与"尽了"组合。

  行为主义心理学用"刺激—反应"来解释人类的行为,同时认为学习的过程可以概括为"尝试与错误"(trial and error,简称试误),即从失误中吸取教训,取得经验,以便顺利地收到预期的效果。按照这种理论说明句子的理解过程,那就是不断尝试,不断纠正,让词与词的组合得到合理的解释。这种过程是后出现的单位控制着前边的单位,而预测的策略恰好相反,是前边的单位控制着后边的单位。词语预测策略和尝试组合策略是互相联系、互相补充的。如果理解的过程仅仅是试误的过程,那么,人的脑子不过是一种机械装置,靠有规则的运算达到理解的目的。人之所以比机器高明,是因为能发挥主动性。在理解句子的过程中,不断预测;由于预测指明理解的方向,大大缩短了试误的过程。当然,在预测过程中也伴有试误的手段。吕叔湘先生曾经说:"反复试验是人类以及别的动物的生活中经常运用的手段,说话和听话也不例外。听人说话,听了一个词,根据他的语法和词汇知识预期底下可能是一个(或哪几个里边的一个)什么词,也许猜对了,也许猜错了,一个个词顺次猜下去,猜测的范围逐步缩小,猜对的机会逐步加多,最后全对了,就叫做听懂了。"这是对预测和试误的关系的最好说明。

四 模式对照策略

人类的认识过程中,类推常常起着重要的作用,这是难以用试误的手段来解释的。例如把一个三角形用投影放大,人们凭视觉能发现两者相似,这是类推的结果。在类推活动中,人们往往抓住事物的特征去推断整体。例如了解三角形的两边及其夹角,或了解它们两角及其夹边,就可以推断整个三角形的形状。理解句子也常运用这种策略。听别人说话,把接收的部分信息和已有的经验联系起来,发现它们有一致的地方,于是用来推断句子的含义,这就是模式对照策略。

长期使用某种语言的人,脑子里储存了各种各样的句子模式。一种是语气模式,如疑问句、陈述句等等,通常称之为句类(kinds of sentence)。一种是结构模式,如主谓句、非主谓句等等,通常称之为句型(types of sentence)。一种是特征模式,宜称之为句式(patterns of sentence)。句类和句型是根据整个句子辨认的,必须等句子说完才能确认。句式则不然,不一定听完全句,只要掌握了某些特征,就可以推断句子的模式,从而理解句子的基本意义。下边举"是字句"为例:

(1) 明天是……
(2) 箱子里是……
(3) 好是好,……

(1)说明日期,(2)叙述存在的事物,(3)表示与字面相悖的另一层意思。再以"把字句"为例:

(4) 你把这杯酒……

(5) 我把你这个人……

(4)要求对事物加以处置,(5)表示某种情绪。这些句子不用说完,只要出现在特定的语境中,听话的人就能明确地理解。

在实际的交谈过程中,理解策略总是综合运用的,不过往往有所侧重。而且,不同年龄、不同文化程度的人,不同的交谈内容等等,在策略的运用上都有差异。从总体上研究这方面的问题,对充实语言学的普遍原理有重要意义。从联系教学实践来研究这方面的问题,考察不同年龄的学生的理解策略,有针对性地培养他们的理解能力,这无疑是更为迫切的课题。

附注

① 参看文炼《句子的解释因素》,《语文建设》1986年第4期。

② 参看朱曼殊、武进之《影响儿童理解句子的几个因素》,《心理科学通讯》1981年第1期。缪小春《汉语语句的理解策略》,《心理科学通讯》1982年第6期。《词序和词义在汉语语句理解中的作用再探》,《心理科学通讯》1984年第6期。

③ 参看吕叔湘《说"胜"和"败"》,《中国语文》1987年第1期。

④ 参看吴建新《论语言预测》,《上海师范大学学报》1987年第4期。

⑤ 参看朱德熙《自指和转指》,《方言》1983年第1期。

⑥ 参看陆丙甫《流程切分和板块组合》,《语文研究》1985年第1期。《语句理解的同步组块过程及其数量描述》,《中国语文》1986年第2期。

参 考 文 献

罗伯特·M·加涅 1985《学习的条件》,人民教育出版社。

吕叔湘 1979《汉语语法分析问题》,商务印书馆。

Singer, H & R. B. Ruddell 1985 *Theoretical Models and Proccesses of Reading*, International Reading Association.

(原载《中国语文》1992年第4期)

谈谈句子的信息量

句子由词或短语构成,可是句子跟它们的性质迥然不同。词和短语是备用的单位,句子是使用的单位。这里的区别主要表现在有无表述性上。所谓表述性是指通过主观反映客观,也就是说,句子既表达主观意图,又叙述客观实际。句子表达主观意图的必有方式是全句的语调(intonation),书面上用句末点号表明。语调是一种手段,用来表达说话人的语气(modality)。语气可以分为陈述、疑问、祈使、感叹四种,通常称为句类。一般语法书认为不同的句类表示不同的用途,或者说,句类是依据句子的用途归纳的类别。这种看法是把句类的基础和句类的分类标准混同了。用途是句类的基础,句类的分类标准是语气。每一种语气不限于某一种用途。例如疑问句也可以不表示疑问,例如下面的句子并不要求回答。

(1)你知道他是谁吗?(你竟敢对他如此无礼。)
(2)(顾客对店员)你能不能把那件大衣拿给我试试?

从另一方面说,同一种用途也可以用不同的语气表达。例如下列句子都表示祈使。

(3)(孩子对他的母亲)妈妈,今天是星期日了。
(4)(母亲对她的孩子)你这双手多脏啊!

例(3)是孩子要求母亲去公园,用的是陈述句。例(4)是母亲要求孩子去洗手,用的是感叹句。

从听话人的角度说,为什么不把(1)和(2)当作一般的问句,为什么把(3)和(4)当作促使行动的祈使句呢?这是因为语境提供了补充的信息。语境提供的信息是多方面的,有社会背景方面的,有人际关系方面的,有个人文化修养和心理素质方面的,情况十分复杂。通常我们谈信息量,是就语句本身来说的,重点在语句如何反映客观实际。

客观实际反映在我们的头脑中的是命题,复杂的思想由许多命题复合构成。每个命题包括两个部分,一是指称,二是陈述。指称和陈述互相依存。一个词也指称事物,例如"汽车"指称一种交通工具,它概括了不同形式、不同用途的内燃机车,由个别归为一般。在"汽车来了"这个句子中,受到"来了"的制约,指称的对象由一般归为个别。句子中的指称和陈述有种种表现形式。例如:

(5) 天气多好啊!

(6) 多好的天气啊!

(7) 他饿得两眼直冒金星。

(8) 饿得他两眼直冒金星。

(9) 我们为今天的合作干杯!

(10) 为我们今天的合作干杯!

(5)(7)(9)是主谓句,主语表指称,谓语表陈述。(6)(8)(10)是非主谓句,(5)和(6),(7)和(8),(9)和(10)表达的指称和陈述完全相同,可见指称不一定是主语,陈述也不一定是谓语。

一个句子如果只出现指称,提供的信息量显然不够,通常由语境(包括上下文)加以补充,例如:

(11) 钱!

离开了语境,这个独词句的含义很不明确。可以理解为忽然发现了钱,可以理解为向别人索取钱,还可以理解为把钱交给别人,等等。这种句子的特点是提供了指称,缺少陈述。也有只出现陈述,没有提供指称的句子。例如:

(12) 到站了。

(13) 太棒了!

(14) 别说了。

(15) 随手关门。

(16) 下雨了!

(17) 星期一了。

(12)和(13)缺少陈述的对象,意思含糊。(14)和(15)是祈使句,对象是第二人称,虽然在句子中没有出现,人们仍旧能理解。(16)指称此时此地,(17)指称当天,这些句子用于说明气候、日期,使用时都不会产生误解。

常见的句子,大都既有指称,又有陈述;而且主语表示指称,谓语表示陈述。这里要说明的是:指称(reference)有两种含义,一是对陈述(statement)而言,它们相互依存。二是对所指(referent)而言。所指是指称表示的具体对象,可以是显性的,也可以是隐性的。先看例句:

(18) 他是这篇小说的作者。

(19) 鲁迅是《阿 Q 正传》的作者。

(18)中的"他"与"是这篇小说的作者"属指称和陈述的关系,同时"他"有所指,或者指鲁迅,或者指别人。句中的"这篇小说的作者"也是指称,不过这种指称不与陈述相对应。(19)中的"鲁迅"与"是《阿 Q 正传》的作者"有指称与陈述的关系,"鲁迅"是指称,同时代表所指。由此可以看出,(18)是一个抽象的句子,可以通过形式(form)了解它的意义(meaning),可是要懂得它的内容(content),必须由语境提供参考的信息。

主谓句中的主语表示指称,字面上可以有所指(如例19),也可以无所指(如例18)。在具体的语境中,无所指的当然也成为有所指了。谓语表示陈述,不论是抽象的句子还是具体的句子,在表达和理解方面,有一些基本的要求。不同类型的谓语又有所不同。动词性谓语句的基本要求是提供时间信息。试比较:

(20) 他起床(?)
(21) 他起床了。
(22) 他六点钟起床。
(23) 他起了床(?)
(24) 他起了床,马上去开窗。

(20)缺少时间信息,不成句。(21)句末有"了",表示出现新情况,属已然。(22)可以理解为每天如此;如果有上下文,也可以理解为他当天如此。(23)"了"表示完成,在这里不表时间,也缺少时间信息。(24)的"他起了床"作为时间的参考,它不需时间因素,后边的小句表时间。值得注意的是:汉语里的时间表达,有两种方式,一种方式是以说话人的时间为基准,或表已然,或表未然,如例(21)(22)。另一种方式是以事件为基准(即参考点),或表同时(与参考事件同时),或表异时(在参考时间之前或之后)。当然,这两种表时方式有时会组合在一起,即作为参考时间的小句可以有表达已然或未然的内容。

形容词性谓语句要求有"量"的表达,包括主观量、客观量和比较量。表主观量的如:

(25) 这碗汤的味儿浓浓的。
(26) 茶太浓了。

重叠的形容词大都表示主观感受,作谓语时通常加"的"。又如:

(27) 这院子干干净净的。

(28) 这种鞋底硬硬的。

(29) 他的声音细细的。

(25)(27)(28)(29)分别表示味觉、视觉、触觉和听觉。"太"表示主观量,用在不同的形容词前面,有细微的差别。用在含褒义的形容词前,带有赞叹意味,如"太好了"、"太棒了"。用在中性形容词前面,带有惋惜意味,如"太浓了"、"太甜了"。用在含贬义的形容词前边,带有申诉意味,如"太脏了"、"太坏了"。

表客观量的如:

(30) 这里的水很深。

(31) 他的主意真多。

所谓客观量是说话人的一种理性判断,至于客观事实是不是与判断一致,那是另一回事。换句话说,这里的客观量是与主观量相对而言。主观量是从感觉方面说的,客观量是从理性判断方面说的。说"井水很深",这是一种判断,不能说成"井水深深的",因为你无法感受。有部电影叫《庭院深深》,不宜改成《庭院很深》。从传达信息的角度说,客观量传达的也是主观的想法。

表比较量的句子如:

(32) 他比我高。

(33) 这道菜咸。

两事物相比,被比的一方可以在句子中出现,如(32)中的"我";也可以隐含在对话双方的头脑中,如(33)。如果双方没有共识,句子就站不住。

以上谈了动词谓语句和形容词谓语句对信息量的一些基本

要求,还须补充说明几点。

第一,上边谈的是一般情况。特殊的句式在表达方面还有特殊的要求。例如"把字句"和"被字句"除了要有时间信息之外,还须有结果信息。

第二,信息量的问题是从交际的角度分析语句,重点在使对方理解。通俗一点说,就是听得懂听不懂的问题。这个问题很复杂,可以划分若干层次。首先要区分语言因素与非语言因素,非语言因素包括社会背景、文化修养、心理素质等等,我们要讨论的是语言因素。语言因素又有不同层次。最表层的是语音问题,发音不准确,当然影响信息的传达。里层是句子意义问题。句子的意义是许多因素的综合,包括词义、语义、句法关系、结构层次,等等。这些都对信息的传达有影响。再里层是内容的问题,主要表现在所指对象上边。同一个语句用于不同的所指对象,往往由语境决定。从寻求规律的角度讨论,重点可以放在不同句型或句式对传达信息的不同要求上边。我们所谓信息量的问题指的是这方面的问题。

第三,信息噪声与信息量的问题密切相关,但属于不同性质的问题。信息噪声不但表现在语音方面,而且也表现在语句结构方面,那就是歧义问题。某种句型或句式须有哪些信息,这是信息量的问题。句子中出现多余的信息,干扰信息的传达,通常认为属于信息噪声的问题。

参 考 文 献

李铁根 1999《现代汉语时制研究》,辽宁大学出版社。
涂纪亮主编 1988《语言哲学名著选辑》,三联书店。
张国宪 1995《现代汉语的动态形容词》,《中国语文》1995年第3期。

(原载日本《现代中国语研究》2000年第1期)

句子的理解与信息分析

一

用词组成句子,得依照一定的规律。传统语法用词类和句子成分之间的对当来说明这种规律。转换生成语法则认定句子中词与词之间有一种内在的逻辑关系,或称之为深层结构,或称之为别的什么。实际的句子是在这个基础上形成的。从深层结构转换成表层结构,得有一定的规则来控制,否则就会生成不合法的句子。比如汉语的"羊"、"吃"、"草"三个词,有一种内在的关系:"羊"是施事名词,"吃草"是动作,其中"吃"是动词,"草"是受事名词。把这三个词排成线性序列,有六种形式:羊吃草、草羊吃、羊草吃、草吃羊、吃羊草、吃草羊。前三种序列是成立的,后三种是不合法的。人们可以用一条规则来控制:及物动词与施事、受事同时出现时,施事必须出现在动词之前。

可是乔姆斯基认为合法的句子,有些语法学者(例如某些功能语法学派的学者)却表示怀疑,比如"羊吃草"、"草羊吃"、"羊草吃"都算作合法的句子,在具体运用时,它们有没有差别呢?比方说,在某一语言环境之中,只宜用其中一种格式,而不宜用另外两种,那就等于说,只有一种是合法的了。例如有人问:"羊在吃什么?"只能说"羊吃草",而不能说"草羊吃"或"羊草吃"。

当然,乔姆斯基完全可以为自己辩护,因为他曾申明,他的语法是解释性语法,而不是描写性语法。他认为传统语法和结构主义语法是描写性的,而转换生成语法是解释性的。其实,解释性的语法也有两种,一种是语言能力的解释,另一种是语言规律的解释。乔姆斯基的解释属于前者。至于语言规律的解释,必须以描写为基础。离开了语言事实的描写,就不能发现规律;没有发现规律,也就谈不上解释。乔姆斯基的语法既然着重研究语言事实的成因,他就可以不考虑语言的具体运用。传统语法和结构主义语法着重分析语言事实,要从中发现运用的规律。教学语法的主要内容是说明语法规律,充分利用传统语法和结构主义语法的研究成果是理所当然的。当前,人们已经感到要提高语法教学的质量,不能停留在规律的描写上边,必须对规律加以解释。就是说,不但要讲是什么,还必须分析为什么。

二

检验句子是否正确,一般人依靠语感。懂得语法的人常常凭借语法知识,但并不排斥语感。他们认为:凭语感判别正误是不自觉地掌握规律,凭语法判别正误是自觉地掌握规律;方式不相同,结果是一致的。乔姆斯基说:"检验一部为 L 语编写的语法是否完善、是否有效的一个方法就是看一看照这部语法生成的句子实际上是否符合语法;也就是说,说这种语言的本地人是否认为这样的句子可以接受等等。"这就不但认为语感和语法互为表里,而且把语感看成是检验语法的准绳了。

然而事实并非尽是如此,有时会出现语感和语法规则有矛盾的情况,我们常常会发现不同的人(虽然他们都是说同一种语言的本地人)对同一个句子的合法度持不同意见,甚至说法完全相反。原来通常所讲的语感是一个笼统的概念,它的内涵并不十分确定。从心理学的角度考察,语感不过是一种语言定势。所谓定势指的是长期的定向活动的简化形式,动物的无意识的自我调节(如眼前有异物晃动,眼皮立刻合上),属先天的定势。人类的大量定势是后天形成的。语言定势是人们在日常交际活动中所形成的。形成的条件十分复杂,因此,不能看成是单向的、统一的活动方式。语言定势有不同的层次,或者说,言语的定向活动的范围有大小之别,大范围的是世界各种语言的共同定势;范围较小的,如民族语言的定势;更小的,如方言定势、个人言语定势,等等。定势既然有许多层次,笼统称之为语感,并用来作为判断句子合法度的依据,自然不免似是而非。比如《红楼梦》里史湘云把"二"念成"爱","二哥哥"说成了"爱哥哥",这只是一种个人定势,当然不能用作评定正误的标准。那么,什么范围的定势最值得重视呢?这可不能一概而论。比如,要说明某种语言的特点,自然要研究那种语言专有的定势。如果要解释那种语言的规律,较大范围的定势往往更能作为理据。正因为如此,句子的信息分析在各种语言的研究中都有重要意义。

关于信息安排,有两种公认的定势:第一,从旧信息到新信息;第二,须满足听话人要求的信息量。

句子传达信息,通常是在旧信息的基础上传达新信息。旧信息即已知信息,句子中常有词语表示。例如我们看到一样东西,要赞美它,用英语说:"It's really wonderful!"句中的 It 表示旧信息,指的是那样东西。也可以不说出旧信息,单讲"Really wonderful!"听话的人能理解,因为知道指的是什么。又如听到别人说"下雨了",通常想到的是"此时此地",这个旧信息是不必说出来的。在句法分析上,如果把"下雨了"、"出太阳了"之类当作省略了主语,那显然是不恰当的,因为它们都是完整的句子,不缺少什么成分。在语用平面上,要理解它们的含义,必须有个共同的基点,即已知信息。又如"昨天下雨了","昨天"是已知信息,对话双方所理解的"昨天"都是以"今天"为基准。再如"昨天北方下雨",双方都懂得"北方"是就我国范围而言的。如果有人说"北边下雨了",情况有些不同。"北边"的基准是什么,双方的理解可能不一致,除非有语境的控制。从句子结构方面看,有些句子的旧信息用词语表示;有些句子的旧信息隐含在语境之中,句子里没有词语表示。从具体理解方面看,即使有词语代表旧信息,它的指称意义仍旧依靠语境(包括上下文)才能获得。上边举的"It"、"昨天"、"北方"都是如此。

用词语表示的旧信息,通常出现在句首。在汉语里,主谓谓语句的大主语都代表旧信息。如"他胆子小"中的"他","京剧我爱听"中的"京剧"。用"有"打头的句子引出新信息,旧信息隐含在语境之中,如"有人找你"、"有一些现象还无法解释"。隐含的旧信息可以是特指的,也可以是泛指的。值得注意的是:"有"在某些情况下可以省略,如"有人来了"可说成"人来了"。这样,"人来了"产生了歧义:"人"或者是定指,或者是不定指(即省略了"有")。如果在"来"前边加上"都","人"就是定指了。当然,新信息也可以出现在句首,如"谁来了"中的"谁"。

新信息的重点叫作焦点(focus),通常出现在句末。"王冕死了父亲"的焦点是"父亲","王冕父亲死了"的焦点是"死了"。"我们打败了敌人"的焦点是"敌人","我们把敌人打败了"的焦点是"打败"。

疑问句的焦点是疑问点,它是未知信息的中心。疑问点常用疑问代词或"×不×"的形式表示。"×"如果是判断动词"是"或助动词,疑问点出现在它们的后边。如"是不是他",疑问点在"他";"能不能来",疑问点在"来"。是非问的疑问点常由语境选择。"你去年在上海收到我的信吗?"如果时间和处所都是已知信息,那么,疑问点在"我的信"。如果时间和"信"是已知信息,那么,疑问点在处所。如果处所和"信"是已知信息,那么疑问点在时间。值得注意的是语气词有时有决定疑问点的作用。例如:"你知道他什么时候收到我的信吗?"疑问点在"知道";"你知道他什么时候收到我的信呢?"疑问点在"什么时候"。

通常把句子分为陈述、疑问、祈使、感叹四类。从句子传达信息的特点来看,这样的分类未必合适。有些句子表达的内容只要求对方接受,即储存信息;有些句子说出之后,要求对方有所行动,即反馈信息。疑问句要求言语反馈,祈使句要求行为反馈,陈述句、感叹句呢,又可以是促使对方作出反馈的。例如小孩对父亲说:"今天是星期天。"真正的意思是要求父亲带他上公园。又如顾客对店员说:"能把那顶帽子给我瞧瞧吗?"真正的意思是要对方行动,把帽子拿给他。正因为如此,英国语言学家奥斯汀(J. L. Austin 1911—1960)把句子分为两类:

1. 有所述之言(a constative utterance)
2. 有所为之言(a performative utterance)

前一类是使信息储存的句子,后一类是使信息反馈的句子,试比较下列句子:

(1) {a. 快跑!
　　 b. 跑得快。

(2) {a. 请你帮帮忙。
　　 b. 请他帮帮忙。

(3) {a. 我邀请你参加晚会。
　　 b. 我已经邀请你参加晚会。

各组中的 a 句是有所为之言,b 句是有所述之言,它们的区别或者表现在形容词、副词上边,或者表现在人称上边,当然还可以有别的显性表达形式(explicit formula),包括语序和句式,都值得研究。

如果我们对别人说"你有一双手",人家会感到莫名其妙,因为人人都有一双手,这句话没有提供任何新信息。如果你对某人说:"你有一双灵巧的手。"对方能了解你的赞美之意。又比如有位农村青年来到城市,想知道该如何维持生活,你对他说:"你有一双手。"他能理解你的意思。可见句子表达意思,要有一定的信息量。信息量不够,句子的结构虽然完整,它的合法度仍可怀疑。有些句子给人家的印象是语意未完,原因往往在于此。比如有人说:"我有一个朋友。"你一定想听下去,这句话不宜句断。当然,句子信息量的多少不仅是语句本身的问题,还包括接受者的条件以及语言环境的情况等等。

三

早在 20 世纪 30 年代,叶斯柏森(Otto Jespersen 1860—1943)就曾指出:在言语活动中,有三个不同的方面,即表达(expression)、隐含(suppression)和印象(impression)。表达是说出来的意思,隐含是包括在句子意义里边的但未用语言表达的意思,印象是接受者的理解选择,这种选择必须以表达作为依据,而理解常常与表达有距离,症结往往在隐含方面。研究语言,可以从表达方面分析,也可以从理解方面分析,要做到殊途同归,必须研究隐含的问题。

通常认为隐含是一种语义现象,它不同于省略,省略是一种句法现象。吕叔湘先生举例说:"在'他要求参加'和'他要求放他走'里边,可以说'参加'前边隐含着'他','放'前边隐含着'别人',但是不能说省略了'他'和'别人',因为实际上这两个词不可能出现。"语义上的隐含成分,虽然不能在句子中出现,但是可以用词语指称,诸如施事、受事、时间、所处、工具等等,都能用词语表示。此外,还有一种隐含,它使不确定的信息变成确定的信息,举几种常见的情况。

(一)判断的辨识。先看例句:

(1)如果说,十月革命给全世界工人阶级和被压迫民族的解放事业开辟了广大的可能性和现实的道路,那么,反法西斯的第二次世界大战的胜利,就是给全世界工人阶级和被压迫民族的解放事业开辟了更加广大的可能性和更加现实的道路。

(2)如果胡须长就表示有学问,那么,山羊最值得崇敬了。

我们知道,用"如果……就(那么)"的复句属假言判断,表示的是充分条件。充分条件的复句各分句的真假情况和全句的真假情况是:

	"如果……"分句	"那么……"分句	全句
(Ⅰ)	真	真	真
(Ⅱ)	真	假	假
(Ⅲ)	假	真	真
(Ⅳ)	假	假	真

上边的两个例句都并列了两件事,隐含的意思是,两件事要么全真,要么全假。那就是说,在真值表内只能属于(Ⅰ)和(Ⅳ),不可能是(Ⅱ)和(Ⅲ)。上文例(1)中的"如果……"是已知信息,对话双方都认为是真;"那么……"是新信息,应当也认为是真。例(2)中的"那么……"是已知信息,对话双方都认为是假,"如果……"是新信息,应当也认为是假。

(二)歧义的消除

句子产生歧义有种种原因,如词义、语义、层次、句法、语气以及语境等等,都可以造成歧义。消除歧义也有种种办法,如更换词语、改变结构、提示语境,等等。最常见的消除歧义的方法是补充信息。特别是在口语中,话已经说出来了,为了避免误解,于是加以补充说明。这种说明可以是直接的解释,更巧妙的则是提供一种隐含的信息,让听话人(或读者)去选择正确的理解。例如:

(3) 或者你去,或者我去,有一个人去就行了。

(4) 或者你去,或者我去,或者我们一块儿去。

使用"或者……或者",可以有两种理解,即供选择的两项可以是相容的,也可以是不相容的。例(3)补充"有一个人去就行了",说明原意是两项中选择其一。例(4)补充"或者我们一块儿去",说明原意是两项可以并存。当然,并非所有用"或者……或者"的句子都须有补充说明,有些句子的含义已经暗示相容或不相容,自然不会产生歧义。

(三) 心理的揣摩

用"不但……而且"的复句,通常称之为递进关系的句子,意思是说后边分句比前边分句的意思更进一层。如果揣摩一下表达心理,通常把前一分句看作已知信息,后一分句表达未知信息。当然,表达的重点在后。比如,某甲看到一篇青年的习作,称赞不已;乙对甲说:"他不但文章写得好,书法也很不错。"如果甲看到他的书法,大加赞赏;那么乙就会说:"他不但书法好,文章也写得不错。"

用"虽然……但是"的句子,通常称之为转折复句,意思是说前一分句说出一个事实,后边分句不是顺着这个事实推论出结论,而是说出与此相反的情况。其实,说话人的心目中认为听话的人有一种已知信息,这个信息包括某种事实和由此推论出的结果,说出来的未知信息却与预期的结果相反。比如有这么两个句子:"他虽然十六岁了,但是像个小孩。""他虽然十六岁了,却像个大人。"说前一句话的人,认为十六岁已经是大人了,说后一句话的人,认为十六岁仍属小孩。作为旧信息,说话和听话的人应该都如此认识。

上边谈的一些问题只不过想说明语法分析有多种角度,并不是要否定已有的各种有效的分析方法。提高语文水平,不外听读说写四个方面。听和读是理解,说和写是表达。在理解方面,重要的是区别异同;在表达方面,重要的是认清正误。而且,别异同和辨正误是息息相关的。信息分析与句子理解的关系密切,与表达也并非了不相涉。

参 考 文 献

J. L. 奥斯汀《论言有所为》,许国璋摘译,《语言学译丛》第 1 辑。
吕叔湘 1979《汉语语法分析问题》,商务印书馆。
乔姆斯基 1979《句法结构》,邢公畹等译,中国社会科学出版社。
汤廷池 1985《国语语法的功能解释》,《全美华文教师协会年会论文集》。
Otto Jespersen 1933 *Essentials of English Grammar*, George Allan & Unwin Ltd.

(原载《语言研究》1991 年第 1 期)

从符号学的观点考察汉字

通常认为：语言是符号系统，文字是记录语言的符号系统。在这一认识的前提下，我曾考虑下列几个问题：

1. 什么是语言的符号和文字的符号？
2. 文字符号的能记与所记是什么？
3. 汉字与拼音文字的区别究竟在哪里？
4. 文字的能记与所记之间是不是有任意性？
5. 任意性与可论证性是不是一回事？

符号有广狭二义，广义的符号指事物的标记，不但包括数学符号、化学符号、交通标志、电报代码之类，还包括动物的足印、人类的礼仪、自然界的种种迹象，如础润知雨、落叶识秋等。狭义的符号指以甲事物标志乙事物，甲乙两者之间既不相关，也不相似。比如体温升高是疾病的标志，天空闪电是雷声的标志，《清明上河图》是宋代京城的标志，都不属严格意义的符号。根据这一观点，所谓象形文字，作为符号，只能从造字的来源去理解什么是象形，不能从现实的功能去说明。因为既然相似，就不属于文字符号。

符号都包括能记（表达的方面）和所记（被表达的方面）。语言的能记是语音，所记是意义。语言单位是声音和意义的结合，这是人们的共识。联系汉语实际，会发现一些特殊的情况。例如"蝴蝶"是一个语言单位，可是"蝶"也是一个音义结合的语言单位,它可以与别的语言单位结合成"粉蝶"、"彩蝶"、"蝶泳"、"蝶骨"等。这些语言单位都由两个语素组成,该归入复合词。那么,"蝴蝶"中的"蝴"算什么呢？它不是表达意义的单位,该看作区别意义的单位。类似的例子如"骆驼"中的"驼"是个语素,它可以用在"驼峰"、"驼铃"、"驼毛"、"驼背"之中,可是"骆"只有区别意义的作用。任何系统都是由若干单位构成的,语言符号系统的基本单位是最小的音义结合体,即语素,但也掺入了少数区别意义的单位。

文字是记录语言的符号系统,当然也包含能记与所记。文字的能记是书写形式,所记是语言。语言是声音与意义的结合,文字的所记当然包括声音和意义。拼音文字如此,汉字也是如此。认为拼音文字是表音文字,汉字是表意文字,至少,在名称上容易引起误解。拼音文字也好,汉字也好,记录的都包括语音和语义。没有哪种文字专记录语音或语义的。常然记录的方式有所不同。

语言符号的基本单位是语素,而不是音素,因为音素不表示意义。文字符号的基本单位是什么呢？拼音文字的基本符号是字母吗？当然不是,因为字母只有形式,没有意义。汉字的基本符号也不是笔画,笔画不是音义结合的单位。拼音文字的基本符号是用字母表示的词根和词缀,汉字的基本符号是各种偏旁,包括表达意义的偏旁(形旁)和区别意义的偏旁(声旁)。拿汉字和拼音文字相比较,我们注意到：

第一,拿笔画和字母相比,笔画简便得多。

第二,字母采取线形排列的方式,笔画采取平面构造的方式,后者较为复杂。

第三,拼音文字的基本符号是表达意义的符号,汉字的基本符号包括表达意义的符号与区别意义的符号。后者这两种符号的结合隐含一种模糊认识的基础。也就是说,由两种不精确的符号结合在一起,可以达到精确认识的目的。模糊认识是人脑的特有功能,要使电脑学会,确有许多困难。

关于从模糊认识到精确认识的情况,生活中常常出现。举个日常的例子:到剧场里找一个男人,告诉你此人四十五岁,身高一米七五,腰围九十,近视三百度,鼻梁高二厘米……听来会觉得模糊。如果说成找一个中年男子,高个儿,胖子,近视眼,高鼻梁,虽说模糊,听的人反觉得精确,容易辨认。关于汉字识别的情况,能不能用模糊语言学来加以说明,值得研究。

索绪尔认为任意性是语言符号的第一特性。这就是说,语言符号的能指(声音)与所指(意义)之间的联系是任意的。他论证说:同一事物在不同语言中用不同的声音表示,这就是任意性的表现。正因为有任意性,事物的名称有时会改变。然而他的这种论点曾遭到一些语言学者的非难。非难的主要立论在派生词是可以论证的,因此不是任意产生的。其实,索绪尔承认派生词有可论证的特性。他曾举法语的-ier为例,说这一语素用在"苹果"后边,表示苹果树,用在"梨"后边,表示梨树,如此等等,并非不可解释的。这类例子在任何语言中都很容易找到。值得注意的是:索绪尔把任意性区分为绝对的与相对的两种。语言中的基本符号,音义之间的关系是不可论证的,这属绝对的任意性。派生单位的音义关系可以论证,属相对的任意性,既然可以论证,为什么仍认为具有任意性呢?举汉语的例子来说吧。"面"和"边"都表示方位,用它们构成的派生词如"上面、前面、东面",也可以说成"上边、前边、东边"等等,这是可论证的。可是"对面、反面"不能说成"对边、反边","身边、天边"不能说成"身面、天面",这是不可论证的。这就是说,派生词如何派生,也是有任意的因素的。总之,任意性是普遍存在的,可论证性与任意性并不是同一概念。

即使是可论证的单位,其中也会有任意的成分。

文字符号是不是也具有任意性?如果没有任意性,那么文字就不属于严格意义的符号系统了。正因为具有任意性,我们才能进行文字改革。如同语言符号一样,文字符号有不可论证的,也有可论证的。可论证的符号可以解释为何如此,但并非必然如此,所以仍属具有任意性。这使我们想到"右文说"。这种学说从声符说明字义,王圣美创始,沈括推崇,刘师培、章炳麟等提倡,曾盛极一时,同时也遭到不少人的指责。问题出在宣扬者把它说成是必然的现象,论说不免牵强附会,如果只认定某些带同样声旁的字含有相同义素,就这些字的范围来说,是可以论证的,也就言之成理。把范围扩大,认作必然现象,就不免捉襟见肘了。有一种有趣的现象:有些汉字的能记与所记的关系本来是可论证的,经过人们的改造,成为不可论证的了。例如四川西南的名山,山峰相对如蛾眉,当地称之为蛾眉山。可是后来人们用文字记录,却写成峨嵋,如今又成为峨眉。山有眉,当然无法解释。又如昏姻,来源于黄昏时行嫁娶之礼的习俗,如今却写成婚姻了。至于把"家具"写成"傢具",把"火伴"改成"伙伴"更属理据的更换,实在是多此一举。作为符号,发展的趋势总是任意性居主导地位的。原来可以论证的,后来往往成为不可论证的了。例如:"杯"从"木","纸"从"糸",历史上可以解释,今天的情况却难以说明了。今天的简体字用一个"又"代表了许多不同的偏旁,我们在"对"、"难"、"双"、"邓"、"叔"、"叹"、"树"、"圣"等字中都可以找到。把不同的偏旁或构件用同样的形式表示,在识别中不会引起误解,这符合了文字发展符号化的方向。

在社会主义现代化面向21世纪的今天,我们重视现实,也尊重历史。博物馆的文物是无价之宝,我们要保存它,也要研究它,可是我们并不提倡在日常生活中使用青铜器。当然,从青铜器的使用发展到现代,有一个渐变的过程。值得重视的是发展的方向。语言文字的发展也是有规律可循的。了解了过去到现在的趋势,才可以把握今后发展的方向。任何事物的发展,可以从宏观方面考察,也可以从微观方面考察。本文从符号学的角度考察汉字,不过是宏观考察的一种尝试而已。

(原载《中国文字研究》,广西教育出版社,2001年)

(二)词 法

词的范围、形态、功能

一

彭楚南先生在《两种词儿和三个连写标准》①一文中说:"词类区分就是把词儿归类,不是把字儿归类。汉语词儿的界限(什么是一个词儿而不是两个或者三个词儿)没有闹清楚,就要谈有没有词类,有哪几类,不用说,意见是永远不会一致的。"这话说得中肯。我们要使汉语语法的讨论得到比较圆满的结果,不能不首先解决什么是词儿这个问题。

我们不能单单根据声音来判断某一语言形式是不是"词儿",因为这是靠不住的。在英语里,a maze 与 amaze, in sight 与 incite 声音是一样的,但我们不能把它们统称为词。在汉语中,同音词较多,因而单从声音来区别词与非词就更加困难。"'代表'跟'带表','拣茶'跟'检查',声音完全相同,可是'代表''检查'好像是单词,'带表'跟'拣茶'不像是单词。"②

说"词表达一个观念","词是语言的最小意义单位"——从意义着眼来替词儿下定义,这是许多语法学者共同的想法。说词是语言的"单位",这话并没有错,可是我们很难用一种有效的方法去鉴定某一语言形式是不是一个单位。例如"伤心"、"伤身体"、"伤脑筋"究竟是一个单位还是两个单位,的确很难判断。说词是

"意义单位"也会遭遇到困难。因为一个概念不见得只需要一个词儿来表示。英语中 triangle 和 three sided reetilinear figure 的意义完全相同,但其一是词而其一不是词。汉语中的"慢"与"不快","伟人"与"伟大的人"往往也表示同一意义,似乎不能把它们都看作词。自然,语法学者可以用"最小"、"简单"之类的限制语来增加定义的严密性,但是这些限制语本身还是费解的,因此这些定义即使理论上说得过去,而实际应用的时候仍然会碰到若干难以解决的问题。

陆志韦先生在这方面有多年的研究,他曾说过几句知艰识苦的话:

> 为要了解 verbum, the word, le mot 那一类的字,我查过好些西洋的文法书跟语言学书,简直是白费时间。没在语言心理学上下过工夫的人会很卤莽的,单就一组语音所代表的意思来给词下定义。语言学家又会在语音的轻重上、声调的变化上找出路。直到现代为止,那样的工作都是徒然的。到末了,我们还得回到一件物质的东西,就是一本现成的词典。"词"就是词典里一行一行排列着的东西。③

给词儿下定义是困难的;不过,我们却不能说,没有给词儿下恰当的定义,就使我们无法认识"词儿"是一个什么东西。定义下得好,自然有助于我们的认识和掌握;定义下得不好,或者没有定义,词儿的范围还是可以确定的。这正和目前还没有恰当的关于句子的定义,但无碍我们对于句子的认识一样。事实上,谈词的分类的人,心目中对于词儿都有一个范围。一般地说,这个范围是用"字和词"、"词和仂语"这两条界限来划定的。

关于字和词的区别,语法学者们的意见是比较一致的。吕叔湘先生曾经有简单扼要的说明:

> 我们听人说话,耳朵里接触一连串声音,同时脑子里接受一些意义,可见语言是声音跟意义的结合。词就是这种结合的最小单位,例如

"语言";再分析下去,就只有声音,没有意义,至少是没有明确的意义了,例如"语"和"言"。这个话你也许不信服,你会说"语"字和"言"字是有明确的意义的。要知道这完全是靠汉字的力量,说话的时候是只听见字音不见字形的。你单说 y,人家只会想到天上掉下来的"雨",你单说 ian,人家只会想到厨房里的"盐";谁会想到"语"和"言"呢?只有 y 和 ian 连起来说,人家才知道是"语言",才是一个正确的意义和声音的结合体,才能独立运用,才是一个词。词和字的区别,简单地说,就是如此。④

我们觉得还可以补充几句:在区别字和词的时候,必须把存在于我们书面语和口头语中的文言成分和成语形式另外看待。例如"知无不言,言无不尽"、"自言自语"、"分清敌友"等等,这里的"言"、"语"、"敌"、"友"之所以能表示一个意思,显然是依靠"成语"的力量;因为"成语"的形式是一种比较固定的结合,所以这种用法不会发生误会。如果把它们放到另外一种结构中,或者单独用口语说出来,就会丧失表意的作用。应该指出,我们所说的"词"这个学术名词,是以现代口语作为衡量标准的。必须这样,才不至于忽视现代汉语词汇的重大发展趋势,得出"汉语的最小意义单位绝大部分是单音节的"⑤的结论。

诚如王力先生所说,"字"在语法上是没有地位的,因而在语法的讨论上,"字和词的区别"远不如"词和仂语的区别"来得重要。词和仂语的分别,一般是用隔开法(能不能拆开)来检验的。隔开法是从形式上来划分词和仂语的界限的一种方法。例如"老婆",我们不能说成"老的婆"而意义不变,所以它是词;而"老人"我们却可以说成"老的人"而意义不变,所以它是仂语。这个方法应用在复音词和派生词的上面,有它的实用价值,但碰到有些复合词就穷于应付。例如"马车",因为可以说成"用马拉的车",就不得不把它归到仂语中去。⑥也正因为如此,我们在《中国语法纲要》中,不难看出王力先生所谓的仂语的范围非常庞大。⑦不仅中间可以用"的"隔开的如"鸡脚"、"小牛"、"流水"、"破花瓶"算是主从仂语,就连中间不宜用"的"隔开的,也分别给以解释,划入了仂语的范围。例如:(1)中心词所指的东西,是为了修饰语所指的东西而造的,例如脸盆、水缸、鸟枪、信纸、酒壶、茶杯、墨盒。(2)中心词所指的东西,是靠着修饰语所指的东西的力量,然后能发生作用的,例如马车、汽车、风车、水碓、汽笛、风炉、风箱、轮船、火车。(3)中心词或修饰语所指的东西,是借来形容或譬喻的,例如丸药、砖茶、枣泥、肉丸子、糖葫芦、胡椒面。⑧其实,这类语言形式,正是一般人心目中的复合词。

放大了仂语的范围,这是使用隔开法的必然结果;而放大了仂语范围,相对地就缩小了词的范围。其结果,表现在对汉语词汇的看法上,自然会得出中国语是单音词占优势的一种结论⑨,表现在对语法的认识上,往往把构词法的问题,带到语句结构中去解决,增加了结构分析的复杂性。例如许多语法书中对语句结构的加语和补语,分析得异常琐碎,主要的原因就在于此。

我们认为词的构成(word formation)与仂语的构成(free construction)是不同的,是需要分开来研究的。词的构成比较固定,比方"想"、"吃"、"看"都可以加词尾"头"造成派生词"想头"、"吃头"、"看头",但"头"并不是可以随意加在任何词的后面的。而"红花"、"鲜花"等等,只要是意义配得拢的形容词就可以加在"花"上,可见仂语的构成的自由性是较大的。还有一些语言形式,它们的结构形式是很像的,例如:

(甲组)	(乙组)	
吃香	吃茶	吃饭
开夜车	开汽车	开火车
揩油	揩桌子	揩黑板

粗粗一看,甲组和乙组同样是动宾结构,但仔细分析一下,可以发现它们不同的地方。甲组的结合是固定的,一经结合起来,就有了新的含义,这种含义往往不是字面上可以推敲得出来,因而它们经常是不分开的;乙组的结合是比较自由的,它只是一种普通的动宾关系,从字面上可以了解它们的含义,因而可以任意配合。甲组固定结合的形式,可以说是词同仂语的中间物,它的比重是偏向于词的,如果我们为了简单化起见,不给它们立一个名称,我们不妨把它们认作词而归到构词法中去研究。

二

什么是构词法?构词法是语法学和词汇学的分界线上的一个部门。它是"研究如何从一个词根构成不同的词的学问。因为这里所指的是不同的词的构成,所以这一部门的研究是和词汇学相关联的。但是因为构造新词也应用表示语法范畴的那些附加成分的增添,音的替换之类,所以构词法也属于语法学,即属于形态学"。[⑩]

有人认为"中国语言里没有那么些繁复的'表意方法';在别种语言里有些要由'方法'来表示的意思,在中国语言里常是用'独立表意的成分'表示出来;更具体一点说,在别种语言里有些由词的'音变'或'附加成分'等方法来表示的意思,在中国语言里是用一个独立的'词'来表示,表意的方法少,所以文法容易"。[⑪]这是忽略了汉语构词法的特点,拿西洋语言中词的"音变"及"附加成分"来衡量中国语言的结果。如果不忽略汉语的特点,不难发现汉语的构词法是繁复的,多变化的,因而在汉语形态学的研究上有它的重要的位置。

汉语构词法的繁复性尤其表现在复合词上面。复合词大都是一个缩短的记号(当然,缩短的过程不一定能在语言史上找得出痕迹来,因为有时构词的过程即是缩短的过程);缩短的方式,是多种多样的。例如打鸟的枪缩成"鸟枪",用布做的鞋缩成"布鞋",洗脸的盆缩成"脸盆","雪白"是指像雪一样的白,而"瓦解"、"瓜分"又是如瓦之解如瓜之分的意思。但当它们缩成了词,研究它们的构成是构词法的范围。如果因为它们中间可以插进别的字而认它们为仂语,势必要归到语句的结构中去研究了。构词法与仂语的结构不宜混在一起研究,一方面由于词的构成比较固定而仂语的构成比较自由,另一方面也由于复合词的结构形式比较繁杂,仂语的结构形式比较简单。除此而外,还有一个重要的原因,把复合词与仂语混在一起,一方面增加了分析语句结构的困难,同时复合词中的有语法意义的形态,也将被我们忽视。

汉语的复合词究竟有哪些形态变化,还有待于我们去发现、去研究,这里我们不打算仔细谈。我们只举汉语复合词的垫腰的形态来作例说明。

王力先生在《词和仂语的界限问题》一文里已经承认"火车"和"铁路"是典型的复合词,而且认为"复合词在原则上应该是词之一种,它不应该是和词及仂语鼎足而三的东西。复合词实际上只是单词中的一种特殊的结构"。[12]可见他已经把词的范围扩大了。不过王先生还是坚持"放大"、"加深"、"做好"、"弄坏"这一类语言形式是仂语。理由是:(1)它们是由一个外动词加一个形容词或内动词而成的,这两种成分各有其重要性,前者表示一个动作,后者表示动作的结果,因此它们的变化的多样性是比英语的"使动词"丰富得多了。(2)就结构形式来说,外动词和形容词或内动词中间可以插进一个"得"字或"不"字,如"修得好"、"咬不破"等,假如把"修好"、"咬破"认为单词,对于"修得好"、"咬不破"就不好解释了。在我们看来,这个问题还值得讨论。汉语的"放大"不等于英语的 enlarge,"加深"不等于英语的 deepen,这是事实;这种语言形式的变化的多样性比英语的"使动词"丰富得多,这也是事实。但这种事实并不足以说明它们是仂语。也不能说,把它们认作单词,就把汉语的特征淹没了。问题在于:把它们当作仂语,这些特征就是语句结构上的特征;把它们认作单词,那就是构词法上的特征了。王先生以为这些语言形式中能插进"得"字"不"字,便否定它们单词的资格,我们却以为能插进"得"字"不"字是它们构词上的一种形态。"看见"与"听见"似乎没有一本语法书把它们当作两个词的,但它们当中可以加"得"或"不",由此可见能不能插进"得"字"不"字,并不足以作为区分词和仂语的标准。这些词当中插进"得"表示可能,插进"不"表示不可能,正是这类复音词的语法形态上的附加意义。我们认为不但"放大"、"加深"、"认清"之类的语言形式可以看作词,连"洗干净"、"看明白"也不宜视为例外。俞敏先生在这方面曾有所分析⑬,这里不细说了。有些语言学者担心把这类语言形式当作了词,词典的编辑工作将遇到很大的困难,因为不可能把这类词全部放到词典里面。事实上没有一本词典可以包括全部词的。这些垫腰的词儿既有一定的规律,词典也不必把它们完全收在里面。

汉语词儿垫腰的形式是多样的,每类的词因为垫腰的关系,都增加了附加的意义,这就是我们要从构词方面发现的形态。汉语词儿的形态变化也不只垫腰一种,其余如音变、重音、重叠、加头、接尾等都应该包括在内,这些形态变化可以统称为狭义形态。但必须指出:狭义形态并不就是汉语形态学的全部,而且,单拿狭义形态作为区分词类的标准是不够的。

有的语法学者,把形态学限制在词的屈折形式和音的变异的范围里,一方面又不承认"着"、"了"等等是词尾,因此得出了"词无类别"的结论;有些人承认"子、儿、头、着、了"等是词尾,但又以汉语单词形态变化不多为理由,取消了汉语语法中形态学的地位,以为汉语只有造句法这一部门,在区分词类的时候,就专从单个词的意义出发。其实,所谓词类,是结构中的类,词形有变化,一定与结构有关,这些变化不过是结构上的一种标记而已。能有标记,固然很好,没有标记,仍旧可以找出结构上的关系来。所以有没有词形变化倒不是主要的问题,有没有结构关系才是关键的问题。陈望道先生说过:形态变化多,也是组织;形态变化少,也是组织。如果说没有形态变化,就没有文法组织,那是错误的。比如开会,有些会上,主席团、来宾、纠察、招待都佩上红条子;也有些会上,参加的人,什么表征也不佩;那么我们是否能说:主席团等人佩了表征开的才是会;不佩表征开的就不是会呢?㉓"词类"这个术语是从西洋翻译过来的,原意是"言谈的部分"(parts of speech),因为译作"词类",不少人把它误解为结构之外的词的类别(word class)了。既然是"部分",就不能离开"全体结构";如果是指与结构无关的词类,那么尽管根据意义把词分成人物类、工具类、品德类等等,既与结构无关,怎么分法都无不可。

如果要从结构来看词的类别,我们就首先应该发现某些词与一定词之间有结合的能力,同时又排斥与另外一些词结合。例如有些词能与"一个"、"两只"、"三支"等结合,但不能与"了"、"着'、"起来"、"下去"等结合,也排斥与"十分"、"很"、"非常"等结合,便可以把它们归成一类;另一些词能与"了"、"着"等结合,但排斥与"一个"、"两只"等结合,可以把它们归在另一类。词与词的相互关系,词与词的结合,这就是广义形态。

广义形态与狭义形态并不是对立的,后者包括在前者之内。例如桌子、帽子、瓶子……它们有不同的意义,但有共同的形态,即带着词尾"子"字,所以我们可以把它们归在一类。如果要追问为什么有共同的形态"子"字就可以归在一类,回答是因为它们有与一定的词结合的相同的能力。所以形态是在结构中产生的,没有了结构,也就没有了形态。狭义形态只是广义形态的外面的特征罢了。如果离开了结构去找寻狭义形态,那么,形态的研究就会变成形式主义的研究,worked 与 worsted(毛织品)也可以归成一类了。

正因为如此,有些词虽然没有外面的表征,但是仍旧可以归类。英语中如 here、love、about……拿孤立的词来看,就无法决定它们的词性,但它们一经与别的词发生关系,就会属于一定的类别。有人说孤立的词也能归类,如茶杯、黑板,一听就知道它们是名词。其实一个孤立的词也有语法意义(如名词),那是因为先有结构关系,习惯了以后才具有的。事实上我们去理解孤立的词,总是把它放在一定结构中去,我们说话时心理上的预期,就可证明这点。有人说了个"红",下面接着说"花"、"灯"、"纸"等都是我们预期的,如果他接着说"跑"、"跳"之类,我们就会觉得好笑,因为这不是在我们预期之中。茶杯、黑板……的经常用法是名词,但在"饭碗也而茶杯之"之中,"茶杯"就不是用作名词了。正因为这类用法在现代口语中极少见,所以我们对于茶杯、黑板的隐含的形态的预期总是正确的,但我们不能因此便误认孤立的词可以分类。

三

有些语法学者把词在语言组织中所能担任的职务,所能起的作用,叫作"功能"。他们所指的功能,显然有两个内容:一种是词与词结合的能力,一种是词在句中的职位。就前者说,这种功能和我们所提出的广义形态是分不开的。因为功能是要由形态表现出来的,有一种功能,就有一种形态,功能与形态是两个相关的概念。例如"书"能与"一本"结合,"茶"能与"一杯"结合,"墨"能与"一块"结合……这种结合能力的表现,就是形态,而数量词与名词的互相依附,互相对应的交互关系,就是功能。所谓功能,也就是形态的属性。这种形态和功能,正是汉语中区分词类的主要标准,也是我们形态学研究的重要内容。至于词在句中的职位,对词类的区分只能起辅助的作用,不能与前者混为一谈。为什么呢?大家知道:词类的区分是属于语言材料的研究范围的。单词的形态变化,词和词的相互关系,词和词的结合,这些都属于语言材料的研究,一旦用这些材料构成了句子,那就超越了语言材料的范围,因而在析句的时候,非得另用一套术语(主语、谓语等)不可。研究对象的不同决定"双轴制"的存在,我们之所以说"词类是结构中的类",而不说"词类是句子中的类"的理由也在于此。那么,词在句中的职位对词类区分为什么又可以起辅助的作用呢?因为句子的成分是由一定的语言材料担当的,两轴之间当然有密切的关系(例如用作句子的主语、宾语的主要是名词或代词等),这种关系可以帮助我们辨认词性,不过不是主要的标准罢了。为什么我们要强调这一点呢?因为以往有些语法学者以为汉语的特点是词不能离开句子来分类,"依句辨品,离句无品"的论点相当地深入人心,甚至在原作者修正了这个说法之后,还有人肯定它,认为"有见地";而一方面,曾经有人提出过"一线制"的主张,把词的分类与句子的成分的分析混为一谈,把复杂的语言事实凭主观意图加以简化。果真如此,词类只是句子成分的别名,所有的词只须分成主词、宾词、表词、述词之类就行了,这显然是不符合语言事实的。

在词类的区分问题上,叶斯柏森给中国语言学者的影响最大。他的研究方法是两条线的:一方面以孤立的词作对象,从孤立的词的形态上归纳成若干类,另一方面从词与词的连接关系来研究,把结构中的词分成若干品。前者的研究是从形式出发,从相同的形式去探求相同的意义;后者的研究则从意义出发,从相同的意义去探求相同的形式,他的意图在使两条线的研究最后合在一起。把词典中的词与结构中的词对立起来,让它们自然去汇合,这种研究方法本来是有问题的,不过因为西洋语言狭义形态较丰富,所以还不容易看出缺点来。有些语法学者把叶斯柏森的学说介绍到中国来,首先碰到的困难是单词的屈折形式与语音变化太少,于是就以意义作标准来区分词类,结果分出来的类并无多大实用价值,因此便得出词的分类在汉语中不重要的结论。

  叶斯柏森又把词在结构中的功能凭意义分成三品。例如在"极热的天气"里,"天气"是一个特殊的首要的概念,称为首品;"热"是限制"天气"的,称为次品;"极"是限制"热"的,称为末品。又以为名词代词以用于首品为常,形容词动词以用于次品为常,副词则用于末品。如果只就首品、次品、末品之间的限制与被限制的关系来说,分品并没有什么不妥当,而且还是符合我们的语感的;但是我们已经有了中心成分与附加成分的名称,似乎不必再来一套首品次品的说法了。如果要把"品"的词性固定下来,在汉语里遇到的困难就更多。例如次品不一定是形容词或动词,而经常是名词,像"木头房子"的"木头",它本身的形态已经说明它不是形容词,而是名词。又如末品不一定是副词,像"笑着说"中的"笑着"就很难说它是副词。而这种类型又是常见,不能算是特殊的情况。

  叶斯柏森不但要用三品说来说明词与词的连接关系,而且要把它用于句子结构的分析。例如在"这只叫得厉害的狗"与"这只狗叫得厉害"中,"狗"都是首品,"叫"与"这只"都是次品,"厉害"都是末品。这一规定是主观的,句子的两项性是句子的特点,但我们很难决定主语与述语哪一个重要。又如在"我喝茶"中,"我"

和"茶"都是首品,"喝"为次品。这个规定也是主观的。为什么要这样规定呢？因为叶斯柏森既把"品"与"词性"的关系固定下来,又企图把语言材料的研究与句子结构的研究打通在一起,宾语既然是名词,就不能不是首品。然而他所谓"首品",是从意义来分的,含有"重要的"与"特殊的"的意思,我们实在看不出宾语和动词之间哪一个重要些。像另一位西洋的语言学者 Bloomfield 对"喝茶"这种语言形式,却认为"喝"是主,"茶"是从。王力先生过去既采取了叶斯柏森的三品说,也采取了 Bloomfield 的说法,把动宾结构中的动词认为比较重要,因此他的体系就更复杂,而矛盾也就难免了。

我们不难看出叶斯柏森有下列两点错误：第一,从意义出发解释语法现象；第二,"对语法的主要部门——形态学和句法——的特点没有明确的定义,因之,对它们的区别也没有划分清楚的界限"。[15]斯大林说："语法的特征就是它的概括性。""语法把词和语加以抽象化,而不管它的具体内容。"[16]可见依据意义来规定的首品、次品、末品是欠妥的。斯大林又说："语法(形态学、句法)是词的变化规则和用词造句的规则的综合。"[17]形态学与句法是密切联系的,"如果把词典里词的类别和句子里词的类别搞成各不相关的两套,那就违反了词法和句法综合的原理"。[18]同时,我们也须认识形态学与句法各有它们特定的研究范围,前者以词类为中心,后者以句子要素为中心,两者不容混为一谈,否则不是"综合",而是"混同"了。

汉语的形态学应该是怎样一个范围呢？要解答这个问题,先要看我们语言中词类的区分究竟以什么做标准,因为形态学是以词类的研究为中心的。我们在《谈词的分类》[19]一文中已经提出,汉语词类区分的标准是广义形态；因此,广义形态包含的内容,就是汉语形态学的内容。

附注

① 《中国语文》,1954年4月号,第3页。
② 陆志韦《北京话单音词词汇》,第12页。
③ 同②,第1页。
④ 吕叔湘《语法学习》,第2页。
⑤ 《科学通报》3卷7期,李荣《汉语的基本字汇》。
⑥ 王力《中国语法理论》上册,第55—56页。又,王先生在《中国语法纲要》第22—24页中,认为"香菜"和"苦菜"各成为一菜的专名,所以是借仂语形式来构成的词;而作为专名之一的"马车",却又因为中间可以插进别的字而认为它是仂语,这就很难自圆其说。
⑦ 王力先生的仂语实际上是包括复合词(compound words),固定结合(formula)和自由结合(free constrnction)三类的。
⑧ 《中国语法纲要》,第33—34页。
⑨ 王力《中国语文讲话》,1951年版,第2页。
⑩ 《语法·语言的语法构造》,人民出版社,第18页。
⑪ 何容《中国文法论》,第22页。
⑫ 《中国语文》,1953年9月号,第4页。
⑬ 《汉语动词的形态》,《语文学习》,1954年4月号。
⑭ 倪海曙《语文点滴》,第38页。
⑮ 同⑩,第30页。
⑯⑰ 《马克思主义与语言学问题》,第22页。
⑱ 曹伯韩《语文问题评论集》,第147页。
⑲ 《中国语文》,1954年2月号及3月号。

(原载《中国语文》1954年第8期)

谈词的分类

词类的区分是我国语法学界争论得最久的问题之一,也是语法学者意见最分歧的所在。自《马氏文通》以来,辑印成书或散见报章杂志的语法著作也不算少了。任何一本书或一篇文章似乎都各有一套分类办法:有的名称相同而内容相异,有的内容相同而名称不同。至于类目,少的八类、九类,多的竟至二十三类。① 给初学者带来了不少的困难。

为什么会有这些混乱的现象发生呢?这就不能不考察语法学者对于区分词类这一问题的根本看法了。一般说来,语法学者对词的分类,有两种不同的看法:有的认为词的分类,是汉语语法研究中很重要的一环,陈望道先生说过:

> 普通文法都把研究的范围划成两个部门,一个可以叫做词论,一个可以叫做句论。词论也有一些人称为语论或单语论(从分解方面看,就是"分部"论);句论也有一些人称为措辞论或连语论(从分解方面看就是"析句"论)。句论的内容在不同的语文当中也没有极大的差异,大概可以挪借;词论的内容则彼此可以有极大的差异,非自己设法解决不可。研究任何一种语文的文法,都不能不拿它当做第一个难关打。②

从这一段话里,我们不难看出他对区分词类的态度。

与此相反,有些语法学者,如王力先生以为:"这二三十年来,中国语法学家所争论的全是词的分类问题和术语问题。例如中国的词该分为几类,'所'字该不该归入代词,'出''入''居''住'

等字该不该称为'关系内动词','有''在'等字该不该认为'同动词'等等。这样,所争论的只是语法的皮毛,不是语法的主要部分。"③吕叔湘、朱德熙两位先生说:"区分词类,是为的讲语法的方便。"④吕朱两位先生认为汉语的语法只有造句法这一个部分,在说明句子结构的时候,给结构中的成分的建筑材料以一定的名称,讲起来比较方便。他们都认为词的分类在汉语语法研究上没有什么重要性。

我们认为词类是我们语言中客观存在的东西。区分词类,是为了把这些客观存在的东西分门别类地找出来。斯大林告诉我们,词汇是语言的建筑材料。不能设想不好好地清理和区分建筑材料就能顺利地进行建筑工作。应该指出:汉语有词类的分别是肯定的,区分词类在语法研究中的重要性也是肯定的。当然,"不同的语言可以有不同的词类,各种语言的词类的种类也可以不相同。"⑤如果我们的语言与其他语言具有不同的特点,我们就不能借用别种语言的"类"来装我们的"词";否则,就是削足适履。这也就是说,研究一种语言的语法,不仅要明了这种语言和其他语言的共同之点,尤其要找出这种语言的特殊之点。王力先生以注意汉语特点知名,他对汉语语法的研究,贡献很大,唯独对于区分词类这一点,似乎没有把它的重要性提到应有的高度。吕叔湘、朱德熙两位先生一方面承认词类区分在语法理论上很重要,一方面又说在实用上并不是语法的最重要的部分,⑥把理论和实用看成两回事,自然也就不会引起他们的兴趣了。

为什么有些语法学者会低估区分词类的意义呢?问题就出在分类的方法上,他们把孤立的词拿来作分类的对象。拿孤立的词来分类,在综合性的语言里,是行得通的(当然不是说只依靠这一种标准),因为综合语有单词的形态变化。例如英语:glory, glorious, gloriously这三个词代表的是同一个概念"光荣",可是有三种不同的样子:区别在词尾上,第一个是名词,第二个是形容词,第三个是副词。凭着不同的形态,我们可以把它归类。我们的语言里,单词的形态变化比较少,单拿形态作为区分词类的标准是不够的。那么拿孤立的词来作为分类的对象,除了以意义作标准外,似乎别无其他办法了。

然而,拿孤立的词作对象,以意义作标准去区分词类,不可避免地要发生许多的困难。例如:"同是一个'人'字,'人其人'的第二个'人'叫做名词,第一个'人'叫做动词,'豕人立而啼'的'人'叫做副词……同是一个'云'字,'江东日暮云'的'云'叫做名词,'香雾云鬟湿'的'云'叫做形容词,'天下云集响应'的'云'叫做副词。"⑦这样不是要得出词无定类的结论吗?为了避免这一点,语法学者就有词的"本性"、"准性"、"变性"的规定。"所谓本性,是不靠其他各词的影响,本身能有此词性的;所谓准性,是为析句便利起见,姑且准定为此性的;所谓变性,是因位置关系,受他词的影响,而变化其原有词性的。"⑧然而,我们要问:不靠其他各词的影响,这个词本身的词性从哪儿来的呢?比如说"人"字和"云"字,按照王力先生的说法,本性该是名词了。可是,在这两个孤立的词上面,我们实在找不出任何形态告诉我们它们是属于名词这一类的。事实很明显:说它们的本性是名词,只是根据它们的意义来决定。在这一点上,高名凯先生的话可以帮助我们来说明:

> 我们实在找不到在"山""水""鱼""人"等词里到底哪一部分的语音形式告诉我们它们是属于名词之类的。这里并没有一种指明名词意义的特殊形式。"山""水""鱼""人"当然都有意义,但这些意义只限于说明它们是"山"、是"水"、是"鱼"、是"人",并没有说明它们是名词。要知道,认为这些词是名词,还需要在"山""水"等的意义上加上一个"名词"的意义,而要指明它们是"名词",就需要特别指明这意义(名词)的形式。⑨

退一步说,即使我们假定一个孤立的词,可以依照它的意义来分类,仍然会碰到难以解决的问题的。例如"有些词如'腐烂''亲热''清醒''麻木'竟不容易决定它基本上是形容词还是不及物动词。"[10]为什么难以区别呢?加尔基那·非多卢克告诉我们说:"人类的思维把人类所认识的现象加以抽象化,加以综合,加以归类。同是一个事物,从实体的角度来看是一个东西,从其动作的角度来看,就是动作,从其具有的性质来看,就是一种特性。再把各不同现象的实体综合起来,就有'实体'的概念,也就有了名词;把各不同现象的'动作'综合起来,就有'动作'的概念,也就有了动词;把各不同现象的特性综合起来,就有'性质'的概念,也就有了形容词。"[11]从这段话里,我们可以理解:同一事物,由于观察的角度不同,也就有不同的结论。"动作完成便变成状态","一种动作没有实际出现只是一种可能实现的事情,那么也就成为一种性质",动作和状态"不是邈不相关的两回事,事实上是息息相通的。"[12]这就说明了不在形态上着眼,尽管在意义上兜圈子,问题是难以解决的。下面的例子也足以说明单从意义来辨认词性的不可能。如"狗叫"和"狗的叫",在意义上看,两个"叫"指的是同一客观事实,应该属于同一类了,但如果我们说它们没有分别,都把它们看作一种动作,那总有几分勉强吧!

以孤立的词作对象,专从意义上区分词类,即使区分出来,也没有多大的实用价值。例如"光荣的中国人民"和"中国人民的光荣",在英语里,前一个用形容词 glorious,后一个用名词 glory,知道它们的区别,用起来就不会错了。汉语单词的形态变化不多,两个"光荣"在词形上同是一种写法。不从形态上着眼,孤立地把它们分类,分只管分,实用价值也就不大。又如名词,语法学家把它列为实词,因为它的意义是很实在的。至于代词,有些语法学家认为它本身是虚词,而它所替代的却是实词,因此可认为半虚词。⑬半虚词是虚的成分多过于实,那么它自然是偏向于"意义比较空灵"的虚词了。我们知道,从词的形态上看名词和代词是很近似的。第一,都可以作主语、宾语;第二,后面大多可以加"们",等等。⑭如果专从意义上看,就会把它们一个放在实词里,一个放在虚词里;因而在实用上,对我们也就没有什么帮助。

词类的区分是重要的,苏联汉学家德拉贡诺夫在他的著作《现代汉语语法研究》中说:"词类是语法系统的中心,它也影响到词的组成和各种句型。不用词类去了解汉语的结构特点是不可能的,要说明汉语语法也就不可能。"⑮这几句话正确地、充分地估计到我们语言里词类区分的意义。然而单词形态变化不多的汉语,却必须从结构上来区分,从词和词的相互关系,词和词的结合上来区分,即是说从形态学上来区分。"词类是由一定的形态学标记表示出来的词的种类",⑯不以孤立的词作分类对象而以结构为对象,不从意义上着眼而从形态上着眼,这样分出来的词类,才"可以说明语言的组织,暗示词的用法",⑰因为"研究词的分类就是为了研究语言的组织,为了把文法体系化,为了找出语言组织跟词类的经常而确切的联系来"。⑱

那么,什么是形态呢?形态有广狭两种意义,狭义的形态,是指单词的接头接尾而言,例如英语名词的多数要加 s(a boy, two boys),动词有"时"的变形(work, worked),形容词有比较变形(high, higher, highest),代名词有"性"的分别(he, she, it)、位格的分别(he, his, him);又如:有-ty,-ry,-ce,-ness,-tion,-ment,-or,-er 等词尾的是名词,有-al,-el,-is,ful,-ish,-ous,-ive,-able,-ible 等词尾的是形容词,有-en 词尾的是动词,有-ly 词尾的是副词,像这些词尾,附在词的后面,以表示它们的词性,我们一看就看出来,这就是狭义的形态。广义的形态,除了单词的形态变化外,还包括词和词的相互关系,词和词的结合,语词的先后次序,等等。这种广义的形态,却不能够从孤立的词的身上找出来的。

汉语有没有狭义的形态?我们的回答是肯定的。像"子"、"儿"、"头"似乎没有人不承认它们是词尾了。有这些词尾后附着的,也没有人不承认它们是同类词了。但问题不在这里,问题在于一个词后附了这些词尾,能不能影响到它词性的分别。在这方面,高名凯先生以为是不可能的。他说:"汉语当然也有形态,'白面'的后面加上'儿',成为'白面儿'(海洛英),'儿'是形态,但没有使这个词起词类的分别。"[19]当然,就这个例子来说,加不加"儿"对词性是没有影响的,但是,像:

活——活儿(工作)

胖——胖子 瘦——瘦子 疯——疯子 呆——呆子 辣——辣子

看——看头 想——想头 苦——苦头 吃——吃头

这些,加不加"子"、"儿"、"头"它们的词性就不同了。我们实在不能够不承认这些就是"使语法范畴(狭义)起变化的形态",[20]同时也不能否认这些形态可以给我们区分词类以帮助。然而,我们也必须承认这种帮助是不够的。因为在汉语中,单词有形态变化的毕竟是少数,不足以作为汉语区分词类的主要标准。也正因为如此,使得我们不得不求助于广义形态。方光焘先生说过:"我认为词与词的互相关系,词与词的结合,也不外是一种广义的形态。中国单语本身的形态既然缺少,那么辨别词性,自不能不求助于这广义的形态了。"[21]这种看法是正确的。

怎样从广义的形态中去区别词类呢?比方我们可以说:

一个人 两块墨 三支笔 四本书 五杯酒

也可以说:

这个人 那块墨 那支笔 这本书 那杯酒 这种道德

那种思想　某种工作　一次战争

在这里，"人"、"墨"、"笔"、"书"、"酒"既然可以和"一个"、"两块"、"三支"、"四本"、"五杯"相结合，又可以和"这"、"那"相结合；"道德"、"思想"、"工作"、"战争"可以和"这种"、"那些"、"某种"、"一次"相结合，当然可以列入同一语法范畴，确定它们属于同一词类。假定说，就叫它名词，那么，前面可以加"一个"、"这个"、"这种"等等就是名词的形态。我们凭着这种形态，知道"一个"、"这个"、"这种"等等后面的词就是名词。这就是从词和词的相互关系，词和词的结合上去区分词类。自然，名词的形态不是只有这么一种，而且，"一个"的后面也不全是名词。这就需要我们仔细去体会。例如："唱一个痛快"、"打他一个半死"，这里的"痛快"和"半死"就不是名词。有什么办法去区别它们呢？我们可以求助于另一形态来解决。第一，我们可以说"一个人"，也可以说"九个人"，却不能说唱"五个痛快"、"打他十三个半死"；第二，我们可以说"一个人"，也可以说"这个人"或"那个人"，但不能说"唱那个痛快"、"打他这个半死"，那么区别就很明显了。

其次，有一些词，它的形态特点是：1. 前面可以和"不"、"会"、"能"、"敢"、"该"等相结合；2. 后面可以和"了"、"着"、"过"、"起来"、"下去"、"过来"、"过去"等相结合；3. 可以重叠。单音词重叠后，中间也可以加上"一"；双音词重叠的形式是叠词而不是叠字。例如：

　　敢说　不笑　能跑　会跳　该唱　该休息
　　说着　笑了　跑过来　跳下去　唱过　休息过
　　说说　笑笑　跑跑　跳一跳　唱一唱　休息休息

如果我们把这类词叫作动词，那么上面所说的形态，就是动词的形态。②凭着这种形态，我们就可以认清"说"、"笑"、"跑"、"跳"、

"唱"、"休息"都是动词。

有些语法学者把"能"、"敢"、"会"、"肯"等也认为是动词,陆志韦先生说"动词的宾位可以不用名词或形容词。例如:'想吃饭''天会刮风''我能变'。"③吕叔湘朱德熙两位先生说:"'能''会''敢''肯'这些,都是地道动词,能单独做谓语(如'我会''你能''他肯''你敢?'),但是因为它的宾语老是另一个动词,我们就觉得它们是一个结合体,是一个单位。"㉔这种说法,我们以为还可以讨论。这几个词固然前面可以加"不",说成"不能"、"不会"、"不敢"、"不肯",但后面却不能加"过"、"着"等等,说成"能过"、"敢着",也不能重叠说成"能能"、"敢敢"、"会会"、"肯肯"等。如果说它们能单独作谓语,因而取得了动词的资格,那么"一定"、"不"也能单独作谓语(如"我一定"、"他不"),我们总不能把它们认作动词吧?

还有一些词,前面可以和"真"、"十分"、"非常"、"很"结合,后面可以和"极了"、"得很"结合;有的可以重叠,单音词重叠以后,一般要加上词尾(如"儿"、"的"等),双音词重叠的形式是叠字而不是叠词,例如:

快——真快 十分快 非常快 很快 快极了 快得很 快快的 快快儿

光荣——真光荣 十分光荣 非常光荣 很光荣 光荣极了 光荣得很

干净——真干净 十分干净 非常干净 很干净 干净极了 干净得很 干干净净

如果我们叫这类词作形容词,那么这些就是形容词的形态,我们可以把它们划归一类。

应该注意,动词中少数表示心理活动的,如"想"、"爱"、"怕"等,它们的形态跟形容词有许多相同的地方。如前面可以加"十分"、"很",后面可以加"得很"等。"想"、"爱"一般用作及物动词,后面通常都带宾语;如果不带宾语,往往是承前省略。只有"想得远"、"想不明白"之类的说法,可以不带宾语,但它的后面接了"得"或"不"再接形容词,这是动词特有的形态。"怕"带宾语时是动词,不带宾语一般是形容词,在"怕得厉害"之类的说法,则是动词。

有些语言形式,按其结构来说,是动宾结构(如"伤心")或主从语(如"孩子气"、"可恨"),按其性质来说,却只等于一个形容词。怎么知道呢?张志公先生说:

> 一般说来,描写句的表语一定得是性状词(按:性状词相当于一般所说的形容词),或是以性状词为主要成分的短语。但是有些短语,虽然里面不包含性状词,或者虽有性状词而不是主要成分,但整个的短语在意义跟作用上却和性状词一样……事实上都已经结合得很密切,我们平常简直就拿它们当作词来用了;所以凡属这类习惯的短语,都可以作为描写句的表语。⑥

张先生这一段话,并没有说出所以然来。我们要问:既然这些短语里面不包含形容词,或者虽有形容词而不是主要成分,为什么整个的短语在意义跟作用上却和形容词一样呢?为什么别的短语例如"吃饭"、"读书"又不同了呢?单从意义上着眼,就很难说得明白,如果从形态上来解释,就比较简单,因为这几个结构具有和形容词一样的形态:

伤心——真伤心 十分伤心 非常伤心 很伤心 伤心极了 伤心得很

孩子气——真孩子气 十分孩子气 非常孩子气 很孩子气 孩子气极了 孩子气得很

再拿吕叔湘、朱德熙两位先生所提出的那四个"不容易决定它基本上是形容词还是不及物动词"来看一看,是不是可以从形态上来认识它们呢？可以的。"腐烂"只能是动词，因为它可以和"着"、"了"结合。例如：

> 那块肉在腐烂着，发出了臭味。
> 那块肉腐烂了，把它丢了吧。

它不是形容词，因为它不能和"很"、"真"、"十分"、"非常"、"极了"、"得很"相结合，说成"很腐烂"、"真腐烂"、"腐烂得很"、"腐烂极了"等等，它同"腐化"、"腐败"不是同一词性的。

至于"亲热"、"清醒"、"麻木"，可以用作动词，也可以用作形容词，区别它们的词性，仍然得从形态上着手。例如：

> 我们该亲热亲热。（动词）
> 他们两个人亲热得很。（形容词）
> 他的头脑清醒过来了。（动词）
> 他有很清醒的头脑。（形容词）
> 两只脚麻木起来了。（动词）
> 他是一个非常麻木的人。（形容词）

可见，拿孤立的词作对象，单以意义作标准而不着眼于形态去区分词类，是随处都会遭遇到困难的。

还有一些词，如"啊"、"唉"、"喂"、"嗯"等等，它们的特点是：在大多数的情况下，没有和其他的词结合的能力，因而在句子里也常常居于结构之外，似乎没有形态可言了。我们凭什么去决定它们的"类"呢。其实，它们仍然有形态，这种形态，可以叫作"无形态的形态"，就凭着这一特点，替它们归类。

应该特别申明，以上所说的只是我们对区分词类的一种看法，上面所提到的形态仅仅是一种举例的性质，当然不是完全的，提出形态之后给每类词一个名称，也仅仅是为了说明的方便。汉语的形态到底有多少？汉语的语词应该分多少类？我们现在还不能回答这个问题。如果上面所说的原则可行的话,那就希望语法学者能够在这方面共同努力,把形态找出来,"凭形态而建立范畴,集范畴而构成体系",㉖那么,对词类就有一个合理的区分了。

另外有一些语法学者,以为词不用在句中便不能分类。黎锦熙先生就是这种主张的代表人。他在《新著国语文法》中说"凡词,依句辨品,离句无品";㉗又说:"国语的九种词类,随它们在句中的位置或职务而变更,没有严格的分业。"㉘黎先生不承认孤立的词有分类的可能,这是很对的。但是说:"凡词,依句辨品,离句无品",就不妥当了。"依句辨品"是说一个词只有在句子里的时候才有品,"离句无品"是说一个词离开句子而独立的时候是无品可言的。其实词类的区分,应该属于语言材料的研究范围。单词的形态变化,词和词的相互关系,词和词的结合,都没有超越语言材料的领域,一旦用这些材料构成了句子,那就进入语言行动的范围。析句的基础是建立在逻辑上的,因此析句所用的术语如主语、谓语、附加语等等也就是逻辑的术语。语言材料与句子成分所以要有两套术语,是因为研究对象不同的缘故。我们不主张从句子去区分词类而主张凭形态区分词类的理论基础,也正在这里。其次,语言的客观事实也替我们作了很好的说明。前面说过,"一个人"、"三个苹果"、"好得很"、"笑着"这些都不是句子,但我们却可以依据词和词的结合上来区分它们的词性。再说,如果真是"离句无品"的话,谈词类举例也只好举整个句子了,可是《新著国语文法》在名词的类目之下是单举"桥"、"太阳"作例子的;在形容词的类目下是举"'一座''长''桥'""'那个''温和的''太阳'"作例子的。既是离句无品,又从何知道"桥"、"太阳"是名词,"一座"、"长"、"那个"、"温和的"是形容词呢?最近黎先生对这种说法,已经作了很重要的修正。㉙

我们反对词不在句中便不能分类的说法,并没有否认分析句子的成分与区分词类两项工作之间的密切关系。因为句子的成分是需要一定的建筑材料来担当的。在这里,先得提出一个问题来讨论。

吕叔湘、朱德熙两位先生在《语法修辞讲话》里,认为动词和形容词都可以作主语、宾语。例如:

> 慢是好的,可不要太慢。(形容词作主语)
> 不懂就是不懂,不要装懂。(动词作主语)
> 不怕热,只怕冷。(形容词作宾语)
> 地主怕斗争。(动词作宾语)

赵元任先生在《北京口语语法》里也认为动词可以作主语。例如:

> 打是疼,骂是爱。

中国科学院语言研究所语法小组的《语法讲话》里也认为形容词与动词可以作宾语。例如:

> 我们不怕艰难困苦。(形容词作宾语)
> 他喜欢游泳。(动词作宾语)

黎锦熙先生却有不同的看法,他说:

> 近来讲语法的曾有一说:"词的基本意义不变,所属的类也不变",这个原则……从句子结构的"成分"上看,可是行不通的,因为(1)吕著第二讲"词汇"已规定"危险""残余""困难"等由形转名、"决定""报告""发明"等由动转名"真正的词性转换"的例,词的意义完全未变,但在句子的成分上是必要转变为名词的;(2)而在这里的原文上说,"假如意义不变而地位变了,就要看这个变化是一般的和特殊的",这"一般"和"特殊"就不容易定标准……不如干脆一句话;凡用为"主语"以及"宾语"和"是"字的"补足语"的,无论什么东西,一律都是"名词性"。……不这样让它"转"也是不可能的,因为像主语等等骨干成分最常用的既是"名词",名词本身又已有"有形""无形"(抽象)之分,则其他词类或短语子

句之流,用为句子的骨干成分时,就很有说明这句话——转成了"名词性"的需要。这样才使对于主语等等骨干成分纵非名代,总能认为是样东西,一种"实体",对于句法中的重点易于掌握,观念集中些,凝定些,统一些,有益于认识语法的基本规律和思想上正确的表现规律。⑬

上面引的这一段话,除了所谓"转"以外,其余都是很精当的。我们以为可以直截了当地说,用作主语、宾语的都是抽象名词;动词用作主语或宾语,就是把这种动作看作一桩事件,那它就是事件的名称;形容词用作主语或宾语,也就是把这种情形看作一个名称。例如上面的"慢"、"热"、"斗争"、"游泳"等等,都不是表示一个动作或一种情状,而是动作或情状的名称了。

这个问题解决了,我们就可以注意我们的语序了。汉语的语序,一般说来,主语在前,谓语在后;动词在主语之后,宾语在动词之后,附加语在被附加的语词之前,补语在被补充的语词之后,根据这些语序,再根据句子成分与语言材料的关系,便能帮助我们辨认词性。比方说,用作主语、宾语的是名词或代词。

  张三买了一本书。(名词)
  我批评了他。(代词)

用作动词的补语的经常是动词或形容词。

  我把房间打扫干净了。(形容词)
  他气得发抖。(动词)

凭着这些,对词类的区分是有些帮助的作用的。应该说明的,这不过是一种辅助而已,区分词类,还应该以词和词的结合,词和词的相互关系为标准。

凭形态来区分词类,过去语法学者也并不是没有这样做的,不过没有把它当作唯一的标准罢了。事实上主张凭意义来区分词类的人,碰到实际困难的时候,往往不得不求助于形态来解决。

王力先生是坚决主张凭意义作分类标准的,他说,"中国语里词的分类,差不多完全只能凭着意义来分",^①但当他区别数词和形容词时却又说:

> 我们不能认数目字……为形容词之一种,因为形容词能单独用为谓词,而数目字不能("桃花红"成话,"桃花三"不成话);数目字能带单位名词,而形容词不能("三朵桃花"成话,"红朵桃花"不成话)。依我们的意见,数目字在概念的范畴上既不和代词相同,在语法的用途上又和形容词有异,索性把它们认为独立的一类,至少对于中国语是可以说得通的。^②

吕叔湘、朱德熙两位先生在《语法修辞讲话》里也说:

> 大多数动词和形容词能用作某些动词的宾语,如"不怕打击"和"贪图方便"。这是动词和形容词的一般性质,就不必说"打击"和"方便"已经变成名词。但是在"给他一个重大的打击"和"给他种种方便"里,一方面"给"字是寻常不用动词或形容词做宾语的动词,一方面"打击"前面有"一个","方便"前面有"种种",这不是一般动词和形容词所能有的格式,就应该承认"打击"和"方便"已经变成名词。

> 大多数形容词都能加"了"字表示某种性质或状态的产生,如"脸红了",这个"红"不必说是动词。但是"把脸一红,扭头就走"和"从来没红过脸"的"红"是一般形容词所不能有的格式,就应该承认它已经变成动词。

从上面引用的话里,我们不难看出他们利用形态来辨认词性的地方,这也证明了离开了形态这一标准,区分词类是会碰到困难,或者竟是不可能的。

从结构中区分词类,凭形态决定词性,也就没有了词的"本性"、"变性"等等的麻烦了。上面说过,我们语言中的单词,形态变化不多,孤立的词,我们一般无法认识它们的词性,那么,词的本性从哪儿来的呢?凭意义吧,没有任何形态而有赤裸裸的意义,那只是唯心的说法;凭运用的次数的多少吧,那也只能说明这个词常是作某一类词用,并没有本性与变性的分别。词类是结构中的类,离开了结构,自然是无类可言的。有人问:这样一来我们的词典里就不能标明词类了?不,我们可以根据这个词的经常用法,标明它经常作某种词用,举几个例子说明它,也就不会有什么不妥当了。比如"慢"这个词,最常见的是用在"慢车"、"走得很慢"的形式里,我们不妨在词典里注明它经常作形容词用,但不能说形容词是它的本性。因为一个孤立的词,不可能有它的本性的。

我们一再强调区分词类应以形态为标准,是不是完全排斥意义呢?不是的。我们排斥的是那种具体的特殊的意义,因为这是语义学的研究范围,至于抽象的一般的意义,正是我们所极端注意的,不过这种意义,并不体现于孤立的单词上,而是体现于词和词的结合、词和词的相互关系之中。所谓语言的形态,就是表意的结果,而语言的"意",又是体现于形态之中。"文法学是以形态为对象的,是要从形态中发现含义。"⑧何容先生在其所著《中国文法论》里,把各种语言的表意方法,分成词的顺序、词的结合、重叠、音变、重音和声调、依附成分六种,这六种都是我们所说的形态,可见形态和意义是密切联系着的。

词类,是语言中客观存在的类,是语言自身表现出来的类。语言自身怎样表现出"类"来呢?就是从形态上表现出来。所谓某一类词的形态上的特征,也就是从形态上表现出来的它们的共同之点。例如说:"我说"、"我吃"、"我笑"、"我走"把四个不同的词和同一个词结合起来,它们有一定共同的意思,这就可以看出这四个不同的词应该属于一类;说"我裤"、"我路"、"我腿"、"我船"便没有确定的意思,这就可以看出这四个不同的词和"说"、"吃"等不属于一类;再把这四个词和另一些词结合起来,如"一条裤"、"一条路"、"一条腿"、"一条船"便也有一点共同的意思,这就可以看出它们是属于另一类。要是再把"说"、"吃"等四个词也和"一条"结合起来而成为"一条说"、"一条吃"、"一条笑"、"一条走",也便没有确定的意思。再把"说"、"吃"等和"着"(了、过)结合起来而成"说着"、"吃着"、"笑着"、"走着",这又有一点共同的意思。再把"裤"、"路"等和"着"(了、过)结合起来成为"裤着"、"路着"、"腿着"、"船着"便又没有确定的意思。因此我们肯定"说"、"笑"、"吃"、"走"是一类,"裤"、"路"、"船"、"腿"又是一类。我们说词的类是从语言自身的表意方法上表现出来的,或者说各类词都有其形态上的特征以别于其他类词,就是这个意思。

单从意义方面说明各类词的分别,是不容易说明的。说名词是表实体的,其中却又有表"虚体"的抽象名词;说动词是表动作的,其中却也有不表动作的而表存在的动词(如"有"、"在"等);说形容词是表性状的,其中却有表数目的,给各类词一个恰当的定义是很困难的。如果着眼于形态,把形态归纳起来,给各类词定出一个界限,不只有它的实用价值,就是久悬未决的词类的区分问题,也可以迎刃而解了。

附注

① 《马氏文通》分词为九类,赵元任《北京口语语法》分为十一类,黎锦熙《新著国语文法》分为九类,吕叔湘、朱德熙《语法修辞讲话》分为八类,王了一《汉语的词类》(《语文学习》1952年4月号)分为九类,中国科学院语言研究所语法小组分为十一类(见《中国语文》1952年8月号《语法讲话》),高名凯《汉语的语词》(《语文学习》1952年3月号)分为二十三类,最近高先生又认为汉语的实词没有名、动、形、副等词类的分别,见《中国语文》1953年10月号《关于汉语的词类分别》。

② 见《中国文法革新讨论集》,86—87页,方光焘先生也有同样的看法,见同书,第57页。

③《中国语法理论》上册,第 4 页。
④《语法修辞讲话》第一讲,第 10 页。
⑤《中国语文》1953 年 5 月号,第 31 页。
⑥ 同④。
⑦ 同③,第 45 页。
⑧ 王力《中国语文讲话》,第 43 页。
⑨《中国语文》1953 年 10 月号,第 14 页。
⑩ 同④,第二讲,第 39 页。
⑪ 同⑨,第 13 页。
⑫ 吕叔湘《中国文法要略》上卷,第 92 页,第 95 页。
⑬ 王了一《中国语法纲要》。
⑭《语文知识》1953 年 5 月号,第 15—16 页。
⑮《论汉语》,《中国语文》1952 年 12 月号,第 26 页。
⑯ 同⑤。
⑰⑱ 同⑭,第 15 页,引陈望道先生的话。
⑲⑳ 同⑨,第 14 页。
㉑ 方光焘《体系与方法》,同②,第 44 页。
㉒ 有人说"了"、"着"的词尾性还没有完全。因为"吃了饭"、"装着饭"也可以说"吃饱了饭"、"装满着饭",中间插得进"饱"和"满"字,难以说它们还是词尾。但我们以为"吃饱"和"装满"未始不可以看作一个词。
㉓ 见《国语单音词词汇》,第 57 页。
㉔ 同④第一讲,第 27 页。
㉕《语文学习》1952 年 5 月号,第 45 页。
㉖ 方光焘《体系与方法》,同②,第 46 页。
㉗㉘《新著国语文法》,29 页注 10,又第 6 节,第 6 页。
㉙《中国语文》1953 年 9 月号,第 10—11 页。
㉚《中国语法教程》上册,第 67—68 页。
㉛ 同⑬,第 43 页。
㉜ 同③,第 26—27 页。
㉝ 同㉑,第 44 页。

(原载《中国语文》1954 年第 2、3 期)

关于词类问题的思考*

一 几点基本认识

给词分类是拿概括的词作为对象。

通常所说的词是声音与意义的结合,在具体运用时,可以有内容。例如"人",声音是 rén,含义是"能制造工具并使用工具进行劳动的高等动物"(《现代汉语词典》)。在骆宾王的《易水送别》诗中有"昔时人已没,今日水犹寒",其中的"人"指的是荆轲。在宋之问的《渡汉江》诗中有"近乡情更怯,不敢问来人",其中的"人"指的是从家乡来的人。这些都属于"人"这个词的内容。象声词有声音,有内容,却缺少概括的意义。例如杜甫的《兵车行》中有"车辚辚,马萧萧",《登高》中有"无边落木萧萧下",两处的"萧萧"都是象声词,所指并不相同,前者指马的叫声,后者指风吹落叶的声音,这里的差别是内容上的。象声词既然缺乏概括的意义,所以既不能归入实词,也不能归入虚词。当然,词类表中可以列入,是把它作为一种特殊的类别来看待的。

词类有意义基础,但是意义不是划分词类的标准。这里的意

---

* 作者在"首届语言学问题龙港暑期讲习班"上作过关于词类问题的报告。这篇文章是原报告的一个部分。

义不是指词义,指的是客观存在的实际。例如有些语言的名词有"性"的范畴,它的基础是生物的性别,但是生物的性别不是词的性别的标准,否则就无法认定一些语法现象了。如俄语的словарь(词典)是阳性,而книга(书)是阴性;法语的 le fauteuil(靠椅)是阳性,而 la chaise(椅子)是阴性,等等。又如英语的名词有数的范畴,客观的数量是它的基础,但是像 goods(货物)、clothes(衣服)、scissors(剪刀)等词只有复数,这就显示基础和标准的差别了。当然,有些范畴的基础和标准十分接近(如"数"),有些则有较大的距离(如"性")。次范畴如此,基本范畴(词类)也如此。

词类是一个系统。所谓系统,它必定包括许多结构单位,单位与单位之间有特定的联系。简单的系统中各单位之间的联系是平面的,而复杂的系统中各单位之间的联系是立体的,也就是有层次的。语言是个层次系统,其中的语法也是个层次系统。语法系统是客观存在的,如何有步骤地描写其中的种种关系,却是有选择的余地的。比如汉语的词,一般分为实词和虚词,下边再加以细分。有的语法书在实词下边直接分出名动形等词类,有的先分出体词、谓词,再分出名动形等等。也有将体词、谓词、加词三者并列的。当然,名动形等等还可以分出若干次类。划分的标准可以选择,选择时宜考虑两点:

第一,要便于说明语法规律。例如有些语法书在实词下边分出谓词,这就可以解决某些词的归类问题。如"钱够了"中的"够","这么办行"中的"行",归入动词或形容词都不合适,称之为谓词则较为恰当。又如吕叔湘把"男、女、大型、初级、主要、多项"等归为一类,称之为非谓形容词,也是便于说明这些词的用法。

第二,不能自相矛盾。例如划分虚实,大家认定凭意义划分不能说明语法规律,于是出现各种重视形式的划分标准。有的语法书认为能充当主语、述语、宾语的是实词,不能充当的是虚词。

于是把向来有争议的代词归入实词,而把副词归入虚词,这都顺理成章。可是把区别词(非谓形容词)归入实词,就自相矛盾了。吕叔湘曾主张把可列举的词归入虚词,把不能列举的词归入实词,他认为这样划分的用处大些(见《汉语语法分析问题》)。有人采取了这个标准,可是把数词列入实词似乎难以自圆其说。因为数目虽然是无限的,但数词却是很少的、可列举的。有人主张用定位与不定位的标准来区分虚词与实词,这就须指明定位与不定位的含义。朱德熙在谈到语素时,曾指出有些语素只能后置,不能前置,如"吗";有些语素只能前置,不能后置,如"最",前置定位语素永远不在句子末尾出现,后置定位语素永远不在句子开头出现。他没有谈到"和、跟、虽、但"这些语素,它们既非前置语素,又非后置语素,但是属于永远不出现在句子末尾这一特点的。拿词来比照,如何从定位与不定位划分虚实,还值得研究。

二 词类的划分和词性的辨识

划分词类的标准是功能,即词在语句中所能占有的语法位置,包括能充当某些句法成分(短语的直接成分)或能与某些语言单位组合,在造句中起特定的作用。所以,任何一类词的功能是多方面的。从功能系统方面看,甲类词与乙类词迥然不同;从某些功能特点来看,不同类别的词常常有相同之处。例如能充当主语和宾语是名词的功能之一,但是能充当主语和宾语的不一定是名词。正因为有这种功能交叉的情况,所以在划分词类时会出现不同的选择。也就是说,不同的语法著作的词类系统可以不完全相同。比如,一般语法书把动词分为及物动词和不及物动词,形容词另作一类,但也有人认为形容词与不及物动词有共同之处,于是把它们合为一类。不同的选择都各有所见。便于说明语法规律才是确定如何选择的重要条件。

可以设想,这里有三类词:甲类词具有 A、B、C 特点,乙类词具有 B、C、D 特点,丙类词具有 A、C、D 特点。如果要区分甲类与乙类,A 特点和 D 特点成为区分的依据。如果要区分乙类和丙类,A 特点和 B 特点成为区分的依据。如果要区分甲类和丙类,C 特点和 D 特点成为区分的依据。如果把这三类的词放在一块儿,要加以区分的话,必须综合考虑,即具有 A、B、C 特点的才是甲类,如此等等。出现诸如此类情况,反映出我们划分出来的词类,不是层层采取对立的原则得出来的,这是传统语法造成的结果。传统语法的词类来源于公元前 100 年出版的希腊语法。这部语法的八大词类奠定了后来的词类的基础。当然,也不是一成不变,希腊语法原有冠词一类,欧洲通行的语法书都没有了,原来没有叹词一类,后来都增加了,但是基本格局未变。汉语采用传统语法,也根据汉语的特点在词类上作了若干改变,如增加语气词、数词、量词等等。无论如何,因为基本格局未变,也就是说,划分的原则不是最理想的,所以辨识词性往往带有不确定性,即使在词典中标明了词性,这种不确定性仍旧存在。

理想的词类划分应该采取层层对立的方法。比如,先划分出虚词和非虚词,非虚词再划分出体词和非体词,非体词再继续划分。同样,虚词可划分出语气词和非语气词,非语气词再继续划分,如此层层划分,区别性特征在每一个层次中都明显标出,辨识词性当然十分简便。

打破传统的词类划分,西方许多语法学者都作过尝试。C. C. Fries 和 J. M. Y. Simpson 都主张用句型作为划分词类的框架。例如 Fries 认为在不同类别的词配列成一种句型,凡是能占住相同位置的词,应归属一类。例如在下列句型中,能出现在空格(带横线)的是同一类。

(The)＿＿＿＿＿＿＿ is/was good
＿＿＿＿＿＿＿ s are/were

如可以说"Coffee is good"、"Reports were good",等等,可见"Coffee、Reports"是同一类词。

采取这种方法的结果与传统语法的词类并不完全相同。比如他把词先分为两大类,一类是功能词(相当于虚词),一类是非功能词。他把 very、quite、real 等划作功能词,把 there、here、always 等划作非功能词,这些词在传统语法中都是当作副词的。

三 词的兼类问题

词的兼类问题在各种语言中都有。汉语缺乏严格意义的形态变化,这个问题尤为突出。

不久以前,我在修订自学考试《现代汉语》教材时,看到当中谈到词的兼类,采取的是一种通行的说法。原文是这样的:

> 词的兼类现象指的是少数词具有两类词的语法功能,即既具备甲类词的特点,又具备乙类词的特点。

如右图重叠部分所示。

为了说明方便,我们可用具体的词代入右边的图形之中:

甲(A)看 说 学习 讨论
特点是能带宾语。
乙(B)高 厚 干净 伟大
特点是能加"很"。
甲乙(C)爱 懂 了解 害怕

它们兼有上述两类词的特点,如"很爱面子"、"很懂道理"、"很了解他"、"很害怕噪声"。

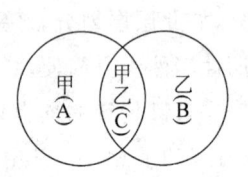

这些词该归入哪一类？是不是可以当作兼类词？有没有别的处理办法？这里有一连串问题。记得朱德熙先生的《语法答问》中曾就这里的问题加以分析,他分析的是名词与动词：

假定说,我们用标准甲划分出名词一类,用标准乙划分出动词一类。很可能有一部分词既符合标准甲,又符合标准乙,为了说得清楚一点,最好画个图。图里的 A 当然是名词,B 当然是动词。问题是 C 这一部分该怎么处理。从理论上说,有四种办法可供选择。

(1) 认为 C 既是名词,又是动词。就是说兼属名动两类,这个时候的划类标准是：

符合甲的是名词：A＋C

符合乙的是动词：B＋C

C 兼属名词和动词两类。

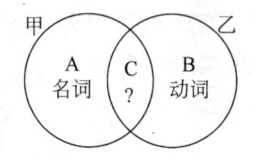

(2) 认为 C 是名词和动词以外的另一类词,采取这种办法的划类标准是：

符合甲而不符合乙的是名词：A

符合乙而不符合甲的是动词：B

既符合甲又符合乙的是另一类词：C

(3) 认为 C 是名词,不是动词。划类标准是：

符合甲的是名词：A＋C

符合乙不符合甲的是动词：B

(4) 认为 C 是动词,不是名词。划类标准是：

符合乙的是动词：B＋C

符合甲而不符合乙的是名词：A

按照朱先生提出的办法处理"爱"、"懂"之类的词,当然可以是：(1)把它们认作兼类词；(2)认为它们是另一类词,不妨称之为形动词；(3)把它们归入动词；(4)把它们归入形容词。这四种处理办法,我认为从理论上讲,后边三种都是可行的。不过,比较起来,第三种办法最切合汉语语法分布的实际情况。也就是说,凡是能带宾语的一律归入动词,只有不能带宾语而能加"很"的才归入形容词。当然,还有一部分词既不能带宾语又不能加"很",如"咳嗽"、"休息"、"雪白"、"通红",它们该归入哪一类,还得补充划分的标准。

为什么说第一种处理办法不可行呢?道理很简单:从形式逻辑关于分类的规则来衡量,这里的"兼类"犯了"相容"的错误。例如我们把词分成单音词与多音词,不应该出现一部分词既属单音词又是多音词。划分的子项应该互不相容,这是分类上应该遵守的普遍的规则。

那么,有没有兼类现象?有。例如"代表",兼属名词与动词。作为名词,它前边可以加数量短语,如"一位代表",可以成为介词的后置成分,如"对代表(表示谢意)"。作为动词,可以接时态助词,可以带宾语,如"代表了大家"。显然,这里有两个不同的"代表",它们分属于不同的功能系统。它不能同时具有名词和动词的功能。又如"方便",可以加"很",可以带宾语,如"很方便"、"方便群众"。但是,它不能同时加"很"和"带宾语",不能说"很方便群众"。所以,当我们说"方便"兼属形容词与动词时,是指"方便"代表了两个不同的功能的语言单位。也就是说,运用了甲乙两个标准来衡量某一个词,不同时用上这两个标准,才可以谈得上兼类。

上边谈到,朱先生提出的第二种处理办法,即认为 C 是名词与动词之外的一类,即名动词,在理论上是可行的,但是从实际方面考察,行与不行,还须看标准能不能成立。按照朱先生的说法是:

> 名词可以做动词"有"的宾语(A),可以不带"的"字直接修饰名词(B),也可以受其他名词直接(不带"的"字)修饰(C),这几点都是一般动词做不到的,可是有些双音节动词具备这三项功能,例如:

A	B	C
有研究	研究方向	历史研究
有准备	准备时间	精神准备
有领导	领导同志	上级领导

可见这些动词兼有名词的性质。

根据朱先生的论述,可以归纳出如下几点:

第一,能作"有"的宾语、可以直接修饰名词、可以直接受名词修饰的是名词。

第二,一般动词不具备上述特点。

第三,名动词具备上述特点。

按照前边朱先生所拟图形所示,名动词须同时具备名词(A)的特点和动词(B)的特点,那么,在"有研究"、"研究方向"、"历史研究"中,如何体现动词的特点呢?不错,"研究"可以有动词的功能,如"研究了问题",带时态助词和宾语,可是这属于另外一套功能,与名词无关。

再仔细探讨一下:一般动词不能受名词修饰吗?"大会发言"、"小组讨论"、"电话联系"、"毛笔书写"、"直线上升"、"药物治疗"、"设备更新"、"集体训练",例子俯拾即是。一般动词不直接修饰名词吗?朱先生曾举"出租汽车"为例,认为它有歧义,即兼属述宾结构与偏正结构,可见他认为动词"出租"可以直接修饰名词"汽车"。类似的歧义格式并不少见,如"保留节目"、"改良品种"、"学习文件"、"延长时间"等等。不含歧义的也很多,如"分配方案"、"流行款式"、"试用制度"、"移动电话"之类。看来,朱先生所提区别名词与动词的依据,只剩下一条了,那就是能不能充当"有"的宾语。如果把"有吃有穿"、"有说有笑"看作一种固定格式,其中"有"的用法属特例,那么,"有"确能鉴定名词与非名词。

"研究"、"准备"、"领导"之类能充当"有"的宾语,说明它们具有名词的特性。那么,它们既然是名动词,在"有研究"、"有准备"、"有领导"之中,动词的特点表现在哪里呢?如果认为"研究"等词作为"有"的宾语就不能体现动词的特点,它们带上了动词的标志(例如接上时态助词或带了宾语)就不能用作"有"的宾语,这正符合兼类的特点。

从理论上讲,如果认为名词的特点是能充当"有"的宾语,而动词的特点是不能充当"有"的宾语,那么,不可能出现那么一类词,它既是"有"的宾语,同时又不是"有"的宾语。看来,名动词的存在当属一种悖论。

参 考 文 献

胡明扬 1996《词类问题考察》,北京语言文化大学出版社。
吕叔湘 1979《汉语语法分析问题》,商务印书馆。
朱德熙 1985《语法答问》,商务印书馆。
C. C. Fries 1952 *The Structure of English*, New York: Harcout.

(原载《语言学问题集刊》,吉林人民出版社,2001 年)

词类划分中的几个问题

我国传统语文学与通常所说的语言学有一个明显的区别:前者分析实例,说明一个个具体的词语的用法;后者注重类型,论述各类语言单位的功能。例如诗话词话讲修辞,用的是语文学的方法,通过实例启发人们领悟其中的奥妙。现代语言学讲修辞,大都划分辞格,帮助人们从纷繁的现象中归纳出条理,以便于体会。又如训诂,最早的是给经史作注疏,就文论义。清代一些学者注重广集资料,分类编纂,这里的类只是索引性质,内容并没有超出语文学的范围。曾经有人把《马氏文通》称为新训诂学,实属误解。《文通》的特点正在于改变传统的诠释方式,立足于触类旁通。能不能达到这个要求,关键在于类的划分。

一 词类与结构成分的关系

传统语法来源于公元前 100 年的希腊语法学家狄奥尼西奥斯(Dionysius Thrax)的《语法规则》。不过,仔细考察起来,各种语言都在修改希腊语法的词类。例如希腊语法没有形容词和感叹词,英语里增加了这两类;希腊语法把冠词独列一类,有些英语语法的八大词类不包括冠词,如此等等。而且,使用的术语(例如代词)相同,所指内容未必一致。那么,传统语法的真谛在哪里呢?就在两种联系:一是单个的词与特定的词类相联系,一是每一类词与特定的结构成分相联系。

早期的汉语语法著作如马建忠的《马氏文通》，黎锦熙的《国语文法》注重的是第二种联系，如认定充当主语、宾语的是名词，充当述语的是动词，等等。对于第一种联系则采取变通的处理办法，即词性可以随结构关系改变。结果被指责为"词无定类，类无定词"，实际上是割断了第一种联系。20世纪50年代以来，通行的汉语语法改变了这种情况，注重了词与词类的联系，却割断了词类与结构成分的联系。例如主语，不但名词、代词能充当，动词、形容词等也可以充当。把前后两种语法系统加以比较，从传统语法的要求来衡量，似乎只有五十步与百步的差别。

不过，话又得说回来。拿目前常见的语法著作来看，也并非完全忽视词类与结构成分之间的对当关系。例如把词分为虚实两大类，下列语法著作论述了这种关系。

朱德熙《语法讲义》："实词能够充当主语、宾语或谓语，虚词不能充当这些成分。"北京大学《现代汉语》（1993年版）："实词能在前面介绍的五种句法结构（按指偏正结构、述宾结构、述补结构、主谓结构、联合结构）中充任主要成分（主语、谓语、述语、中心语），虚词则不能。"胡裕树主编《现代汉语》（重订本）："能够单独充当句法成分的是实词，不能单独充当句法成分的是虚词。"邢福义主编《现代汉语》（1991年版）："实词能充当基干成分主语、谓语和宾语；虚词不仅不能充当主语、谓语和宾语，大多数连句子结构中的其他成分也不能充当。"

虚实两类的划分虽然粗略，但是在说明用词造句的规律时，还有一定的功用。不过，上边列举的划分标准，都有值得讨论的问题。

第一，按照以主语、述语、宾语（或加上中心语）为标准划分虚实，区别词（非谓形容词）该如何归类？朱德熙的《讲义》、北大和邢编的教材都把它列入实词,这就出现了矛盾。

第二,按照以能不能充当句法成分为标准划分虚实,语气副词(难道、也许、究竟、幸亏、到底、简直、反正等)不能充当句法成分,却与别的副词一样列入实词,不免抵牾。似乎可以考虑把它们归入语气词,语气词再分出两个小类。一类出现在句末,一类不出现在句末。两类词常互相搭配,如"的确……吗"、"究竟……呢"、"也许……吧",等等。在古汉语中,语气词也不限于出现在句末。

第三,象声词和叹词(合称拟音词)难分虚实,当作虚实之外的特殊词类,这是比较合适的。胡和邢的教材把它们算作虚词,十分勉强。

我们应该探讨一下:拟音词的特殊性表现在哪里?它们是亦虚亦实,或者是介乎虚实之间的吗?不是的。我们知道,词是声音与意义的结合,这里的意义具有概括性。概括是对单一而言,词在使用之中,概括才能转化为单一。我们给词分类,不是拿具体句子中的体现单一含义的词作为对象,而是拿具有概括意义的词作为分类的对象。拟音词的特殊就在于缺乏概括的意义,只有具体的用法。比如人们争论《木兰诗》中的"唧唧"是叹息声,是促织(蟋蟀)的鸣叫声,还是机杼声,这只是具体内容(content)的争论,而不是词义(meaning)上的分歧。也就是说,一般的词具有形式和意义,同时也可以有内容;拟音词只具备形式和内容,没有概括的意义。正因为如此,词典给拟音词的解释,只能是举出用例。如《现代汉语词典》中的"唧唧"条的说明是"形容虫的叫声等",这里的"等"是决不可少的。

二 实词的下位区分问题

虚实的划分既然嫌粗略,自然须进行下位划分。一般语法书在实词下边直接划分出名词、动词、形容词等等,朱德熙的《语法讲义》在其中插入了体词和谓词。林祥楣主编的《现代汉语》插入了体词、谓词和加词。这里使我们考虑到两个问题:第一,在实词与名动形之间插入一个层次有没有必要?第二,如果要插入一个层次,是二分好还是三分好?

在实词下边先划分出体词谓词之类,有一个显而易见的作用:便于简明地描写一些语言结构规律。例如动词带宾语有种种不同的情况,有的只能带名词、人称代词、数量短语等充当的宾语,有的只能带动词或形容词充当的宾语。有的则属两可。如果使用体词性宾语、谓词性宾语这样一些术语,能收以简驭繁的功效。

此外,有了体词谓词之类的术语,可以解决某些词的归类难的问题。我们的词类系统是比照印欧语言加以调整得来的。多少年来,不少学者在这方面做了许多工作,如词类中列入语气词,增加数词、量词等,已成定论。然而我们运用的方法是演绎的,缺少完全的归纳,有些词无法纳入已有的类别。例如:

  够 (钱够了!) 有成 (事业有成。) 在望 (丰收在望。)
  行 (这么办行吗?) 万岁 (友谊万岁!)

这些词像动词又像形容词,但很难归入哪一类。它们的功能很单纯,即充当谓语。实词下边有谓词一类,归类问题就容易解决了,把它们归入谓词就是了。

是两分还是三分?只要考虑区别词和副词如何安排,就不难得出答案。如果实词下边除了体词和谓词之外,还有加词,那么,加词当然包括区别词和副词。这样安排将涉及虚实划分的标准,须通盘考虑。

要改变结构成分无定类的问题,目前采取的办法是在名动形的下边再分次类或附类,使词类与结构成分的关系更加明确,现在以名词为例说明这方面的问题。

母类分出子类(次类),子类与子类应该互不相容。例如动词分出及物与不及物,形容词分出性质形容词和状态形容词,在功能上都有对立之点。名词分出时地名词(包括时间词和处所词)对立面是什么呢?是非时地名词。时地名词与非时地名词的对立表现在什么地方?有人认为一般名词不能充当状语而时地名词能够充当,这是它们功能上的对立。这个说法不正确,因为许多一般名词都可以充当状语。例如:"电话联系"、"书面发言"、"小组讨论"、"义务治病"、"直线上升"、"冷水洗澡"都是名词作状语。时地名词能充当状语,而它的特点在作状语时可以位移到主语前边,非时地名词作状语不能位移。例如:

我们下午讨论。	下午我们讨论。
我们路上遇见一位朋友。	路上我们遇见一位朋友。
我们小组讨论。	*小组我们讨论。
我们电话联系。	*电话我们联系。

以能不能位移作为时地名词与非时地名词区分的界限,那么,"学校、教室、食堂、图书馆、发电站"这一类词属不属时地名词就值得怀疑。这些词含有处所的意义,同时也表示某种实体,所以具有双重性质,不同于单纯的处所词。它们通常不用作状语,如果用来修饰动词或形容词,须加上介词或接上方位词。例如:

| 我们从学校动身参加比赛。 | 教室里,同学们正在讨论。 |
| 你可以向图书馆借一些参考书。 | 发电站前挤满了看热闹的人。 |

前三例中的介词和方位词不能去掉,末例的"前"去掉之后,"发电站"就不是单纯的处所了。从这里我们也可以看到方位词的特点和作用。

方位词不是名词的次类,而是附类。附类是带有虚词性的实词。什么是虚词性？虚词的功能是连接或附着。连词的作用是连接,语气词附着于句末,介词、时态助词附着于词或短语,结构助词连接修饰语和中心语,"的"还有附着作用,即构成"的字短语"。

方位词有时单用,单用时的功能同于名词,这是它的实词性。但是它经常附着于别的词语,构成方位短语,这时的作用接近于介词。不过,介词是前附的,所以又称前置词(preposition);方位词是后置的,所以又称后置词(postposition)。虚词的附着是定位的。所以,"上半天"的"上","下半夜"的"下","前方"的"前","后代"的"后"等等都不是方位词,是区别词。吕叔湘、饶长溶《试论非谓形容词》一文中已经提到。

虚词附着于别的语言单位,当中不能再插入别的虚词。所以,"桌子上边"的"上边","教室外面"的"外面","抽屉里头"的"里头",都不是方位词,而是处所名词,因为当中都可以插入"的"。也就是说,"桌子上边"之类属名词修饰名词的偏正短语。

如果认定方位词是属于实词但带有虚词性的附类,就会使我们联想到量词。量词有时单用,如"论只不论斤",作主语时须重叠,如"个个身强力壮"。但经常附着在别的词语后边,组成量词短语,如"一个"、"这个"、"这一个"、"这一大个",等等。看来,把量词列入名词的附类也许是比较合理的。所谓附类,与兼类有些相似。不过,我们习惯上把兼类限于实词范围之内,虚实相兼的说法总嫌生硬。

三 词类划分的目的不限于说明对当关系

立足于传统语法,当前要考虑的问题似乎是如何使词类与结构成分的对当关系更加密切。把词分为虚实两类,实词再分出体词、谓词、加词,嫌过于粗略,于是再分,得出名动形等等,仍不能达到词类与成分一一对当的要求,再寻求更下一级的类别。在这里,我们应该看到这样一个问题:如果语句的结构成分只有主语、述语、宾语、中心语、定语、状语这么几种,而实词的类别愈分愈细,少说也有十多类,一方面少,一方面多,如何能对当?不妨说,词类愈多,对当的可能性愈小。比方说,只区分体词、谓词、加词,与结构成分的对当关系比较明确;往下细分,对当关系就纠缠不清了。可是简单的分类对帮助人们掌握用词造句的规律用处不大。那么,该如何看待词类划分的问题呢?我们认为:

第一,给实词划分次类或附类,不要只着眼于结构成分的对当关系。或者说,不要只看到句法关系,还须着眼于语义和语用。例如把动词划分成及物动词与不及物动词,它们的对立表现在语义方面:及物动词不能带施事宾语,不及物动词或者不能带宾语,或者能带施事宾语。能带施事宾语的不及物动词如"来"、"坐"、"躺"、"死"等等用于两种句型:

施事+不及物动词(客人来了。)

名词+不及物动词+施事(他们来了客人。)

在第二种句式里,动词前后的名词有领属关系。"他们来了客人"中,"他们"与"客人"有领属关系。"王冕死了父亲"中,"王冕"与"父亲"有领属关系。这种理解是根据不及物动词的特点获得的。

又如前边谈到的语气副词,它们在句子中的地位与通常所说的插说语(独立成分)很相似,不能勉强要求它们与句法成分对当。它们充当的是语用成分。

第二,分出的次类虽然不能与结构成分完全对当,但是如果这一类在用法上有特点,就应该划分出来。例如区别词,与定语并不完全对当,因为充当定语的不限于区别词。可是划出来这一类词,能提示人们如何使用,所以是有用的。反过来看,如果划分出来的类,在用法上并无特点,就不宜划分。

第三,各类实词的次类必须有结构上的对立。例如常见的动词的次类如心理动词、行为动词,它们应该分别与非心理动词、非行为动词对立。这种对立当然应当是结构上的(包括句法结构、语义结构、语用结构),而不是词义上的。有些语法书把下列两组词都视为心理动词,因为它们都与心理活动有关。

(1) 喜欢　相信　了解　关心
(2) 高兴　犹豫　遗憾　愤怒

从功能对立的要求来考察,我们想到两个问题:第一,这两组词既然属于同一次类,即所谓心理动词,它们共同之点是什么? 看来只能是前边能加"很"。那么,它们与形容词的对立体现在哪里? 第二,这些词作为心理动词,与非心理动词的对立表现在哪里? 如果这两个问题解决不了,只能把第二组划入形容词,让第一组来回答这两个问题。

1. 第一组词加上"很"的同时能带宾语。能带宾语是动词的充分条件,区别于形容词。

2. 这些词前加"很",后接宾语时,可以省掉宾语,区别于"很读了几本书"中的"读"。因为我们不能说"很读了"。这就区别于非心理动词。至于行为动词,可以用能不能单独充当祈使句中的谓语来鉴定。如"你看!"中的"看","快走!"中的"走"。

上边谈的关于词类划分的一些想法,是我们曾经交谈过的,本想写进编写的教材但并没有写,原因是还希望多听听同行专家的意见。总起来说,我们认为在传统语法的范围内考虑词类问题,当然要重视词类与结构成分之间的联系,为此必须分出更多的次类或附类。但是,词类的建立不应该只顾及句法方面的对应,还宜考虑语义语用方面的联系。只有这样,才能使词类的划分对用词造句起更大的作用。

参 考 文 献

北京大学中文系 1993《现代汉语》,商务印书馆。
范　晓、杜高印、陈光磊 1987《汉语动词概述》,上海教育出版社。
胡裕树主编 1995《现代汉语》,上海教育出版社。
林祥楣主编 1991《现代汉语》,语文出版社。
蔺　璜 1996《粘状动词初探》,载《语文研究》第 3 期。
吕叔湘、饶长溶 1981《试论非谓形容词》,载《中国语文》第 2 期。
邢福义主编 1991《现代汉语》,高等教育出版社。
袁毓林 1993《现代汉语祈使句研究》,北京大学出版社。
朱德熙 1982《语法讲义》,商务印书馆。

(原载《中国语文》2000 年第 4 期)

名词和名词单位的特征及其功能

一

通常见到的语法书大都给名词下定义,说"名词是表示事物名称的词",这里回答了"名词是什么"的问题。正如同回答"句子是什么",说"句子是交际单位"一样,并没有错。可是我们要求回答的问题是"什么是名词"。也就是说,我们要找到名词的特征,以此区别名词与非名词。

名词能充当主语和宾语,绝大多数名词能充当定语(少数不能充当定语的如"斤两"、"沧桑"、"高见"、"桃李"等),少数名词能充当状语(如时间词、处所词等)或谓语。这里说的是名词的句法功能,这些功能也并非名词所特有。从总体上看,名词能充当除补语以外的句法成分,但并非所有的名词都具有上述的功能。这就是说,名词的句法功能不能作为区别名词与非名词的依据。

不少学者认为能受数量词修饰是名词的主要特征,这里有两个值得思考的问题:

第一,概括性不够强。有些名词不但不能加定量的数量词,而且不能加不定量的数量词。例如"府上"、"家兄"、"邪门儿"、"世事"等。

第二,名词的特征即名词性,不但用来认别名词,也要用来认别名词性的短语。关于"他的来"、"狐狸的狡猾"这些短语该如何分析,曾经有不少争论。短语的中心是动词或形容词,可是前边带上了定语,该如何归类?朱德熙正确地解决了这个问题,他指出整个短语是名词性的,名词性偏正短语的修饰语才是定语。可是,也遗留了一个问题:如何证明这些短语是名词性的?显然,数量词是添加不上的。

可以认为:名词的特征是能与多数常用介词相结合,组成介词短语。就单个名词而言,有的能与这些介词相结合,有的能与那些介词相结合,无论如何,它们不是只能与个别的介词相结合。有些非名词性单位能与个别的介词(如"通过"、"至于")相结合。或者说,只有极少数介词能接上非名词性单位,所以,辨认名词时,宜排除这少数介词。

名词性短语前边也可以用上介词。

例如:

从他的来可以知道他已经决定参加这一次的筹备会议。
对于狐狸的狡猾,我们应该有充分的估计。

当然,名词还可以有次类。次类既然属于名词,自然具有名词的特征,既列为次类,也必然有其独特之处。首先我们想到的是处所词和时间词(也合称为时地词),它们的特点表现在:

第一,处所词能作介词"从"的宾语,时间词能作介词"在"的宾语,组成介词短语,修饰动词。例如:"从北京来"、"从前边走"、"在明天动身"、"在年内完成"。(这里的"在"不是动词,"在××"后边必须有动词。)

第二,处所词和时间词能充当状语。当然,能充当状语的名词,不限于时地词,如"电话联系"、"直线上升"、"中医治疗"、"法律援助"等都属常见。双音节时地词作状语时,不但可以用于主

语之后,还可以出现在主语之前。(这时是否称之为状语,是另一个问题。)例如:

家里我有一些事情要安排。
下午我们继续讨论这个问题。

如果是这样,那么,像"时候"、"时刻"、"教室"、"学校"、"图书馆"之类不宜划归时地词。

常见的语法书还列有方位词,或与时间词、处所词并列,作为名词的三个次类。或者称之为附类,以别于次类。附类的特点是带有虚词性。关于方位词的虚词性,值得再思考一番。

汉语的方位词,有些学者称之为后置词(postposition),与前置词(preposition 即介词)相对应。英语当中有 preposition 和 postposition 这两个术语,可是并不是两类词的名称。英语的介词及其宾语有些是固定的组合,介词只能前置。至于非固定的组合,有些介词可前可后,视具体情况而定。这就是说,前置或后置只不过是某些介词的不同用法。英语把介词称为前置词,这个名称只代表了它的一般用法。那么,汉语的方位词为什么称作后置词呢?显然,它不是介词的另一种用法,而是与介词相对应的一类词。这种对应表现为:介词是固定前置的,方位词则是固定后置的,它们共同之点在于附着某个实词或短语。然而这种对应的依据是值得怀疑的。

我们先看看所谓单纯的方位词,其中有八个是专表处所的:东、南、西、北、左、右、外、旁。它们前边可以接"从"、"往"、"向"等介词,构成介词短语,这与一般处所名词相同。它们与别的语言单位组合时,并不是定位的。例如:

东　东关　关东　　　南　南海　海南
西　西乡　乡西　　　北　北塞　塞北

左	左道	道左		右	右街	街右
外	外国	国外		旁	旁门	门旁

这些方位词用在别的语言单位的前边或后边,语音和语义都没有改变。至于句法功能,前置时修饰后边的名词,后置时受前边的名词修饰,这正是名词的特点。它们是不定位的,并不像介词属定位的单位。认为这些方位词有虚词性是缺乏依据的。

单纯的方位词还有"前"、"后"、"上"、"下"、"里"、"中",也是表示处所的。不过,它们还有引申的用法,即用来表示时间。人类认知客观世界,在识别空间(用词语表示)的基础上把握时间,这是一种普遍的现象,在汉语里,用一些表达处所方位的词来表达时间,这也是很自然的事。这些词和前边的八个词一样,既可以单用,又可以与别的单位组合,而组合时的位置可前可后。总之,单纯的方位词实际上该属于处所词。其中有部分词有引申的用法。

再看看所谓合成的方位词,指的是在单纯的方位词后边加上"面"、"边"、"头"以及前加"之"或"以"的双音词。例如"面",接在单纯方位词后边成为"前面"、"后面"、"上面"、"下面"等等。它们不但可以单用,而且可以用在别的名词前边或后边,如"前面(的)道路"、"大门(的)前面"。当中能插入"的",说明这里是两个名词组成偏正短语。而且,如果把"大门前面"中的"前面"当作附着于"大门",那么,怎样看待"大门背面"、"大门侧面"、"大门对面"、"大门反面"呢?"背面"、"侧面"与"前面"有什么句法功能上的区别呢?

看来,单纯的方位词也好,合成的方位词也好,都属处所词。当然,单音节处所词不能用在主语前边,这正如"刚刚我还见到他"可以说,"刚我还见到他"不能说,这是因为在汉语中,许多单音节词不能出现在主语前边的缘故。

二

名词有指称功能。语句中使用名词,通常是有指的(referential)。不过,包含在短语中的名词,有的是无指的(nonreferential)。例如:

(1) 做人要做这样的人。

(2) 他的老师教得好,所以,他的老师当得好。

(1)当中前边的"人"是无指的,它包含在"做人"这个非名词性短语之内。后边的"人"是有指的,它包含在名词性语言单位之内。(2)当中的"老师"都包含在名词性短语之内,可是前边的"老师"是有指的,后边的"老师"是无指的。无指名词代表的概念有内涵而无明显外延。

所谓有指是交际双方明确所指对象,有明确的外延。人们认识客观事物,在头脑中形成概念,用名词加以巩固,同时也使用名词将概念传达给别人。从逻辑的角度讲,概念包括内涵与外延,它们互相制约.从交际的角度看,双方对名词所表达的概念的理解,主要在外延的一致。当然,这不等于说外延与内涵无关,只不过在日常生活中使用名词,并不像科学上那样注重概念的本质属性。例如对"人"的理解,可以不从本质属性确定它的外延,黑格尔的《小逻辑》中说人具有耳垂,其他动物没有耳垂,凭这一点就可以把人和其他动物区别开来。模糊语言学家常举例说明辨识对象多使用不精确的词语。例如请别人到会场找一个人,说明女性,中等个儿,短发,穿黑色短裙……这些都不是对象特有的属性,加在一起却能达到明确辨识对象的目的。

名词的指称功能,从实质上讲,就是用来区别事物,不过,这种区别功能有不同的表现形式,总起来看,有两种不同的指称。一种指称是单纯的命名,也就是使用名词(包括名词性的语言单位)使人直接地亲知(directly acquainted with)所指对象。例如给一个新生婴儿取个名字,这个名字只是一个符号,代表所指对象。某些专名、时间词(如今天、明年),人称代词(如你、我、他),指示代词构成的短语(如这个人、那本书)大都有直接指称的功能。离开了语境(包括上下文),你无法知道"他"是谁,"这本书"是什么样的书。另一种指称是通过描述使人了解所指对象,这一种指称使用的词语,有些哲学家称之为"有定摹状词"(definit descriptions),可以简称为摹状词。它不但有指称功能,而且有描述功能。例如有人指着地图上某一个圆点说:"北京",目的只是命名,可以不包含特定的内涵。至于"中国的首都"却是一个摹状词,可以用来指称,也可以用来陈述。于是我们见到这样的句子:

　　北京,中国的首都。

在这里,"北京"是对话双方的已知信息。"中国的首都"是说话人提供的新信息,也就是提供内涵。如果颠倒了顺序,说成"中国的首都北京",却不能成句,因为"北京"这个专名没有陈述功能。这两个名词性语言单位连在一起,外延完全一致,又不成句,通常称之为同位短语。用摹状词与专名构成的同位短语是常见的。再举两个例子:

　　《阿Q正传》的作者鲁迅
　　世界的最高地区帕米尔高原

此外还有类名加专名的,例如:

　　天才音乐家聂耳
　　战斗英雄黄继光

类名着重的是内涵,它的表现形式可以是个短语,也可以是个单词。当我们指着动物园中的某个动物,说它是"熊猫"时,这并不是简单的命名,而是归类。类名有些接近于摹状词,因为它们都揭示出某些内涵,但摹状词有明确的外延,能用来指称个别事物。

值得注意的是:有些名词的结构简单,内部形式并不复杂,在人们心目中却相当于用短语形式表达的摹状词。所以,有些哲学家认为摹状词有简缩的形式。当然,这并不等于说某些名词是摹状词简缩之后才形成的,所谓简缩,只是说功能上相似而已。例如:

中秋~农历八月十五
元旦~新年的第一天
国庆~开国的纪念日

于是出现了"今天中秋"、"后天国庆"之类的句子。

总之,名词性谓语句有下列特点:

第一,主语使用的是直接指称功能的名词,常见的是专名(如"老王上海人")、人称代词(如"他五十岁")、指代词组成的短语(如"这张桌子三条腿")、时间词(如"今天晴天")、处所词(如"天上一片乌云")。这些名词要依靠语境才能明确所指对象。

语法书举出"北京中国的首都"作为例子时,是假定"北京"指称某个城市,而听话的人并不知道它是中国的首都。如果对方已经了解这里的含义,这句话就毫无意义了。如果要强调这一已知信息,须用"是"字句,说成"北京是中国的首都",而且"是"是重读的。

有些名词性谓语句的主语,形式上好像是类指,其实是特指。例如"黄瓜三斤"不是指所有的黄瓜,而且在特定的语境中指称某些黄瓜,可以认为前边省略了"这些"或"那些"。

第二,谓语用摹状词充当,或者使用相当于摹状词的名词。

有些句子的谓语形式上是名词谓语句,实际上是动词谓语句。理解时必须添加省略了的动词。例如:

一元(买)三斤。
三斤(卖)一元。

第三,名词谓语句表达的是性质判断,主语和谓语的外延或者相等,或者主语的外延小于谓语的外延。"他黄头发"之类的句子仍可以理解为主语的外延小于谓语,因为谓语有借代的作用。

参 考 文 献

刘　顺 2001《影响名词谓语句自足的语言形式》,《汉语学习》第5期。
吕叔湘 1965《方位词使用情况的初步考察》,《中国语文》第3期。
涂纪亮 1988《语言哲学名著选辑》,三联书店。
项开喜 2001《体词谓语句的功能透视》,《汉语学习》第1期。
朱德熙 1989《语法丛稿》,上海教育出版社。

(《中国语文》创刊50周年国际学术研讨会论文)

"会"的兼类问题

在汉语里,有少数词兼属动词和助动词,例如"要"。可是在什么情况下算是动词,在什么情况下算是助动词呢?最常见的标准是:用在名词性成分前头时是动词,用在非名词性成分前头时是助动词。例如《现代汉语八百词》认为"我要一支英雄金笔"、"昨天我跟老张要了两张票"中的"要"是动词,"他要学游泳"、"借东西要还"中的"要"是助动词。(见该书520页)这个标准很简明,人们容易掌握。这样区分的结果,也容易使人接受,因为两个不同的"要"在语义上有明显的差别。

好些语法书区别动词"会"和助动词"会"也用上这个标准。例如《现代汉语语法讲话》中说:"会说俄文","会"字是助动词;"会俄文","会"字是动词。(见该书89页)《现代汉语八百词》也认为"会汉语"的"会"是动词,"会说普通话"的"会"是助动词。(见该书244页)从语义上看,这儿的"会"都表示具有某种能力,要把它们分属不同的类别,不容易使人接受,因而有人对采取的标准表示怀疑。

仔细想想,用带名词性成分与非名词性成分来区分动词与助动词,确实有欠周密的地方。助动词固然常加在非名词性成分前头,有些动词也未尝不可以这么用。例如"爱",不但可以说"爱祖国",而且可以说"爱哭"、"爱听音乐"。这些个"爱",语法学家都把它们当作动词。在一般人的语感中,它们的意义并无差别。当然,我们不能单纯拿意义作标准,应该考察一下动词加动词,助动词加动词在结构上究竟有什么差别。有人认为"学唱歌"和"能唱歌"是不同的结构。前者是动词加动词,构成动宾关系,所以当中可以插入时态助词,如"学过唱歌"。后者是助动词加动词,当中不能插入时态助词,如不能说"能了唱歌"之类。其实,动词后边能不能加时态助词,常常是意义制约的结果。像"开始写"、"爱听音乐"等等,由于意义的限制,动词"开始"、"爱"后边也不能接时态助词。因此,不能以"会说普通话"不能说成"会了说普通话"来证明"会"不是动词,而"会普通话"的"会"才是动词。

有人把"会普通话"、"会说普通话"的"会"当作动词,把"会下雨"、"会挨批评"的"会"当作助动词,看来不是没有根据的。从意义上看,前两个"会"说明有某种能力,后两个"会"表示有某种可能,迥然有别。从结构上看,动词"会"的宾语可以通过变换用在句首,如:

(1)他会普通话。→普通话他会。
(2)他会说普通话。→说普通话他会。

把动词的宾语挪到句首来改变句式,这是汉语的一个特点。(1)和(2)具有相同的特点,可以说明它们属同一类型。至于"天会下雨"、"你会挨批评"却不能变换为"下雨天会"、"挨批评你会",可见它们不同于上列句子。

有人认为"他会说普通话"也可以这么变换:

(3)他会说普通话。→普通话他会说。

便由此证明"普通话"是宾语,"说"是动词谓语,而"会"是加在"说"上边的助动词,必须对这里的说法加以澄清:

第一,汉语里动词谓语所带宾语常常可以挪到句首,但能这样挪动的并不限于动词谓语的宾语。例如:

(4) 知道这件事的人不多。→这件事知道的人不多。
(5) 我认为这个问题可以讨论。→这个问题我认为可以讨论。
(6) 他喜欢阅读鲁迅的作品。→鲁迅的作品他喜欢阅读。

所以,不能因为(3)的"普通话"能挪到句首,就确定它是动词谓语所带的宾语。

第二,(1)和(2)的句式变换说明它们属同一类型,(3)的变换说明它与(6)属同一类型。换句话说,且不管"会"的词性该如何确定,(1)和(2)该采取同样的分析方式,两个"会"宜同等看待。(3)和(6)的分析结果不应当有什么差异,"会说普通话"与"喜欢阅读鲁迅的作品"该看作同一类型的结构。

还有一个问题值得注意。有些用上了"会"的句子,因为离开了语言环境,"会"的性质属于两可。也就是说,句子有歧义。就拿"他会唱歌"来说吧,既可以理解为"他擅长唱歌"(这时"会"是动词),也可以理解为"他将要唱歌"(这时"会"是助动词)。如果把前一种理解称为甲式,把后一种理解称为乙式,那么,我们不难从下列比较中看出它们在结构上的差别。

第一,甲式"他会唱歌"的否定形式是"他不会唱歌",没有"他会不唱歌"的说法。因此也就没有"他不会不唱歌"这种双重否定的形式。乙式"他会唱歌"可以用"不会不"表示极大的可能,即说成"他不会不唱歌"。

第二,强调句子的宾语,常常用"的"和"是"。例如把"我用毛笔"说成"我用的是毛笔"。同理,我们可以把甲式"他会唱歌"说成"他会的是唱歌"。乙式"他会唱歌"不能这么强调。

第三,甲式"他会唱歌"的谓语前边可以加"很",即说成"他很会唱歌"。这与"他很喜欢唱歌"、"他爱唱歌"相似。乙式"他会唱歌"不能这么用,正如我们不能说"他很会来","他很会挨批评"一样。

这样看来,以能不能带名词性成分来区分动词"会"和助动词"会"是值得重新考虑的。那么,为什么对待"要"和对待"会"要采取不同的标准呢?原来动词"要"和动词"会"有不同的特性:动词"要"要求带名词性宾语,不能带非名词性宾语。动词"会"既可以带名词性宾语,又可以带非名词宾语。这就是问题的关键。

(原载《汉语学习》1982年第6期)

关于"有"的思考

"有"是个常用的字。例如老舍的《骆驼祥子》全书总字数为107360,用了2413个字。"有"出现1189次,仅次于"的、他、不、了、一、是、子、着",排列第9,在动词中居第2位。

有些词典(如《辞源》)把"有"列入月部,这是以《说文》为依据的。《说文》把它作为形声字,从月,又声。这种说法已被认为是错误的,当为会意字。上边的一横一撇是手的象形,也写作"又";下边是月(肉),不是月,以手持肉,象征领有,由此派生出存在义。"有"表示领有(我有笔)或存在(桌上有笔),这是古今一贯的用法。

在古汉语里,"有"常用来表示一个音节,出现在名词的开头,不含实义,如"有周"、"有邦"、"有室"、"有政"、"有司"、"有众"之类。古汉语里还常用"有"表示"多么"的意思。如《诗·小雅·阳桑》中多次出现"阳桑有阿",意思是"低田里的桑树多么美好"。又如《诗·郑风·女曰鸡鸣》中有"明星有烂",意思是"启明星多么灿烂"。诸如此类的用法在《诗经》中累见不鲜。王引之《经传释词》解释说:"有,状物之词也,若诗桃夭,'有蕡其实'是也。"翻成现代口语:"多么饱满呀,那些果实!"王引之所谓状物之词,是说形容事物的状态或高或深,或大或长,用"多么"即可以概括。查一查通行的古汉语词典,不见列此义项,不知是什么缘故。

在现代汉语里,动词(原形,不包括重叠形式)前边可以加"不"表示否定,"有"属例外,它的否定方式是加副词"没"。可是例外之中还有例外,那就是成语"无奇不有"。"不有"在古文(如柳宗元《乞巧文》)中不难找到,成语保留一些古代语言成分,这是不足为怪的。

"没有"是一个同形异构的语言单位,就是说,有两个不相同的"没有"。

1."没有"是副词"没"和动词"有"构成的偏正短语。例如:

他有一本词典,我没有。

2."没有"是一个副词,用来修饰动词或形容词。例如:

他买了一本词典,我没有买。

正因为如此,"我没有病"产生了歧义。它的肯定形式可以是"我有病",也可以是"我病了"。

"有"除了单独用作句子的述语之外,还常常接在别的语言单位后边,共同充当述语,主要是出现在形容词或动词后边。例如:

形容词+有

大有 小有 新有 富有 早有 稀有 罕有 多有 空有 独有

动词+有

刻有 写有 印有 占有 备有 享有 含有 附有 夹有 存有

这两组词语的结构不完全一样。形容词接上"有",中心在"有",构成偏正结构。如"大有希望",基本意思是"有希望";加上"大",增强语意而已。动词接上"有",中心在动词。如"刻有姓名","有"补充说明事实的存在。有人认为"动+有"属连动结构,也不无道理。

形容词或动词接上"有",究竟是词还是短语,很难一概而论,因为情况比较复杂。吕叔湘先生主编的《现代汉语八百词》中说:

"有"用在动词后面,结合紧凑,类似一个词。(见该书 558 页)这种说法当然也适用于形容词接"有"。认为汉语的词与非词之间有某些中间现象,这是符合实际的。

为什么不能把上述语言单位看作词呢?原因之一是"有"接上形容词或动词,是一种能产的格式,而且不限于单音节的形容词或动词,如"包括有"、"记载有"、"容纳有"之类,当成一个词显然不合适。只有下列这些带"有"的语言单位,是一种固定的组合,人们公认它们是词:

  乌有 固有 私有 万有 国有 己有 别有 特有 惟有
所有

这些词的特点是在句子中不充当述语,只用作主语、宾语或修饰语。

在现代汉语中,有些双音词是由"有"接上别的语素构成的。这些词当中的"有",在不同程度上保留了它的原义(领有或存在),也有失去原义的。分别举例如下。

1. 保留了"有"的原义的,大都为形容词,例如:

  有理 有利 有趣 有效 有益 有用

2. 淡化了"有"的原义的,例如:

  有待 有如(动词) 有时(副词) 有关(介词)

3. 失去了"有"的原义的,例如:

  有劳 有请(动词)

"一千有零"中的"有",通"又",这是古汉语遗留的用法。《论语·为政》:"子曰,吾十有五而志于学。"其中的"有"同"又",即为明证。

"有"接上双音节名词,构成述宾短语,包括两种情况:

1. 有＋具体名词,例如：

   有房屋　有汽车　有树木　有池塘

2. 有＋抽象名词,例如：

   有道理　有意思　有办法　有盼头

后者如果独立成句,或者单独充当谓语,常带有感情色彩。例如：

   有办法了!
   你的话有道理!

形容词或动词不直接充当"有"的宾语,如普通话不说"有冷"、"有热"、"有害怕",但可以说"有点儿冷"、"有几分热"、"有些害怕"。

"有"可以表示领属关系,但是,在汉语里,表示领属关系还有别的方式。例如：

   她有开朗的性格。(用"有"表示领属关系)
   她的性格开朗。(用"的"表示领属关系)
   她性格开朗。(用大小主语表示领属关系)

可是,这三种表示领属关系的形式,并非在任何情况下都可以互换。例如：

   他的工作很忙。→他工作忙。
   (不能说成"他有很忙的工作")
   这本书的价钱很贵。→这本书价钱贵。
   (不能说成"这本书有很贵的价钱")

括弧里的说法在外国人的笔下常常出现,这是因为他们不了解"有"表示领属关系时的种种限制。

(原载香港《语文建设通讯》第 42 期,1993 年)

《现代汉语虚词研究丛书》总序

马建忠的《马氏文通》一开头就谈到虚实划分的问题。他批评了曾国藩的说法。曾氏在解释刘向《说苑》中的"春风风人,夏雨雨人"时,说在这些两字相同的句法中,上一字为实字,下一字为虚字。其实,曾氏讲的是个别词的用法问题,而不是分类的问题。拿今天的术语来说,前边的"风"是指称,后边的"风"是陈述,这属于活用的范围。马建忠给词分类,目的是进行句法分析。他划分实词和虚词的标准是词的意义,即"有事理可解者曰实字,无解而惟以助实字之情态者曰虚字"。这种见解的影响深远,后来许多学者都采用了,大都认为有实在意义的是实词,意义空灵的是虚词。

吕叔湘在《汉语语法分析问题》中谈到虚实划分有不少分歧,认为原因是对意义的虚实有不同的看法。于是他说:"看来光在'虚、实'二字上琢磨,不会有明确的结论;虚、实二类的分别,实用意义也不很大。"他这里说的"实用意义也不很大",指的是以意义作标准来划分虚实没有多大的实用价值。他又说:"倒是可列举的词类(又叫封闭的类)和不能列举的词类(又叫开放的类)的分

本丛书由张斌和范开泰主编,共有六本:张谊生《助词及相关格式》;周刚《连词与连接功能》;齐沪扬、张谊生、陈昌来主编《现代汉语虚词研究综述》;齐沪扬《语气与语气系统》;陈昌来《介绍与介引功能》;张亚军《副词与限定描状功能》。本丛书由安徽教育出版社出版。

别,它的用处还大些。"按照他这个标准,代词当列入虚词,副词似宜列入实词。

把可列举的词归为虚词,有什么意义呢?这个问题可以在《语法修辞讲话》中得到解答。书中指出:"虚字的数目远不及实字多,可是重要性远在它之上。一则虚字比实字用得频繁……其次,也是更重要的分别,实字的作用以它的本身为限,虚字的作用在它本身以外;用错一个实字只是错一个字而已,用错一个虚字就可能影响很大。"

这样看来,"可以列举"只是一种表象,而"影响很大"才是实质。所谓影响,这里指的是虚词所具有的造句功能,有些学者把虚词称为功能词(function word),不是没有道理的。然而功能包括基本功能和连属功能,基本功能又可分为指称功能和陈述功能。名词的功能是指称,动词和形容词的功能是陈述。当然,指称和陈述可以互相转化。如"今天星期三","星期三"是名词,这里用于陈述;"说说容易","说说"是动词,这里用于"指称"。连属功能包括连接和附着。连词的作用是连接,语气词附着于句,介词附着于名词或其他词语,助词附着于词或短语,其中结构助词"的"有时也起连接作用。当然,连接或附着只是形式,这种种形式都表达特定的含义。如果我们着眼于功能,不妨把具有基本功能的词称为实词,具有连属功能的词称为虚词。采取这个标准,代词自然要划归实词了,因为它具有指称功能。副词呢,它本来是个大杂烩。C.C.Fries 在他的《The Structure of English》中把副词分为两类,一类属功能词,如 very、quite、real 等;一类属非功能词,如 there、here、always 等。他重视的是两类词出现的位置不同。从位置上来考察,人们公认的虚词都有定位的特点:语气词总是出现在句末;介词总是出现在名词或别的词语前边,组成介词短语;时态助词总是出现在动词性词语后边;结构助词一般出现在偏正短语中间,"的"有时附着在别的词语后边,组成"的"字短语;连词一般出现在语句中间,有的也可以出现在句首,但永远不出现在句尾。名词、动词、形容词、代词等实词都是不定位的,可以出现在语句的前边、后边或中间。副词呢,绝大多数能出现在句中或句首,只有极少数能出现在句尾,如"很"、"极"、"透",通常还须加"了"。可以说,副词基本上是定位的,因此可以划归虚词。

　　语言学习和研究的重点在"区别"。从听和读方面说,重在区别同异;从说和写的方面说,重在区别正误。把词区分为实词和虚词,再把虚词分成若干类别,这只能说是"浅尝",当然不能就此为止。要达到既能帮助人们深入地学习汉语,又能为语言科学研究工作者提供有益的启示的目的,必须把各类虚词分别做细致的描写,在此基础上加以解释,并总结出规律。这就是这一套丛书编写的主旨。

(原载《汉语学习》2001 年第 5 期)

"在"、"于"和"在于"

——读《马氏文通》一得

今年是《马氏文通》发表100周年,许多学者都写文章表示纪念。《马氏文通》对汉语语法研究有开创之功,它所揭示的许多语法事实和规律,至今仍值得加以研究。这里举几个词的用法为例,说明这部著作对指导汉语语法研究的意义。

在文言里,"在"和"于(於)"常用来表达同样的意思。如刘向《说苑·立节篇》:"义者轩冕在前,非义弗乘;斧钺于后,义死不避。"这里的"在"和"于"是互文,可以对换。今天我们说"出生在上海",也可以换成"出生于上海"。"在"可以单独充当谓语,如"父母在,不远游",古今用法一致。"于"在现代汉语里不能单独充当谓语,即使带上宾语也只能作为附加成分。在文言里,"于"带上宾语可以充当谓语,如《战国策·秦策》:"争名者于朝,争利者于市。"马建忠认为这里省略了"在","于朝"即"在于朝","于市"即"在于市"。

马建忠指出:动词后边接上"于",这个"于"常常可以省略。试比较:

(1) 大破秦军于东阿。(《史记·项羽本纪》)

(2) 大破秦军东阿。(《汉书·项籍传》)

(3) 乃即皇帝位汜水之阳。(《史记·高祖本纪》)

(4) 汉王即皇帝位于汜水之阳。(《汉书·高帝纪》)

《马氏文通》举了许多例子说明这种情况。

那么,"在于"中的"于"能不能省呢?

《马氏文通》引《史记·魏公子信陵君列传》中的"安在公子能急人之困也",解释说:"犹云'公子能急人之困在于何也'。"马建忠把"在"解释为"在于",等于认定《史记》中的句子省略了"于"。其实,在现代汉语中,类似的情况并不罕见。例如"不至于"有时说成"不至","有利于"说成"有利",等等。当然,不能认为所有带"于"的词语都可以省略"于"。"关于"的"于"一省略,词性和含义都变了。"对于"省成"对",两个词并不完全一样。

吕叔湘先生在《现代汉语八百词》中论汉语语法的特点,其中一条是"常常省略虚词"。并且解释"省略",指的是可用而不用,不是该用而不用。《马氏文通》在这方面提供了许多可用而不用的例子,同时作出了恰当的说明。这里还须补充一点,虚词的用与不用,有时须考虑音节的特点。例如"事在人为"不说成"事在于人为","山不在高,水不在深"也不说成"山不在于高,水不在于深",这都属于可用而不用,并非该用而没有用。之所以不用,是因为适应节律的需要。

(原载《咬文嚼字》1998年第12期)

从"吗"和"呢"的用法谈到问句的疑问点

有些教师教学生辨别"吗"和"呢",采取了这样的说法:凡是能用点头或摇头的方式来回答的问句,末了可以用"吗",不能用"呢";凡是不能用点头或摇头的方式回答的问句,末了可以用"呢",不能用"吗"。这个方法简单明了,学生容易掌握,可是不作补充说明,就会出现问题。有些问句要求用"是"或"不是"来回答的,末了只能用"呢",不能用"吗",然而"是"或"不是"常常可以用点头或摇头来表示,这样就产生了矛盾。况且,点头或摇头也可能使人误解。比如有人问:"他不答应?"回答的人点点头,人们可能认为是对"不答应"的肯定,也可能认为是对"答应"的肯定。

一般语法教材,讲"吗"和"呢"的用法,是根据问句的种类来说明的。就是说,特指问(谁去?)、选择问(你去还是我去?)、反复问(你去不去?)的末了可以用"呢",是非问(你去?)的末了可以用"吗"。这个方法比较周密,可是学生掌握它也会遇到困难,这是由于是非问和反复问的界限有时不容易划清。常见的语法书对这两种问句的说明是:把一件事情全部说出来,要求对方作肯定的或否定的答复,就构成是非问;把事情的正反两个方面拿出来让人家选择,就构成反复问。试比较:

{ 你去吗?(是非问,回答"我去"或"我不去")
你去不去呢?(反复问,回答"我去"或"我不去")

因为是非问和反复问都要求对方在肯定与否定之间作出选择,所以,从回答的要求上看,很难加以区别。如果从问句本身来考察,这两种问句的区别就比较明显。反复问和特指问、选择问有一个共同的特点,即句子当中指出了疑问点,唯独是非问的疑问点没有在句子中指明。是不是可以认为是非问的整个句子就是疑问点呢?至少在某些情况下不能这么理解。例如下边的问句,可以有不同的回答。

问:他昨天来过这儿吗?
答:(1) 不错,是他。(或不是他)
(2) 不错,是昨天。(或不是昨天)
(3) 不错,来过。(或没来过)
(4) 不错,是这儿。(或不是这儿)

所以,尽管上边的问句可以用点头或摇头来回答,但是人们对点头或摇头的含义可以有不同的解释。这不同的解释决定于句外的因素,即说话的环境(或上下文)。比方说,对话的双方都知道昨天有人来过这儿,问话的人不能确定这个人是不是他,那么,作答的人便作出如(1)的反应。又比如,双方都知道他来过这儿,问话的人不能确定时间是不是昨天,那么,作答的人便作出如(2)的反应。总之,语言环境决定了疑问点,而这个疑问点正是在双方已知的内容的基础上提出的。

当然,如果句外的因素不能使疑问点明确,问话的人通常利用句内的因素来指明。在汉语里常常用"是不是"或"的是"来指明疑问点。例如:

(1) 是不是他昨天来过这儿?
(2) 他是不是昨天来过这儿?
(3) 他昨天是不是来过这儿?
(4) 昨天来过这儿的是他?

如果问话的人没有在句内指明疑问点,而听话的人虽然有所了解,但还希望从问话人那里得到证实,那么可以提出诸如此类的问题:"他吗?""昨天吗?""来过吗?""这儿吗?"这其实是"你问的是他吗?""你问的是昨天吗?"之类的省略形式,仍旧是利用"的是"指明疑问点。有时听话的人对整个句子都没有听明白,也可以重复问句。例如人家问:"谁来过呢?"听话的人可以重复:"谁来过吗?"这里把"呢"换成了"吗",因为是"你问的是谁来过吗"的省略形式。不能认为句子当中有了"谁"、"什么"等疑问词,就把它当成了特指问。

这样看来,用"呢"的句子,疑问点是依靠句内因素来表示的。这些因素包括特指问中的疑问词,选择问中供选择的并列的项目,反复问中肯定词语与否定词语的连用。用"吗"的句子的疑问点是依靠句外因素来指明的。这种区别与"呢"和"吗"这两个语气词的不同作用有关。"呢"的主要作用不在于表示疑问语气。问句用上了"呢",增加的是深究的意味。试比较:

> { 谁来了?(请你告诉我)
> { 谁来了呢?(我简直猜不出)
> { 你去还是我去?(请你作出决定)
> { 你去还是我去呢?(我们来研究研究)

没有用"呢"的句子,是单纯的询问;用了"呢",疑问的色彩反而淡了一些。用"吗"的情况恰恰相反。"吗"的主要作用是表示疑问语气,陈述形式的句子一加上"吗"就成为问句了。试比较:

> 他来了。(陈述句)
> 他来了吗?(单纯的询问)
> 他来了?(带有怀疑的意味)

可见一个陈述句改变成问句,单用语调表示与兼用语调和语气词表示,并不是没有区别的。

陈述句里还可以包含疑问的句子形式,最常见的是用问句形式充当宾语的句子。例如:

(1) 我猜得着他是上海人还是苏州人。

如果把"我"改为"你",全句既可以是陈述句,也可以是问句,就是说,可以带上不同的语调。

(2) 你猜得着他是上海人还是苏州人?

(2)若是问句,则是由陈述句变化而来,所以,末了可以加"吗"。如:

(3) 你猜得着他是上海人还是苏州人吗?

(3)属是非问,疑问点并不一定在宾语部分。如果把"猜得着"改为"猜",就成了如下的问句:

(4) 你猜他是上海人还是苏州人?

(4)只能带疑问语调,而且,要在句末加上语气词的话,只能加"呢",不能加"吗"。这是因为"你猜"、"请问"、"请教"、"请告诉我"之类,是疑问句的提示语。这种提示语实际上是问句以外的结构成分,它不影响问句本身的性质。(4)仍属选择问句,疑问点是指明了的,句末当然只能加"呢"。如果把"你猜"后边换上是非问的形式,才可以加上"吗"。如:

(5) 你猜他是上海人吗?

在一定的语言环境下,(3)可以省略成为:

(6) 你猜得着吗?

(5)却不能这么省略。这是因为在(6)当中,"猜得着"与隐含的"猜不着"相对,可供选择。也就是说,这里有疑问点。至于"猜",

仅仅是一种祈使,不能成为疑问点。顺便提一下,问句头上的提示语,都含有祈使意味,但这不等于说全句是祈使句。

(原载《逻辑与语言学习》1982年第4期)

关于象声词的一点思考

我所编写的现代汉语教材把副词列入实词。如果有人说："把副词归入虚词也不是没有道理的"，我决不会提出异议，因为副词本来就是个大杂烩。找一些例子可以说明它是实词，找另一些例子又可以说明它是虚词。

象声词也是一个大杂烩。不过，要看清这个大杂烩的面目，不能像考查副词那样从书面语中找例证，更不能凭着词典中几个条目就下结论，因为文字会掩盖它的真实情况。记着，我们讲的是口语中的词。举例说吧，有位同志打算写封信给一家商店，说明新买的洗衣机有毛病，发出某种怪声。他问我表示那种声音的词怎么写，我实在难以回答，也无法向词典请教，只好说："随便写个声音相同的字就行了。"与那种怪声相同的字恐怕很难找到，大概也只好用声音近似的字了。口语里的象声词究竟有多少，无法估计。词典中所收的象声词是极小的一部分，即使拿文学作品来说，书面语中的象声词大都没有被词典收录。要把口语里的象声词都作为词典中的条目，谁也没有这个本领。

再看看词典所收录的象声词，例如《现代汉语词典》：

　　咯吱　象声词：扁担压得～～地直响。

这里的解释，只是用法举例，很难说这种用例就是常见的。如鲁迅的《肥皂》中有："咯支咯支，哈哈！""呵呵，洗一洗，咯支……唏唏……"这里的"咯支"如果解释为擦肥皂的声音,恐怕也不对,谁听见擦肥皂时发出"咯支"的声音来着?看来要把象声词说成是表示特定声音的词并不科学。再举个例子。

> 沙沙　象声词,形容踩着沙子、飞沙击物或风吹草木等的声音:走在河滩上,脚下～地响|风吹动着枯黄的树叶,～作响。

这里先说明"沙沙"用在哪些方面,再举例证。采取这种释义方式,大概是列举常见的用法。当然还有许多别的用法。如鲁迅的《在酒楼上》中有:"窗外沙沙的一阵声响,许多积雪从被他压弯了的一枝山茶树上滑下去了。"总之,象声词究竟表示什么声音,离开了语境恐怕难下定论。正因为如此,书籍中注释象声词,往往引起争议。例如:

> 唧唧　象声词,形容虫叫声。

《木兰辞》中有"唧唧复唧唧,木兰当户织"。有人认为"唧唧"是虫叫声,有人认为是叹息声。因为这里的上下文帮不了大忙,只好另找证明。主张是虫叫声的引欧阳修的《秋声赋》:"但闻四壁虫声唧唧,如助予之叹息。"主张是叹息声的引白居易的《琵琶行》:"我闻琵琶已叹息,又闻此语重唧唧。"谁也说服不了谁,于是又有人出来说,两说都不是,"唧唧"应该指机杼声,因为下文讲的是织布。

由于文字的逆影响,有少数象声词不象声了,这属于词的异化。记得解放前参加一些追悼会,听到人家读祭文,总有"呜呼哀哉,伏惟尚飨"的句子。这个"呜呼",古人写作"於戏",实际怎么发音,很难说清楚,不过意思是容易了解的。异化了的象声词,意义趋向专一,使用范围大体有限,又常作为修饰语,有些人把它们归入形容词不是没有道理的。

(原载《中国语文》1995年第1期)

固定短语和类固定短语

不少语言学家都认为:短语的理解因素(interpretant)和句子的理解因素不完全相同。理解短语,只须懂得其中词的含义以及词和词的结构方式(包括层次和关系)就行了。理解句子,除了要掌握词义和结构方式之外,还须考虑一些别的因素,包括句内的(如语气和焦点)和句外的(如语境和预设)。这种说法是就非固定短语而言的,至于固定短语却不然。例如英语的 a fair weather friend 和汉语的"酒肉朋友",词义是显而易见的,可是短语的含义并不能由此推断出来。在英语里,不少固定短语是用介词组成的。人们了解 in the morning 的意思,可以推断 in the afternoon 的意思,但不能由此了解 in time 的含义。在汉语里,不少固定短语是用动词及其宾语组成的。例如:

摆架子(比较:摆桌子)
吹牛皮(比较:吹口琴)
敲竹杠(比较:敲大锣)
开夜车(比较:开汽车)
喝西北风(比较:喝青菜汤)
坐冷板凳(比较:坐靠背椅)

这些固定短语的特点是:第一,动词大都是表示动作行为的常用词,整个短语的功能是动词性的。第二,短语的含义大都有消极意味,就是说,常用来表示对事物的否定态度。

其实,短语中词和词的凝聚力并不完全相同。在汉语里,最常见的固定短语是成语。从下边的例子可以看出成语中的词有不同的凝聚力:

(1) 之乎者也　一日三秋　三长两短
(2) 囫囵吞枣　唇亡齿寒　画蛇添足
(3) 平易近人　量力而行　乘人之危

(1)的凝聚力最强,字面不暗示含义。(3)的凝聚力最弱,含义可以从字面理解。(2)的情况则介乎当中。

现在我们要问:上边(3)这一类成语,既然从字面可以了解含义,为什么列入固定短语之中?原来通常把短语分为固定组合和非固定组合,是从两个方面来看的。第一,从理解的过程看,理解非固定短语的含义,是在理解词义的基础上实现的;理解固定短语的含义却不是这样。第二,从使用的过程看,非固定短语是根据交际需要创造,临时组合的。固定短语是作为现成的语言材料来供选用的,不妨称之为词的等价物(equivalent)。凡是合乎这两项中的一项的,都可以称之为固定短语。

用汉语写的文章里,经常出现一些四字短语,从形式上看,很像成语,可是它们常常是根据交际需要临时创造出来的。举几种常见的格式来说明吧。

(一) ××之×

成语里有:

　　莫逆之交　金石之言　杞人之忧
　　犬马之劳　乌合之众　城下之盟
　　切肤之痛　多事之秋　……

仿造的如:

　　欢乐之情　分别之时　敬仰之心

特点:短语为偏正结构,功能是名词性的。

(二) ××而×

成语里有:

一挥而就　待价而沽　侃侃而谈
脱颖而出　竭泽而渔　不言而喻
接踵而来　扬长而去　……

仿造的如:

奔腾而来　挺身而出　一晃而过

特点:短语为偏正结构,功能是动词性的。

(三) ××不×

成语里有:

从容不迫　有条不紊　参差不齐
局促不安　执迷不悟　坚定不移
直言不讳　放荡不羁　……

仿造的如:

闭口不言　酣睡不醒　模糊不清

特点:短语为并列结构,并列两部分的意义相近(如"从容"和"不迫")。功能是形容词性的。请注意:"美中不足、寸步不离"等等属另一种格式。

(四) ××如×

成语里有:

目光如豆　大雨如注　一贫如洗
一见如故　冠盖如云　巧舌如簧
杀人如麻　应对如流　……

仿造的如:

堆积如山　洁白如银

特点:短语为主谓结构,功能是谓词性的。请注意:"空空如也"是另一种格式。

从上边的例子可以看出:仿造的成语的含义可以根据字面来理解,这一点跟一般短语相同。但是它们有特有的格式和功能,跟某些成语近似,不妨称之为类固定短语。事实上一些凝聚力较弱的成语原也是由少数人创造,多数人使用,从而进入成语范围的。由此我们也可以了解,成语和非成语的界限有时并不是十分清楚的。

学习任何一种语言,要掌握一定数量的语言材料,包括词和固定短语,也要掌握组词成句的规则。学习汉语,掌握类固定短语是值得重视的。从理解方面说,由于它们有比较固定的格式,即使对个别词义不甚了了,也能悟出整体的含义或功能。从使用方面说,四字格在汉语中有稳定、庄重的色彩,在论文中是经常使用的。请看一段文章:

> 会议上发言,有种种情况;但是无论如何,总得考虑效果。讲的人泛泛而谈,听的人昏昏欲睡;既浪费了自己的精力,也空耗了别人的时间。有意见要发表,切忌东拉西扯,使人不得要领;要言不烦,常常能使人获得深刻印象。出于礼貌,有时得说些应酬话。虽然属随口之言,应当力求表达真情实感;不能是官样文章,千篇一律。

这段文章用了许多成语和类固定短语,读起来有一种义正词严的感觉。当然,并不是说表达上边的内容非如此写不可,但是作为一种有效的表达手段,学习汉语的人应该熟悉它。

要补充说明的是:前边谈到类固定短语是模仿成语的某些格式创造出来的,这里的所谓模仿,属于用词造句的范围,不同于修辞上的成语仿造。下边是修辞上的例子:

> 龙二井又有油和水的矛盾,这是它的特殊性。周队长说,要促使矛盾转化,就要捞水,把水捞干。我们想一不做,二不休,搞它个水落油出。

"水落油出"是仿"水落石出"造出来的,这在特定的语言环境中才能出现,目的在使语言表达生动。这种仿造的成语必须依附被仿造的成语,才能显示出它的修辞效果。

(原载《世界汉语教学》1988 年第 2 期)

关于词典标明词性的问题

近年来词典编纂工作在全国蓬勃开展,这当然是适应客观的需要。拿最常用的语文词典来说,为了适应不同的对象,种类繁多。近来更有一种新的趋势,那就是标明词性。标明词性的好处是能指示词的功能,使读者在了解词义的基础上,掌握词的用法。这对于外国人学习汉语,对于各级学校的语文教学,都有积极意义。

词典被称为不开口的老师,人们认为其中的说法都是合乎规范的。即使有些问题还有待进一步研究,词典反映的总是比较成熟的、社会公认的东西。可是如今老师一多,说法又不一致,有时同一位老师,前后的说法也不相同,学生就会感到茫然。我现在只是把这个问题提出来,想引起大家的注意,并没有辨明是非、判别优劣的意思。至于对错好坏,该由读者去下结论。我手边的词典是:

《现代汉语八百词》(吕叔湘主编,商务印书馆,用Ⅰ代)

《新编古今汉语大词典》(胡裕树主编,上海辞书出版社,用Ⅱ代)

《现代汉语学习词典》(孙全洲主编,上海外语教育出版社,用Ⅲ代)

《古今汉语字典》(李润生主编,汉语大词典出版社,用Ⅳ代)

不同的词典对同一个词划分出的义项有多有少,有详有略,当属常规。词典有不同类型,义项的分合自然也有差别,但是客观的依据并无二致。正因为如此,义项有多少之分,而无云泥之别。解释具体的词,措词或详或略,大同而小异。例如解释"鼎",常见词典的说法是:"古代炊器,一般为圆形,三足两耳。"有些词典则加上"也有方形四足的"这样的说明。无论如何,它们之间并无扞格不通之处。可是,在词性的标注方面,似乎有各行其是的情况。下边举"多"的两种用法为例。

1. 数词后边的"多",如"十多封信"、"七十多岁"、"一百多人"中的"多"。有标作数词的(Ⅰ),有标作助词的(Ⅲ),有标作形容词的(Ⅳ)。

2. "多心"中的"多",有标作动词的(Ⅰ),有标作形容词的(Ⅱ、Ⅲ、Ⅳ)。

再举几个词为例。

暗 有的认为纯属形容词(Ⅱ、Ⅲ),有的认为兼属副词(Ⅳ,修饰动词时作为副词)。至于"暗暗",有的认为仍属形容词(Ⅱ),有的认为已成为副词(Ⅲ)。

快 都认为兼属形容词和副词,可是划分标准不一致。有的认为形容词"快"表示速度高,副词"快"表示时间上接近。"快来替我拿一下"中的"快"属形容词,"他快来了"中的"快"属副词(Ⅰ)。有的则认为"快来帮忙"中的"快"是副词(Ⅲ)。至于把古今的"快"放在一起来考察,"快"的词性当然更复杂了(Ⅱ、Ⅳ)。

请 大多数词典把它当作动词(Ⅰ、Ⅱ、Ⅲ),也有认为它兼属副词的(Ⅳ,把表敬意的"请",如"请勿吸烟"中的"请"当作副词)。

刚才 有认为属于名词的(Ⅰ),有认为属于副词的(Ⅱ、Ⅲ)。

蠢蠢 有认为属于形容词的(Ⅱ),有认为属于动词的(Ⅳ)。

突然 有认为属于副词的(Ⅱ),有认为兼属副词和形容词的(Ⅲ)。

万岁 有认为属于形容词的(Ⅱ),有认为属于动词的(Ⅲ)。

以上这些例子并不是随机抽样得来,而是信手翻翻就发现的。我想,任何人只要花点时间,不难找出许多类似的事例。

词典内部的矛盾首先表现在词素和词的关系上边,这在兼顾古今词性的两部词典更为突出。这个问题《新编古今汉语大词典》的主编是很清楚的,所以在"本书条目标示语法功能类别的说明"中特地加以解释:"词典中的〈名〉、〈动〉、〈形〉等等指的是语法功能类别,这种语法功能类别并不全同于词性。这是因为本书古今兼收,古代的词发展到今天有的已成了语素,而今天的某些词在古代又往往是短语。我们从实际出发,对所收条目,不管是词还是非词,都看作是在语法结构中具有一定功能的语言单位而以'××性成分'来统一指称。比如〈名〉指的是'名词性成分',既指名词,也指名词性语素和名词性短语。〈动〉、〈形〉也是如此。"

《古今汉语字典》既然是以"字"作为注明语法功能的单位,当然也是包括词素和词的。

如果词素和词的功能完全一致,这当然是很理想的。可是事实却不完全如此。例如"往",作为词,主要是动词,也可以是介词,古汉语中还可以是名词。重叠之后成为"往往",却属于副词。又如"斤"是量词,古汉语兼属名词。"斤斤"则是副词。这就是说,查明了"往"和"斤"的词性,并不能由此认定"往往"和"斤斤"的词性。再举几个例子:

在	动词兼介词	在在	副词
乖	动词兼形容词	乖乖	名词
草	兼属名、动、形	草草	副词
鼎	名词	鼎鼎	形容词

与此相关的是划分词类的标准的问题。关于词类问题,50年代曾展开讨论,至今并未完全取得一致的结论。但是有两点是语

言学界取得共识的。第一,不能单纯根据意义划分词类;第二,不能依句辨品。在目前出版的注明词类的词典(除了前边列举的四种,还有一些)中,确能找到"依句辨品"的痕迹。这主要表现在形容词与副词的区分上。我们知道,形容词的主要特点是能修饰名词,但也能修饰动词或形容词;副词的特点是不用来修饰名词,可以修饰动词或形容词,少数副词用作全句的修饰语。有些词典把动词或形容词的修饰语一律视作副词,也就是依据中心词区分形容词和副词,离开了中心词就难辨词类了。例如"明",作为修饰语时,可以是"明枪易躲"、"明镜高悬"中的"明",当然是形容词。用在"明知故犯"、"明争暗斗"中的"明",有标作副词的。又如"巧得很"的"巧",人们都认作形容词,可是有把"正巧遇上你"中的"巧"当作副词的,原因大概是看到被修饰的中心词是动词。当然,这并不等于说,形容词和副词不能兼类。如前边提到的"快"就是兼类词。副词"快"能用"快要"或"要"替换,形容词"快"则不能。不妨说,副词"快要"的简化形式是"快"或"要"。所以,"你快来"中的"快"是形容词,"他快来了"中的"快"是副词。

任何事情都是逐步完善的,发现问题的过程也就是走向完善的过程。不过,由于词典的特有的匡谬正俗的作用,出版之前最宜仔细推敲。为此,我想就编写注明词性的词典问题提几点看法。

第一,要明确标注词性的目的。已往的词典都不标注词性,或者只部分地标注词性,主要通过释义来帮助读者了解生词。如今增加词性的说明,目的在使读者不但了解词的意义,而且能掌握词的功能,也就是懂得如何用来造句。不妨站在读者的立场想一想,比如查到一个词,词典上注明是副词,必定认为这个词不能用来修饰名词。又如查到一个词,兼属形容词和副词,必须区别哪个义项下是形容词,哪个义项下是副词。要达到提示功能的目的,最好不要满足于标明大类,必要时宜注上小类。例如助词,包括结构助词、时态助词、语气助词等等,最好能分别指明。

第二,目前汉语语法学界对词类系统有不同看法,术语也不尽一致。所以词典应该说明所采取的系统和术语,更不可少的是各类词的语法特点的说明。特别是有些词典对词的分类有独自的安排,不同于通常的说法,如不加说明,读者就难以理解。举例说吧,《古今汉语字典》把表示重量单位的"斤"归属名词,而把"两"归入量词。又认为表时间的"年"是名词,而"月"是量词。这都与一般说法不一样。通常把"斤"和"两"归为一类;把"年"当作量词,而把"月"当作名词(因为前边可以加数量词,如"一个月")。总之,可以有不同的说法,但是应该明确地告诉读者。

第三,不论是词义还是词性,古今既有区别,又有联系。恰当处理其中的关系,是编好词典的条件之一。即使是现代汉语词典,也不能避免这个问题。举例说吧,"虽"这个词在现代汉语中用于转折复句,在古汉语中既表转折,又表让步(相当于"即使"、"纵然")。如《列子·汤问》:"虽我之死,有子存焉。"应译作"即使我死了,还有儿子。"《现代汉语词典》列了这一义项,举"虽死犹荣"为例。这是因为成语中还保留了古义。《现代汉语学习词典》指出"纵然"、"即使"与"虽"同义,不能算错,但可能使人误解,以为今天的口语也可以用"虽"代"即使"。《新编古今汉语大词典》在"虽"的第一义项中指明:"〈连〉,虽然;纵然:麻雀虽小,五脏俱全。"这就不但古今不分,而且释义与用例不能完全吻合了。再如"男"和"女",几部词典(《现代汉语八百词》除外)都注作名词,这只能是古汉语。在现代汉语中,它们只用来修饰名词,如"男学生"、"女同胞"之类。吕先生把它们归入"非谓形容词"。至于"一男半女"、"生男育女"等等,属古汉语的遗留用法,不是通例。

世界上几部有名的词典都是过几年就修改一次,而且刚出版就做好修改的准备工作,包括广泛征求意见。上边谈到的几部词典,有的在全世界得到高度的评价,有的在国内得过大奖,有的刚刚问世,但已先声夺人。正因为如此,我希望有更多的人关心这件事。我想,学生向老师提意见,老师该是十分欢迎的吧。

(原载《语文现代化论丛》第二辑,1996年)

(三)句 法

谈词语的并列

词和词连在一起,可以有各种关系,其一是并列。表示词的并列关系的基本方式是把词性相同的词连起来说。当然,词性相同的词连在一起并不一定是并列的。那么,怎样区别并列关系与非并列关系呢？我们除了根据词义来理解之外,通常可以用"和"、"并"、"而"等表示并列关系的虚词来鉴别,能插入这类虚词的属并列关系。所以,把词性相同的词连在一起来表示并列关系,有时还得加上"和"、"并"、"而"之类,以便于读者理解。比如,"木头和桌子"是并列关系,去掉了"和",说成"木头桌子",就可能发生误解了。"讨论并推广先进经验"中的"讨论并推广"是并列关系,去掉了"并",说成"讨论推广先进经验",人家可能误解为"讨论怎样推广先进经验"了。下边是该用上"和"而没有用的例子：

> 平日有重要活动,不但跟学生商量,还征求家长的意见。在毕业分配时,也多次召集学生家长共同学习党的教育方针,一起研究班上的问题。

原意是"学生和家长",省掉了"和",容易使人误解为"学生的家长"了。

上边的句子,不用"和",加上个顿号也是可以的。那么,顿号跟"和"(并、而)是不是在任何情况下都可以互相代替呢？当然不是。举两个例子来看吧：

(1) 他们抢时间,争速度,在四五月份的五十天时间里,挑水二千六百多万担,适时地刨坑点种了二十二万多亩玉米、高粱和谷子。

(2) 我们摧毁了大地主大资产阶级的国家机器,建立了各级人民民主专政的政权,没收了原属国民党反动政府和官僚资产阶级分子所经营的工厂、银行、铁路、交通、邮电、矿山和农场、林场等企业。

例(1)中的"玉米、高粱和谷子"是多项并列。多项并列如果用"和",通常只用一个,而且只用在末两项之间。^①例(2)中的"工厂、银行……和农场、林场"是多重并列,其中的并列关系有不同的层次。这里用"和"表示大的层次,用顿号表示小的层次。这是因为大的层次只有两项并列,而小的层次却有多项并列。如果大的层次并列的不只两项,而小的层次却是两项并列,那么,就须用顿号表示较大的层次,用"和"表示较小的层次了。例如:

(3) "四人帮"在思想文化各个领域肆意歪曲马克思主义,在上层建筑和经济基础、生产关系和生产力、政治和经济、革命和生产、红与专等一系列的问题上,制造混乱,以售其奸。

除了多项并列、多重并列之外,我们还常常可以看到句子里的并列词语不止一组,而这几组并列词语的各项之间又有密切的联系,这就是所谓分组并列。例如:

(4) "四人帮"的反动政治纲领和修正主义文艺路线代表了国际、国内资产阶级的利益。

(5) 那个地方,基本上消灭了危害人民和牲畜的血吸虫病、血丝虫病、鼠疫和牛瘟、猪瘟。

例(4)有两组并列的词语,它们之间的关系是交错的。就是说,"四人帮"的反动政治纲领,既代表了国际资产阶级的利益,又代表了国内资产阶级的利益,他们的修正主义文艺路线也是如此。例(5)的两组并列的词,关系不是交错的,而是对应的。就是说,危害人民的是血吸虫病、血丝虫病和鼠疫,危害牲畜的是牛瘟和猪瘟。

使用例(4)那样的分组并列形式,要注意全面搭配得当。下边是不得当的例子:

> 他对待站上的工作和来往旅客,向来十分热情、细心。

"对待工作热情、细心"可以说,"对待旅客"只能说"热情",不能说"细心",把"细心"改为"耐心"就能全面搭配了。

使用例(5)那样的分组并列形式,应该注意两点:第一,并列的词语的排列必须考虑依次对应,不能混乱;第二,不能使人误解为交错的并列形式。下边是使用不当的例子:

> 他们的豪情壮志和新的规划得到了上级的批准和群众的赞扬。

上级批准的只能是"新的规划",不能是"豪情壮志"。从对应的顺序上看,应该说成"群众的赞扬和上级的批准"。可是"群众赞扬"的似乎不只是"豪情壮志",还可能包括"新的规划";如果这样,就不宜采取——对应的并列形式了。总之,作者要按照原意把句子重新组织才行。

应该补充说明的是:有些句子中的并列词语,并不要求并列的各项分别与有关词语搭配。如"我和他是老战友、老同事",当然不能理解为"我是老战友,他是老同事",等等。

为了使语言精练,并列各项有共同的词语,通常尽可能让它在第一项中出现,其他各项采取承上省略的方式。如把"优良的传统和优良的作风"说成"优良的传统和作风"之类。但是,有时却故意要使共同的词语重复出现。例如:

(1) 这学期安排了一个月到工厂、农村去学工、学农。

(2) 在实习期间,他们学装配,学理论,进步很快。

(3) 我们决心努力学政治,学业务,为在本世纪内把我国建成一个具有现代农业、现代工业、现代国防、现代科学技术的社会主义强国而贡献自己的力量。

例(1)重复"学"字,是由于音节上的需要。例(2)重复"学"字,是因为"装配"是动词,"理论"是名词,不宜并列;加上"学"字,并列的两项都是动宾结构,就合乎一般的要求了。例(3)重复"学"字,重复"现代",是出于修辞上的考虑,因为这句话强调的是"学习",而学习的目的是为了实现"现代化"。

这样看来,词语的并列不仅仅是语法结构问题,它牵涉的问题是多方面的。正像对待其他语言现象一样,只有从与之有联系的各方面来考察,才能掌握规律,用来指导我们的阅读和写作。

附注

① 连用几个"和",是一种修辞手段。例如鲁迅的《在现代中国的孔夫子》一文中有"连自己也数不清金钱和兵丁和姨太太的数目的张宗昌将军"这样的说法,连用两个"和",给人以"数不清"的印象,因而起了讽刺军阀张宗昌的荒淫昏乱的作用。

(原载《语文学习丛刊》1978年第2期)

句子分析漫谈

一 传统语法和语法传统

传统语法和语法传统是不同的概念,正如计划经济和经济计划的内涵不相等同一样,虽然汉语的语法传统与传统语法的关系是十分密切的。

什么是传统语法?《现代汉语》(增订本)[①]有一段说明:

> 传统语法,一般指自十八世纪直到今天语法教科书中沿袭使用的某些术语、概念、规则和理论。它导源于希腊、拉丁语法。传统语法的特点之一是把语法分为形态学(词法)和造句法(句法)两大部门,同时注重词与句法成分的对当关系。汉语语法里的成分分析法即中心词分析法就体现了这一特点。……传统语法的另一特点是以规则为纲,它讲各类词怎样变化,它讲各类句子怎样解剖,不深究句子的真正含义,少讲怎样把适当的词组成结构和句子。

以上的叙述,如果用一个简单的公式来说明,那就是:

形态——范畴——体系

传统语法从形态出发,归纳范畴,包括词法范畴(词类及其附加类别,如性、数、格等)和句法范畴(如句法成分、句类等)。与此同时,它还寻找词法范畴和句法范畴之间的联系,即词类与句法成分之间的对当关系,以形成语法体系。有人用"凭形态而建立范畴,集范畴而构成体系"[2]来说明传统语法的特点,那是十分精当的。

汉语语法学的建立,一开始就是从模仿传统语法入手的。由于汉语缺乏所谓严格意义的形态,无法从形态出发去归纳范畴。然而从传统语法的要求来说,它的词法范畴和句法范畴是不容放弃的,否则就不成其为传统语法,也就谈不上模仿和借鉴了。在建立范畴这个问题上,西洋的传统语法凭借形态,汉语语法则乞灵于意义,它们的出发点不完全相同;但是从集范畴而构成体系来看,汉语语法学多数是属于传统语法学的范围的。

什么是汉语语法学的传统?只需简单地回顾一下历史,人们就不难得出这样的结论:我国的语法研究总是同语文教育密切联系着的。《马氏文通》的写作目的是为了帮助人们阅读古代的著作,黎锦熙的《国语文法》和王力的《中国现代语法》是作为教科书的形式出现的,吕叔湘、高名凯等的著作也都以提高人们的语文水平为目的。纵观我们的语法学史,还会发现前辈学者曾经尝试借鉴各种语法理论和方法,试图熔各家之说于一炉,虽然不超越传统语法的范围,但并不拘于一格。他们力求发现汉语结构的特点,不断革新语法体系,让语法学更有效地为我们的语文教育服务。如果说,我们有什么语法传统的话,这就是我们的传统。近年来,我们的语法研究成果已经不限于直接为语文教育服务了,而新的语法理论和新的研究方法又不断涌现,我们的语法学正处于迅速发展的阶段,但是,如何发扬我们的传统,既是兼收并蓄,为我所用,又是立足革新,不断探索,仍旧是汉语语法学界最关心的问题。我们讨论句子分析,正是在这样的基础上进行的。

传统语法有它的优点,也有它的缺点。这些,不少论文都有过论述。在这里,我们想指出的是:语法这个术语的内涵,随着语言科学的发展,已经有了改变。传统的语法观念是阐述规律,即对已经明确了的规范加以说明,这对于富于形态的语言似乎较为合适。对于缺乏形态的语言,这样做也并非不可能。然而我们也得承认,汉语的语法规范在人们心目中并不是完全明确了的,因此要求我们在语法分析中发现汉语语法结构的特点。发现规律,这正是新兴的语法观念。新兴的语法观念,不是对现成的规范加以说明,而是着重从语言材料中去寻找规律。为了达到这个目的,人们使用了这样或那样的分析方法。这些方法孰优孰劣?对我们有无用处?如何正确运用?诸如此类的问题都是值得思考的。对待传统的和新兴的语法观念,或者只看到它们互相对立的一面,不讲相容的一面,或者认为既然各有优点和缺点,革新不如守旧,都是同我们的语法学传统相违背的。

二 句子分析和对句子意义的了解

学习任何一种语言,得掌握相当数量的语言材料,主要是词,也包括一些词的等价物,如固定词组,这些都属于词汇成分。人们常说,实词表示词汇意义,虚词表示语法意义,这个说法还可以讨论。显而易见的事实是:实词无不属于一定的语法类别,如名词动词等,词的类别所表示的意义当然是语法意义,而不是词汇意义。

人们又常常把语法意义称为关系意义,这种说法是有道理的。可是"关系意义"有两种解释:一是指表示语法关系的意义,一是指在各种关系中形成的意义。依照后一种解释,可以认为:凡是意义都是在关系之中形成的,不过情况各不相同。一个词的词汇意义总是与相关的词的意义相互制约,同时又是用一定的语音形式表现的。在一种语言里,一个词的意义不同于另一个词,不能仅仅理解为概念上的差别,词义的区别是以词义的关系为基础的。至于语法意义,指的是词和词之间的结构关系,即所谓功能,那是不难理解的。词的词汇意义也好,语法意义也好,都是能在词身上体现的。从语法分析的角度说,注重的当然是语法意义,不过这属于词法分析的范围。

实词进入句子之后,还可以获得新的意义。例如"他批评了别人"中的"他"有施事的意义,"他被别人批评了"中的"他"有受事的意义,"他的批评使别人心服"中的"他"有领属的意义。诸如此类的意义既不同于词汇意义,又不同于通常所讲的语法意义。词的词汇意义是在词汇系统中形成和存在的;施事受事之类的意义是在句子中获得的,离开了句子,这些意义也就消失了。所以说,它们不是词汇意义。一般所谓语法意义,指的是语言单位之间的关系,可是施事受事之类指的是语言单位与客观事物之间的关系。用通行的术语来说,前一种关系是句法的(syntactic),后一种关系是语义的(semantical)。要了解一个句子的意义,不能不懂得句子中的语义关系。比如要了解"来的客人请我看电影"这个句子,必须懂得"客人"是"来"的施事,又是"请"的施事,"我"是"请"的受事,又是"看"的施事。不管你用什么方法、什么术语来分析,如果这种语义关系不能掌握,就不能理解这个句子。

那么,人们是怎样掌握汉语句子中的语义关系的呢?

我们首先想到的是语序。比如,"我看你"和"你看我"用了相同的词,表达了不同的意思,或者说,这里的动词和名词之间的语义关系的变化是依靠词的顺序不同来表示的。从句法结构上看,这里并没有任何改变,因为在"A 看 B"这个格式里,A 和 B 可以代入任何功能相同的词,并不改变结构关系。只有像"他看"和"看他"之类的区别,才属于句法结构的变化。通过语序改变了句法结构,也就改变了语义关系。但是语义的改变(通过语序的)不一定是句法结构的改变。因此,从了解句子的语义关系来说,句法分析是必要的,但并不是自足的。此外,还有另一种情况:语序改变之后,产生了意义上的差别,这种差别既不是结构关系上的,也不是语义上的。例如:"你真好!""真好,你!"这种差别是由使用语言的人对客观事物的态度的不同引起的,属于语用的(pragmatical)范围。

总之,语序所表达的,有的属于语义,有的属于句法,有的属于语用。虚词的作用也有语义的、句法的和语用的区别。例如"被"指明施事,"把"指明受事,"我被他批评了"和"我把他批评了"结构关系不变,但语义关系不同。这里的语义关系是借助虚词表示的。又如"读书"不等于"读的书","学生的家长"不同于"学生和家长",这里是借助虚词改变了结构,属于句法关系的改变。有些虚词如"至于、关于"之类,作用是点明话题,所以属于语用的范围。

人们分析句子,找出句子的主语、谓语、宾语等句法成分,如果不能根据分析的结果,进一步了解句子中的语义关系,那就不能算达到了析句的目的。这里讲的语义关系,与国外某些语言学者所讲的深层结构有某些相似之处,但是,且不说别的,我们的出发点就与他们不相同,他们主张通过转换,使深层结构(语义结构)成为表层结构(句子结构),我们则主张通过句子结构的分析,去深入了解句子的语义关系。要做到这点,必须认识到造句手段(如语序、虚词等)所表达的内容有语义的、有句法的,还有语用的。其中语义关系和句法关系常常联系在一起,但是情况并不十分简单。比方说,主语与施事、宾语与受事,并不是一一对应的。至于语用方面的内容,更须加以分辨,否则会出现以混同代替区别的情况,必将影响对句子意义的精确的理解。在这方面,我们在改写《现代汉语》教材时曾加以注意。举例说吧:

按照传统语法,主语是对谓语动词而言的,然而传统语法有时又把语法上的主谓对待看作命题的两项。严复早在《英文汉诂》里说过:"是故析辞,有文字(grammatical)与名理(logical)之殊功,譬如言文字之句主(grammatical subject),不过一字而已,而言其名理句主(logical subject),常兼其属词(adjuncts)而举之,而后得句中之真主;于句主于是,于其谓语亦然。"③这就说明传统的句法分析,常动摇于语法结构与逻辑关系之间,原因是词形有变化,难以使逻辑关系与句法结构统一起来。汉语没有这种束缚,正好使主谓、偏正、联合等结构关系与逻辑关系相一致。这种一致,要在句子分析上体现出来,必须区分一般主语(陈述对象)与话题主语(脱离语法控制的说话重点)。例如"知道这件事的人不多",主语是"知道这件事的人"。为了突出说话的重点,把"这件事"移到句首,于是出现了"这件事知道的人不多"这样的句子。这种变换之后得来的句子,一般称为主谓谓语句。不过,"这件事"这个主语,不同于一般主语,它是由于语用的需要产生的,可以称为话题主语。

分析句子时,分清了语用成分和非语用成分,才可以进行句法的分析。句法分析是句子分析的基础,离开了句法分析,也无所谓句子分析。但是,句子分析并不等于句法分析。例如分析句子可以得出独立成分(插说成分)、提示成分(复指成分)等,这些其实都是语用的成分。离开了句子,它们也就失去了依据。一般语法书称它们为特殊成分,是很有道理的。当然,句法分析并不是自足的。就是说,单靠层次和结构关系的分析还不能完全达到了解语义的目的。句子中的语义关系,主要表现在动词和名词之间的选择关系上边。这可以从两方面来看:

第一,从动词方面看,动词对名词的选择有数量上的选择,如单向动词要求与一个强制性名词成分发生联系,双向动词要求与两个强制性名词成分发生联系。④有位置上的选择,单向动词"来、跑"之类,与施事名词发生联系,可以有两个位置,如:"人来了!""来人了!"单向动词"飞扬、出发"之类,施事名词只出现在它前边。双向动词联系的强制性名词的位置比较灵活,但也有规律可循。例如受事名词出现在动词前边("他什么也不说"、"我一个人都不认识"),有一定的条件。此外,动词对宾语还有性质上的选择。例如有的动词要求带名词性宾语,有的要求带非名词性宾语,有的则两种都可以带。

第二,从名词方面看,句子当中与动词发生联系的名词有的必须带介词,如"农民的生活比以前有了提高"中的"以前","我照规定办事"中的"规定"。有的不能带介词,如"老李不知道"中的"老李","他到了北京"中的"北京"。有的可带可不带,如"我们明天动身"也可以说成"我们在明天动身"。名词带上不同的介词,就与动词发生不同的语义关系,而带不带介词,又影响到它与动词的句法关系。如果把介词当作名词与动词之间的结构关系的标记,那么,带不带介词,应该看作区分句法成分的一种重要依据。这就是我们认为介词结构不充当主语的理由。如果认为可带而不带介词的名词是处于"能量转换"的地位,那么,依据一定的条件来确定它们的身份也是讲得通的。这就是我们认为在句首的时间、处所名词有时充当主语的根据。

总之,为了说明上述情况,必须给动词分类,给名词分类,给介词分类……我们这些想法,在编写教材时或者写上了,或者隐约地带到了,或者因为把握不大,并没有说出来。这里加以申述,无非想求得读者指正。

三 句型和造句材料的功能替换

对转换生成语法的评价,不属本文讨论的范围,然而我们认为"生成"的观点,是语法学界所肯定的。人们在学习语言的过程中,掌握了语言规则,能说出无数的正确的句子,里边也包括许许多多从来没有听到过的句子,这就是"生成"(generate)。

句子生成的基础是句子的格局,或称之为句型。句型是以语句的结构为依据的,它不同于以表达目的为依据的句类。当然,不同的句类可以有不同的句型,例如祈使句、疑问句的格局与陈述句不尽相同,但是因为我们的语法书以陈述句的分析为主,所以其他类别的句型的叙述就从略了。

从理论上讲,句型是客观存在的。然而客观事物往往可以从不同角度去观察。在具体作业中如何确定句型,语法学界的意见很不一致。这个问题可以用以下几个简单的例子来说明。

(1) 小王来了。
(2) 小王来上海了。
(3) 邻家的小王来上海了。
(4) 邻家的小王昨天来上海了。

对于(1),大家公认是主谓句,不成问题。对于(2),有人认为跟(1)同型,即主谓句;有人认为它属于另一种类型,即"主—谓—宾"句;有人认为(1)和(2)同属主谓句,但在下一级区分时,应该加以区别。对于(3),有人认为与(2)同型,有人认为它属于另一种类型,即"定—主—谓—宾"句。对于(4),有人认为是"定—主—状—谓—宾"句,不同于其他三句,有人却持异议。不同看法的关键在哪里呢?在于增加了句法成分是不是改变了句子的格局。

如果认为每增加一个句法成分就会形成一种新的句型,比方说,每增加一个通常所称的定语、状语或宾语就改变了句子的格局,那么,句型的数目将会多得难以计算。这自然不利于掌握语言的规律。人们为什么能够创造出许许多多正确的、但从来没有听到过的句子呢?主要是因为他们不但熟悉了语言材料,而且掌握了句型。从听话的角度说,也是如此。人们听到一个新的句子,总是把它归入头脑中已经存在的类型。把无限的句子归入有限的句型,必须具备两个条件:第一,掌握语言材料的功能替换规则;第二,掌握功能单位的配置规则。

词是一种造句的单位。从原则上讲,同类的词在结构中是可以替换的,当然,在具体的语句中,同功能的词互相替换要受语义的限制。然而,造句单位的替换,决不限于词与词的替换。认为词才是造句单位的观点在析句上的表现是"中心词分析法",可是这个方法是不能贯彻到底的。例如句中遇到主谓词组、联合词组之类并不找中心词,即使是偏正词组,如"大眼睛、黄头发"之类,用作谓语时也不找中心词。可见认为只有词才是造句单位的看法并不切合实际。

我们得承认:词用在语句中,可以被功能相同的词组所替换。例如:

> 叔叔来了。→ 叔叔的叔叔来了。→ 叔叔的叔叔的叔叔来了。→……

这种可以互相替换的功能单位,在确定句型时不起区别作用,否则,我们的替换只能在同长度的范围内进行了。

关于功能单位的替换,有两点须要说明:

第一,词与词的替换是简单的替换,词与词组的替换是较复杂的替换,后者一般是以前者为基础、从扩展方面来进行的。例如"工作顺利"是合法的句子,经过扩展,说成"今年的工作很顺利"仍旧是合法的句子。可以这么说:A 和 B 构成主谓关系,则 A 和 B 前边加上修饰语仍旧构成主谓关系。可是我们决不能反过来这么说:带上了修饰语的 A 和 B 构成主谓关系,所以 A 和 B 也必定构成主谓关系。例如把"那个人大眼睛"简缩成"人眼睛"就不成话了。这就是我们不把"简缩法"作为析句方法的理由。

第二,功能单位的替换指的是外部功能(即整体功能)相同的语言单位的替换。偏正结构的外部功能并非总是与它的中心相同。比如"虚心"是形容词,"他的虚心"却是名词性的。"买书"是动词性结构,"老王的买书"却是名词性的。这种偏正结构是由"虚心"、"买书"扩展而来的呢,还是由"他虚心"、"老王买书"变换而来的呢?可以讨论。但是,它们与"今年的工作"不相同,是很明显的。"他的虚心"这一类结构也依外部功能替换,它们不作谓语,却可以作主宾语,但不能依中心结构来辨认它的外部功能。好在确定句型时不涉及这个问题,不过在运用"看中心结构确定类型"这个简便的方法时,不能不看到这一点。

从功能替换的原则出发,下列每组句子的谓语是同型的:

{ a. 他姓王。
{ b. 他不姓王。

{ a. 他拿着鸡毛当令箭。
{ b. 他常常拿着鸡毛当令箭。

{ a. 孩子长得和我一般高了。
{ b. 孩子已经长得和我一般高了。

这些句子的谓语,拿整体结构看,都属偏正关系。这是从内部结构关系讲的。如果从外部功能看,每组的两句都有共同的基础。例如头一组我们不但可以认为"不姓王"是"姓王"的扩展,而且也认为 a、b 两句谓语在陈述方面的功能相似。所以,我们认为它们的谓语属同一类型。

我们教材的句型系统是:句子分为单句与复句,单句分为主谓句与非主谓句,主谓句又根据谓语分为若干类型。在这个系统里的每一种句型都可以扩展成为偏正结构。例如:

$$\text{句子}\begin{cases}\text{单句}\begin{cases}\text{非主谓句(飞机！→多快的飞机！)}\\ \text{主谓句(他来了。→幸而他来了。)}\end{cases}\\ \text{复句(刮风了,下雨了。→忽然刮风了,下雨了。)}\end{cases}$$

$$\text{主谓句}\begin{cases}\text{名词性谓语句(这个人黄头发。→过去这个人黄头发。)}\\ \text{动词性谓语句(我们下午开会。→明天我们下午开会。)}\\ \text{形容词性谓语句(成绩很好。→年年成绩很好。)}\end{cases}$$

不难看出,如果根据内部结构确定句型,那么,各种类型的句子都可以扩展为偏正句。又如果我们认为上述例句的左边的句子都带有"零"修饰语,那么,所有的句子将是同一类型,即偏正句。这样的句型系统恐怕很难说明复杂的语言现象。

析句,包括句子分析和句法分析。句子分析的终点是确定句型,但确定句型并不等于完成了析句的全部任务。句子里复杂的语义关系须通过进一步的句法分析加以阐明。句法分析的基础是词组的层次分析和结构关系的分析,但这种分析不是自足的。例如"我吃完了饭"和"我喝醉了酒"的句型相同,层次和关系一样,可是前边一句可以变换成"饭被我吃完了",后边一句不能变换成"酒被我吃醉了"。从语义关系上讲,"完"是说明"饭"的,"醉"是说明"我"的。句子中的语义关系的发现,必须从结构上、语言材料的类别(次范畴)上,以及词语的选择性上加以说明。而这些方面,正是我们想做而又做得不够的。

四 语法学科和语法科学

语法作为一种教学科目,须有一套教材。语法教材须利用语法科学的研究成果,这是不言而喻的。然而我们的语法科学比较年轻,语言规律发现得不够,很多问题尚待解决。在这种情况下,如何利用已有的研究成果,不只是一个值得讨论的问题,而且是应该在教学实践中不断总结、不断提高的课题。

根据不少教师的经验,在中等学校教语法,不讲系统,着重用例句说明规范,不但是切实可行的,而且能收到预期的效果。系统地讲,虽然也有好处,但是容易使教学重点转移,即用许多例句去阐明语法体系,而对语法事实本身往往语焉不详。而且,语法界争论的问题不可避免地要带到教学当中来。高等学校的课程多少带点研究的性质,语法课系统地讲述体系是理所当然的。有些教师在使用我们的教材时发现了一些问题,批评我们所编的教材中藏有暗礁。平心而论,这种批评并不过分。我们在60年代初编写的《现代汉语》,经过实践,已经发现不少地方须要修改。发现问题,这其实是一种收获。经过修改,再来一次实践,必然会有更多的收获。语法教科书当然要求有稳定性,但这并不意味着抱残守缺,更不能明知有缺点而不肯改动。要改,就得有一些设想,上边所谈的那些就是我们的一部分想法。这些想法虽然也并非凭空臆断,但是不是切合实际,有待实践来检验。由于理论的探讨不够,教材中对许多问题的叙述只能是"藏而不透"。举例说吧:汉语析句中的许多问题须待动词的次范畴的发现才能解决,可是对动词的次范畴的研究还在初探阶段,教材就不可能在这方面作详细的分析。

有些想法觉得应该写进教材,在实践中试一试。由于材料的掌握不够全面,结果是"申而多漏"。比如1962年教材中讲表示时间或处所的状语同主语的界限,罗列了若干条目,认为"今天我们开小组会"的"今天"是状语,理由是能够挪到句中修饰动词,可是人家问"今天我们下午开小组会"中的"今天"是不是状语前置,这就不大好回答了。再如遇到"他的脸上泛起了红云"这类句子,当时的教材是当作无主句的,但是一加上"使",说成"一句话使他的脸上泛起了红云",就难以自圆其说了。这种情况迫使我们去寻找问题的根源:那就是在我们的语法学中混杂了许多不明确的概念。我们讲主语,时而对动词而言,时而从语义上分析,时而从语用上说明,己之昏昏,怎么能使人昭昭？在修订教材时,对问题作了一番检查,作了一些改进。例如在时间名词和处所名词作主语的问题上,采取了"提升"的办法。"下午我们开会"的"下午"不充当主语,但是在"我们"不出现时,提升它为主语,如"下午开会"。理由在前边论及动词和名词之间的关系时已经提到。

说了许多,仍难免补漏洞之嫌。补漏洞也并不是一件轻松的事,越补越漏的情况也是常有的。然而我们对那些指出漏洞的同志是十分感谢的,因为这将帮助我们进一步探索。

附注

① 《现代汉语》,胡裕树主编,上海教育出版社。1962年初版,1979年为修订本,1981年为增订本。这一段话见于增订本第314—315页。

② 方光焘《体系和方法》,见《中国文法革新论丛》,第52页,中华书局,1958年。

③ 190页,商务印书馆,1905年。

④ 参看文炼《词语之间的搭配关系》,《中国语文》1982年第1期。

(原载《中国语文》1982年第3期)

有关句子分析的几个问题

句子结构的分析,是现代语法学的中心。近年来,我国出版的语法教材,有不少试图改进传统的语法体系,重视句法分析。本文试图在这个方面提出一些看法。

一

问题可以从如何看待偏正词组谈起。

传统语法以词为句法单位,充当句子成分的必须是词。这是因为在形态变化丰富的西方语言里,形态变化附丽于词,词在句子里的位置比较自由,让词充当句子成分是很自然的。近代的西方语言,形态变化不如古代的那么发达,这种析句的办法已在逐步改变。例如在"He will be arriving soon"当中,人们认为谓语是"will be arriving"。这就不是一个词而是一组词充当谓语了。近代有些语言学家,例如英国的 G. Leech 等人,认为组成句子的成分是词组(phrase),而他们所讲的词组是概括了词的。比如名词短语就包括了以名词为中心的词组以及名词。(见 G. Leech, J. Svartvik: *A Communicative Grammar of English*)这样一来,充当句子成分的全是词组,即使是一个词,也不过是词组的变形。这里不仅是术语上的改变,而且是对充当句子成分的材料的基本看法的改变。

汉语虽然是一种缺少词形变化的语言,可是自马建忠以来的语法学家,大都看重词和句子成分的对当关系。持这种看法的人,有个共同的认识:在分析句子时,遇到偏正词组必须找出它的中心词,才算找到了句子成分。影响所及,即使并不看重对当关系的语法学家,遇到偏正词组也总要找中心词。比如分析"今天的天气好得很",分成主语和谓语两个部分,并不算找到句子成分,必须在"今天的天气"中找到中心词"天气",在"好得很"中找到中心词"好",才算是找到了主语和谓语。至于偏正词组的范围如何,语法学家的看法却很不一致。一种看法认为词的前边有修饰成分,或者后边有补充说明的成分的,才是偏正词组。另一种看法,除了把上述的看成偏正词组外,认为动宾词组也可以找出中心词,即其中的动词;实际是把它看成偏正词组的另一类型。还有一种看法,认为主谓词组也可以找中心,即动词为中心。"读书"的中心是"读","我读"的中心也是"读",应该都归到偏正词组中去。

这些不同的看法,直接影响到句子的分析。比如分析"我读书"这个句子,持第一种看法的人,认为谓语是"读书"而不是"读"。持第二种看法的人,认为谓语是"读"而不是"读书";当然,如果分析"读书是学习",也认为"读"是主语。持第三种看法的人,认为"我"和"书"系于动词的两端,都与"读"发生关系,主语呢?大概只能用转换的方式来确定了。析句时自然不能分成"我"和"读书"两部分,因为这样一来,"我"对"读书"而言,就与动词中心说相矛盾了。

目前通行的是第二种看法,即在句子中遇到偏正词组和动宾词组都要找中心,才算找到了句子成分。这可拿《暂拟汉语教学语法系统》作代表。人民教育出版社1959年出版的《汉语知识》是根据这个系统编写的,这本书里有如下的例句:

(1) 革新技术才能更快地提高工作效率。
(2) 我们都起得很早。
(3) 她的高贵品质使大家受到深刻的教育。

据该书分析,例(1)的主语部分是动宾词组,主语是动词"革新",后边的连带成分"技术"是宾语。例(2)的谓语是"起",它前边的"都"和后边的"早"都是连带成分,修饰"早"的"很"也是连带成分。例(3)的"她"和"高贵"都是主语"品质"的定语。这三个例子代表的三种情况,人们曾经提出过疑问:对于例(1),人们提出怎样讲句子格局的问题,一般人都认为宾语是属于谓语部分的,如今出现在主语部分,句子的格局岂不乱了?对于例(2),人们认为概念不明,把宾、补、定、状定为句子的连带成分,是对句子的基本成分主语、谓语而言的,可是在析句时,却是对中心词而言了。比如"很"是状语,它并不直接与谓语"起"发生关系,这样不仅手续繁琐,而且概念含糊。对于例(3),人们指责的是层次不清,因为在句子中,"高贵"修饰"品质","她"修饰"高贵的品质",如今把"她"和"高贵"看作分别修饰"品质",这就搞乱了层次。

于是,在各种根据《暂拟汉语教学语法系统》编写的语法著作中,出现了各式各样的修改。比如把例(1)的"革新技术"当作主语,这就是说,动宾词组在某些情况下不找中心了。又如把例(2)的"很早"当作补语,这就是说,偏正词组在某些情况下不找中心了。再如把例(3)中的"高贵的品质"当作主语,而认为"她"是定语,这就不但认为偏正词组可以充当连带成分,而且可以充当基本成分了。这样一来,定语的定义也得修改,因为在这里定语不是对中心词而言了。诸如此类的修改,不能说没有理由,但是如果在理论上缺乏一贯,在方法上调和折中,那就没有什么体系可言了。

问题是从偏正词组发生的,能不能从另一方面设想,让所有的偏正词组在任何情况下都充当句子成分呢？有人认为不可能这么办，因为这样一来，句子成分就只有主语和谓语了。分析句子就是要找出这样那样的成分，只有主语谓语还有什么意义呢？看来，析句的终点究竟在哪儿，是还得再研究一番的。

二

吕叔湘先生在《汉语语法分析问题》中说："传统语法分析句子是把构成句子的成分分为若干种，然后按照这些成分搭配的情况说明句子的各种'格局'，或者叫做'句型'。"（页60）实际上在传统语法中，前半段是做了，后半截顶多是草草了事。正如该书在另一处批评的："这里有一个句子，咱们来分析。喏！这是主语，这是谓语，等等，等等，完了。"（页104 附注〔71〕）传统语法并没有系统地、全面地归纳句型，甚至有些语法学家也并没有意识到分析句子是为了说明句子的格局（句型）。他们只满足于找句子成分，成分找到了，句子的分析基本上也就到此为止了。

黎锦熙先生的《新著国语文法》，是一本有影响的语法书。它提出了"句本位"的文法，就是"先理会综合的宏纲（句子），再从事于分析的细目（词类）。""'宏纲具举'而后能'细目毕张'"。（引论页1）从分配句子成分出发，据此划分词类，然后再回归到找句子成分的分析上来。完成了这个循环，句子的分析也就此结束。至于句子的格局，不是完全没有提到，但是对它缺乏理论的认识，也没有展开深入的研究，在语法体系中没有把它放在应有的位置。实际上句子成分的划分、配置不是句子分析的终极目的，句子的语法分析是要找出系统的、全面的句子结构的格局、模式，以及它们的变化，它们之间的联系，以揭示语法的规律。我们应该从划分成分、配置成分到给句子寻找主语、谓语等等的循环中解脱出来,致力于分析句型,建立句型,把语法分析方法的研究同句型的研究联系起来,从而把句型的探讨提高到语法研究和教学中应有的地位上来。

句型是从许多句子中抽象出来的。什么是决定句型的要素呢？我们不妨考察一下句子中哪些因素是决定句型的。"你去！""你去？""你去吗？"是不同的句子,但属于同一句型,这是因为语调和语气词都不是决定句型的因素。"你去！""他去。""小猫来。"也属于同一句型,因为功能相同的词的替换也不改变句型。有人认为语序是决定句型的重要因素,这就要看对语序如何理解了。"我看他"、"他看我",两个句子的具体意义不同,但是结构格局并没有变化,这其实是功能相同的词的替换。只有像"客来了"和"来客了"之类,才属于变换语序使句型改变的例子。这也就是说,不同的句型决定于不同的结构关系和结构层次。

对于研究和建立句型,我们认为"生成(generate)"的概念是可以借来一用的。人们能够创造许许多多的句子,能够听懂许许多多的句子,包括从来没有听到过的句子,这就是生成。归纳句型,是着眼于"生成"的能力,而不是着眼于不必要的细致的描写。把一个句子先分成许多最小的单位,然后层层归纳,描写是细致的,可不一定是必要的,因为距离"生成"的目的还远。遇到句子,竭力去找中心词,把中心词和它的连带成分(连带成分还能带连带成分)加上各种术语,以为这就是句子的语法分析的全过程,结果往往是层次不清,规律不明,更谈不上培养"生成"的能力了。

三

上面谈的是析句的终点的问题,即寻找句子成分还是确定句型的问题。从形式与意义的关系看,析句也还有个起点的问题,即从形式出发还是从意义出发的问题。

传统的析句方法,是在理解词的具体意义和句子的整体意义之后,根据意义进行句子的分析的,所以有些语法学家认为不了解意义就无法进行语法分析。这就是说,句子成分是要凭意义才能划分出来的。主谓、动宾、偏正等关系也是在了解句子意思的基础上才能确定的。为什么"他笑"是主谓结构,而"笑他"是动宾结构呢?因为我们懂得它们的意义。

另一些语法学家,比如美国的描写语言学派就持相反的看法。美国的 C. C. Fries 认为析句就是要根据形式上的结构信号找出结构意义,过程是形式到意义。他曾举过《镜中世界》中的一首怪诗作例:

> Twas brillig, and the slithy toves
> Did gyre and gimble in the wabe;
> All mimsy were the borogoves.
> And the mome raths outgrabe...

这首诗当中夹用了许多词典中找不到的词,然而它却能引起人们的"意念",这种意念就是 Fries 所讲的结构意义(语法意义)。

语法上分析句子是为了正确地理解句子的结构及其格局,而不是分析句子的整个意义。具体句子的整个意义是多方面的要素的综合,包括词汇的(单个词的意义),事理的(与客观现实的联系),修辞的(如口气之类),逻辑的(如推理关系),甚至还有社会的(语言环境所给予的意义),等等。语法有它自己的任务,它分析的是句子中结构形式所表示的结构意义。

当然,结构意义与词的具体意义,甚至整个句子的意义不是全无关系,但是决定结构意义的不是词的具体意义和句子的整个意义,而是语言结构的系统。各种语言的结构系统不同,所以各种语言的结构意义也不一样。

　　语言中不同的结构有不同的结构意义,而不同的结构意义是通过形式来区别的,这个形式并不限于词的形态变化。形态变化丰富的语言,词形变化对辨认结构的意义起着重要的作用,缺少词形变化的语言,结构意义也是通过形式来表达的。在汉语里,"工人写诗","工人写的诗","写诗的工人"当中,"工人"、"写"、"诗"这些词的意义一样,但结构关系不同。词的不同的组合与虚词"的"在这里都起着区别的作用。如果对形态丰富的语言作语法分析,主张必须从形式到意义,实质上是认为句法分析必须依据词的形态,而对缺少形态变化的语言,却认为只能从意义到形式,实质上是认为它的结构意义也就是事理关系或逻辑关系。以词的具体意义、句子的整个意思取代、替换语言的结构意义,只不过是为以逻辑分析取代、替换语法分析制造根据而已。

　　基于以上的理由,我们认为,分析任何语言的结构,都必须从结构的形式系统的分析中去发现语言的结构意义,都必须从形式到意义。

　　有人说,从听话的过程看,是从形式到意义;从说话的过程看,则是从意义到形式。这话听起来似乎有些道理。但是这样说的意义是指语句的整个意思或内容;这样说的形式,则兼指语音和语法。把语法看作语言形式方面,把说出或听到的意思或内容看作意义方面,这同我们上面所说的形式与意义不是一个平面上的东西。这样说的形式相当于我们一般说的语言的语法结构,而语言的语法结构,既有它的形式,也有它的意义。

　　跟形式、意义相关联的一个问题是功能,这里只就与句型有关的方面谈谈。

　　一种语言的结构系统体现在词的身上是词的功能。掌握一个词,要懂得它的具体意义,但从语法分析的角度看,主要是要了解它的功能。比如学习英语,懂得 listen 的意义是"听",但从语法角度说,则必须了解它是一个不及物动词,它的后边必须接上介词,然后才接名词,只能说"listen to the song",而不能说"listen the song",在汉语中则只要说"听唱歌"就行了。

因此,懂得词的具体意义,不等于掌握了词的功能;而不了解词的功能,就无法真正弄清楚词和词之间可能有的各种关系,也就谈不上析句,也就不可能分析清楚句子结构的格局。

词的功能并不是单纯的。一类词与另一类词结合在一起所表示的关系可能不止一种,因此词组的功能往往也不是单一的。这种情况,在汉语中较为常见。例如有的动词接上名词,可能是动宾关系,也可能是偏正关系。"学习文件"、"研究计划"、"出口商品"、"剩余物资"都属于这一类。这些词组可能是名词性的(当它们是偏正词组时),也可能是非名词性的(当它们是动宾词组时),这种词组可以叫作多功能词组。名词后边接上动词,有些也是多功能的,例如"机器运转"、"技术革新"、"经验总结",可以是主谓词组,也可以是偏正词组。

多功能词组放在更大的结构中,一般只体现一种功能,这一点跟多义词组相似(多义词在一定的上下文当中,一般只表现一种意义)。比如"我们学习文件"中的"学习文件"只能是动宾词组,"这是学习文件"中的"学习文件"只能是偏正词组。[①]词组中有些是单功能的,例如名词加名词,不论是偏正词组、联合词组,还是同位词组,整个词组的功能都是名词性的。看来,在汉语里不但要重视词的功能,而且应该重视词组的功能。在词组中,分别单功能词组和多功能词组也是值得注意的。对于多功能词组,应该进一步探索它们在什么条件下表现出某种功能。这样,才能正确分析句子的格局。

四

怎样确定句型,语法学界有不同的看法,有不少争论。"求同存异"是解决问题的一种方法,我们不妨把不同的看法搁一搁,先找寻在这个问题上的共同认识。

一般语法书分析句子,总是先辨认它是单句还是复句。如果确认属于单句,再辨认它是主谓句还是非主谓句。我们认为,这就是确定句型的一个共同认识。

这个认识包含了两点:第一,句型是层层确定的,先确定上位句型,再确定下位句型。第二,不同平面的句型有不同的结构成分,例如复句的结构成分是分句,主谓句的结构成分是主语和谓语。至于主谓句的下位类型,一般是根据谓语的结构来划分的。比如说,可以分为名词性谓语句,动词性谓语句,形容词性谓语句,主谓谓语句。而动词性谓语句又包括动词谓语句、动宾谓语句、动补谓语句、连动谓语句、兼语谓语句,等等。这样,每个层次的确认,都根据一个明确的原则,而句型也就形成了系统。

我们还可以在语法书中看到这样的事实,把"关于天文学,我懂得不多"归入主谓句;把"在我国,北方还是冰天雪地,南方已经开始播种了"归入复句。这里可以看出确定句型的另一原则:遇到偏正结构(上边的句子,从整体看都是偏正结构)都根据它的中心部分来确定它的类型。主谓句的下位类型是根据谓语的结构来划分的,谓语如果是个偏正结构,它的类型也应该根据中心部分来确定。例如:

(1)他很读了几本书。(动宾谓语)

(2)他比我唱得好。(动补谓语)

(3)你别光着头出去。(连动谓语)

(4) 你先让他发表意见。(兼语谓语)
(5) 他的确胆子小。(主谓谓语)

就层次关系来说,这些句子的谓语的基本结构(最大层次)都是偏正的,但是在归纳句型方面,单用层次分析法是不行的。层次分析不是从句子出发,分析的结果只是一个语言片段的直接组成成分,不一定能用来区别句型。只论层次,不讲句型,不管格局,那会形成什么情况呢?那就得把"他读了几本书"和"他很读了几本书"看作不同类型,而把"他读了几本书"和"忽然下了一场雨"看作同一类型,这就是不讲格局的结果。当然,这决不是说讲格局就不必讲层次了。比如在"他比我唱得好"一句当中,"比我"是修饰"唱"的呢,还是修饰"唱得好"的呢?从找中心词的分析方法看,是修饰"唱"的。从层次分析的角度看,是修饰"唱得好"的。把"比我唱得好"当作动补谓语,正是用成分分析和层次分析相结合的方法归纳出来的类型。

有人问:照上边的方法确定句型,分析的结果不是太粗略了吗?在这里,我们要说明的是句子分析不等于句法分析。句子分析是寻求句型,句法分析是寻求词语之间的关系,两者既有区别,又有联系。我们在确定句型之后,如果有必要,可以把句子当中的片段抽出来作句法分析,也就是某些语法书所讲的词组分析。词组分析当然谈不上是找寻句型,它的目的在于分清词语之间的层次和关系。这也就是说,句法分析是句子分析的补充。

句法分析不等于句子分析,句法成分也不等于句子成分。主谓句的直接成分是主语和谓语。宾语、补语、定语、状语不是句子的成分,而是句子成分中的成分,它们可以离开句子而存在,所以只是句法成分即词组成分。

附注

① 当然,有时也可能产生歧义,如"我要学习文件"。"学习文件"是动宾词组还是偏正词组,这要根据"要"的性质来确定。

(原载日本《中国语》1981年第1期)

谈谈句法分析和句子分析

早期的语法著作大都不区分句法分析和句子分析。《马氏文通·例言》说:"是书本旨,专论句读。"这里的"读"并不是短语的同义词,虽然有时也把某些短语称之为读。况且,书中只分析了辨识读的标记和位置(读之式),也论及读的功能(读之用),但没有分析读的内部结构。涉及短语内部结构的是所谓"次"。主次和宾次对动词而言,指的是主谓短语和动宾短语,偏次和正次是偏正短语的构成部分,前次和同次则构成同位短语。不过,马氏立"次"的目的只是为了"便于称说",并没有意识到句法分析(短语结构分析)在语法分析中的重要性。黎锦熙的《国语文法》提倡"句本位",没有专章分析"语"(短语)。有时提到"名词语"、"形容语"、"副词语",也是为了叙述的方便,只涉及短语的功能,而没有解剖内部结构。

40年代的"文法革新"的讨论,分析"水流"、"花红"之类的语言单位,既把它们当作短语,又把它们看成句子。最早注重区分短语和句子的著作,当推王力的《中国现代语法》和吕叔湘的《中国文法要略》。50年代以来,汉语语法著作大都有专章分析词组(短语),也说明它们的联系和区别,给人们的印象是:汉语的短语结构与句子结构相同,区别只在于有无语调。例如丁声树等所著《现代汉语语法讲话》讲到析句的步骤:"对并列结构采取'多分法',其他结构一律用'二分法'"。这里的分析方法与短语的结构分析并无二致。

1979年出版了胡裕树主编的《现代汉语》修订本,主张用层次分析的方法析句,可是并不认为第一次的切分就能决定句子的结构类型。例如分析"慢慢地你就明白了",第一次切分出修饰语"慢慢地"和中心语"你就明白",属偏正结构,这不表示句子的结构类型。这个句子属主谓句,因为"你就明白"是主谓结构。又如分析"他已经毕了业",第一次切分出主谓结构,可以认定它是主谓句。第二次切分出修饰语"已经"和中心语"毕了业",属偏正结构,可是谓语的结构类型是动宾,而非偏正。有人(例如许绍早)曾经对这种析句方法表示怀疑,担心理论上自相矛盾。其实,这里的问题不难解释:句子分析是在句法分析的基础上进行的,但是二者并不完全等同,关键是修饰语不影响句子的结构类型。如果要从理论上加以说明,可以认为所有的语言单位都带有修饰语,包括零修饰语。也就是说,单个的名词属于名词短语(NP),单个的动词属于动词短语(VP)。这正如汉语的音节结构都有声母,包括零声母一样。

短语构成句子须有一定的条件,即近年来不少学者关注的成句因素。构成句子的要素,最明显的是语调,但这只是必要条件之一。例如"鸡叫"属主谓结构,但不是主谓句。有人问:"什么东西在叫?"回答说:"鸡叫。"这才是句子,它带上了陈述语调。这里的"鸡"必有所指,这里的"叫"有特定的时间规定。所以,指称因素和时间因素也是成句的重要条件。指称因素属于名词性成分,时间因素属于动词性成分,这是最常见的情况。有些句子不是主谓结构,例如:"下雨了!"这里只有陈述,其中的"了"表达出时间,指称则隐含在语境之中,即当地。

一般认为汉语的语序比较固定:主语在前,谓语在后;动词在前,宾语在后;修饰语在前,中心语在后,朱德熙以为汉语的语序比英语灵活,并不如人们所说的那么固定。其实,说汉语语序固定,讲的是句法结构;说汉语语序相当灵活,讲的是句子结构。句子有语用变化,谓语可以出现在主语之前,动词可以出现在宾语之后。上海版《现代汉语》教材认定宾语可以前置,对此曾引起争议。教材把"我什么也不知道"、"他一口水都没喝"之类的句子看成宾语前置的格式,有人提出疑问:为什么"什么我也不知道"、"一口水他都没喝"不认作宾语出现在句首的句子?

首先要说明的是:我们认为句法分析是句子分析的基础,分析句子必须先进行层次分析,这一点正是我们的析句方法与中心词分析法(即摘取中心的分析法)的主要差别。层次分析要求直接成分之间有一定的句法关系,如主谓、动宾等等。如果先切出宾语,那么相对待的部分只能是动词或动词性短语。这就是为什么上述句子中的句首成分只能看成主语而不能当作宾语的理由。这一点大多数人都能理解,不少人表示怀疑的是:"一口水他都没喝"中的"一口水"是主语,为什么"他一口水都没喝"中的"一口水"不同样看待,也当作主语呢?也就是说,这个句子为什么不属主谓谓语句呢?

我们知道:一般主谓句的谓语重读,而周遍性词语在句首充当主语的句子,却重读主语。能不能由此证明"一口水他都没喝"与"他一口水都没喝"中的"一口水"都是主语?的确,它们属周遍性词语,而且同样须重读。在这个问题上,我们认为须区分两种重音:句法重音和句子重音。拿修饰语和中心语相比,修饰语重读;拿主语和谓语相比,谓语重读。这属于句法重音。短语构成句子,如果没有特殊要求,句法重音就成了句子重音。例如:

(1) 好球!(修饰语重读)
(2) 今天星期三。(谓语重读)

有一种重音只出现在句子中,通常称之为逻辑重音。这种重音可以改变句子中的句法重音。例如:

(3) 还好!(中心语重读)
(4) 今天就是星期三。(主语重读)

周遍性词语用在句子中是句子重音所在,并非是因为充当主语才重读。例如下列句子带旁点的词语重读,但是它们不是句子的主语。

(5) 我们要使家家都用上煤气炉。
(6) 什么菜便宜,他就买什么。

重读的词语是句子的重点或焦点,在书面上常用"是"来指明。有两个不同的"是",一个可以出现在句法结构中,如"他是学生"中的"是";一个不出现在句法结构,只出现在句子结构中,如"我是不去"中的"是"。指示重点或焦点的是后一个"是"。例如:

(7) 他是昨天从北京到了上海。
(8) 他昨天是从北京到了上海。
(9) 他昨天从北京是到了上海。
(10) 是他昨天从北京到了上海。

值得注意的是:在特指问句中,指示焦点的"是"只能用在疑问代词前边。这是因为疑问句的焦点即疑问点,而特指问的疑问点是用疑问代词表示的。例如:

(11) 是谁拿了我的铅笔?
(12) *谁是拿了我的铅笔?
(13) 他是什么时候到上海的?
(14) *是他什么时候到上海的?

是非问通常要求对方对整个命题作出肯定或否定的回答,也可以用

"是不是"加在句首,使句子变成反复问句,口气比较委婉。例如:

(15) 是不是他昨天从北京到了上海?

是非问的疑问点也可以集中在某个词语上边。例如:

(16) 是不是他,昨天从北京到了上海?
(17) 他是不是昨天从北京到了上海?
(18) 他昨天是不是从北京到了上海?

是非问句中用上周遍性词语,这是疑问点所在,前边可以用上"是不是",却不能用在后边。

(19) 他是不是一块钱也不肯花?
(20) *他一块钱是不是也不肯花?

这种情况很容易造成一种错觉,即认为"是不是"是周遍性主语的标志,于是认定"他一口水都没喝"中的"一口水"是主谓结构中的主语。

话还得说回来,我们并不认为"他一口水都没喝"不能分析为主谓谓语句。句子分析可以有不同的方法,这取决于不同的语法系统。语法分析以语言事实作基础,但又不等于语言事实的分析,却要求能反映客观的语言事实中的种种联系和区别。这就有许多因素在制约我们的选择。如果单纯注重某种事实,往往各行其是,很难区分轩轾。例如:下列句子该如何分析可以有不同说法。

(21) 他什么都不爱吃,只爱吃素菜。
(22) 我不喝酒,一点也不喝。

如果单从上下文的联系考察,似乎把"什么都不爱吃"、"一点也不喝"当作宾语前置的格式为宜。析句要照顾前后协调,这大概是语法学者所关注的。

参 考 文 献

胡裕树主编 1981《现代汉语》,上海教育出版社。
陆俭明 1986《周遍性主语句及其他》,《中国语文》第 3 期。
吕叔湘 1979《汉语语法分析问题》,商务印书馆。
朱德熙 1985《语法答问》,商务印书馆。

(原载《语言研究的新思路》,上海教育出版社,1998 年)

如何确定句型

一 句型和句类

讲语法必须分析句子,但是分析句子不能满足于找句子成分。比如把一个句子拿来,指出这一部分是主语,那一部分是谓语,如此等等。这样能不能算是完成析句的任务了呢?不能。必须在找出成分的基础上,按照成分搭配的情况,进一步弄清句子结构的格局,确定其所属的句型,析句的任务才算完成。一般语法书上的单句和复句,主谓句和非主谓句,联合复句和偏正复句,都是着眼于结构格局而分析出来的句型。在语法上,句子的结构分析的终极目的,是为了确定句型。

当然,句子也可以从另一角度进行分析。比如按照句子的语气,可以分成陈述句、疑问句、祈使句、感叹句四类。陈述句述说一件事,疑问句提出一个问题,祈使句表示要求或者制止,感叹句表示某种感情。这样分出来的类叫作句类。显然,句类的区分,不是以结构而是以语气为标准的。各类句子都具有不同的语气,例如陈述语气、疑问语气等等。

由此可见,句类和句型是两个不同的语法概念:相同的句型可以属不同的句类,相同的句类可以属不同的句型。例如"他是共青团员"和"你身体好吗?"都是主谓句,但前者是陈述句,后者是疑问句。"快走!"是祈使句,"好球!"是感叹句,但它们都属非主谓句。这是句型相同句类不同的例子。反过来看,句型不同句类可以相同,"下雨了"和"雨下得很大",一是非主谓句,一是主谓句;"张三和李四都是上海人"是单句,"张三是上海人,李四也是上海人"是复句,但是它们都是陈述句。

分清句型和句类这两个不同的概念,有助于对语法现象的说明。

二 如何确定句型

如何确定句型?这个问题可以从正面回答,也可以从反面回答。从正面回答比较简单,只要说明句型是什么,以及确定句型的依据就行了。可是在确定句型的时候,要涉及多方面的因素,从反面回答,就要说明哪些因素不影响句型,在析句时应予排除。把该排除的排除了,句型的面目也就清楚了。

1. 句中表示语气的成分不影响句型

句中表示语气的成分,在汉语中主要是语调和语气词。"你去!""你去?""你去吗?"是三个不同的句子,分属于祈使句和疑问句,但它们是同一句型,因为结构的格局一样,都是具备主语和谓语的主谓句。这就是说,表示语气的成分对确定句型不发生影响(它们是划分句类的根据),析句时应予排除。

2. 句中功能相同的词的替换不影响句型

"我读书"这个句子中的词,可以用别的功能相同的词去替换,例如"他看报"、"张三写文章"、"猫捉老鼠"等等。句子中的词不同,句子的意思也不同,但结构的格局仍然不变。这就是说,句子是具体的,句型是抽象的。句子功能相同的词的替换,必然改变句子的具体意义,但对确定句型不发生影响,析句时应予排除。

3. 扩展不影响句型

一个句子由若干成分组成,这些成分可以简单到只是一个词,也可以扩展成一个比较复杂的结构,这种扩展不影响句型,因为语言具有递归性(recursive)。

什么叫作递归性呢?递归性原来是数学上的术语,指已知算式的扩展,借用到语言学中来,就有了新的含义。这里不能作全面的解释,但应指出一点:结构中的某个单位(比如词)可以不断地被一个功能相同的词组去替换,这是递归性的一项重要内容。比如"鸟飞了"是个主谓结构,我们可以通过递归,把其中主语"鸟"扩展成为"小鸟"、"树上的小鸟"、"公园里树上的小鸟"、"虹口公园里树上的小鸟"、"上海市虹口公园里树上的小鸟"等等。有了这种递归性,基本结构里的成分就可以扩展成非常复杂的结构,但作用仍然等于原先的那个成分。"鸟飞了"和"上海市虹口公园里树上的小鸟飞了"句型相同。由此可见,定语在确定句型中是没有地位的。一个句子的主语可以是一个词,也可以是一个复杂的词组,这只是构成主语的单位不同,在结构的格局上并无差别。

主语可以扩展,谓语也可以扩展。句子的谓语可以是一个词,也可以扩展成一个复杂的词组。例如:

(1) 他来了→他从北京来了。
(2) 小玲唱得好→小玲比我唱得好。
(3) 张三走过去开门→张三立刻走过去开门。
(4) 大家请他发表意见→大家一致请他发表意见。
(5) 他身体很健康→他近来身体很健康。

以上各组,后一句是前一句的扩展形式,但句型不变。第(1)组都是动词谓语句,第(2)组都是动补谓语句,第(3)组都是连动谓语句,第(4)组都是兼语谓语句,第(5)组都是主谓谓语句。以上各句的状语在确定句型时也不起作用。

还有一种情况,一个主谓句前边加上修饰语,这也是扩展的一种形式。例如:

(6) 关于这件事,我们已经讨论过了。
(7) 下午,我们开小组会。

在确定句型的时候,也要加以排除。带提示成分的句子也是如此。

扩展不影响句型,这就限制了句型的膨胀。试想,如果认为每增加一个句法成分(定语或状语)就形成一种新的句型,那么句型的数目就会多得难以计算。这样庞大的句型能够说明什么问题呢!

4. 增添不影响句型

在句中增添一些独立成分,这些成分不同别的成分发生结构上的关系,位置一般比较灵活,它其实是一种超层次的成分。例如:

(1) 同志,你是从北京来的吗?
(2) 你看,大雨快要来了。
(3) 看样子,他今天不会来了。
(4) 毫无疑问,我们应该努力学习。
(5) 总之,读书必须专心。

以上各句加旁点的都是独立成分。所谓"独立",是从结构上说的,并不是说它在表意上可有可无,有了它,句子都添加了新意。比如例(1)的"同志"表示招呼,例(2)的"你看"表示引人注意,例(3)的"看样子"表示对情况的推测、估计,例(4)的"毫无疑问"表示强调,例(5)的"总之"表示总括。以上这些都与结构无关。因此独立成分的增添不影响句型。

5. 省略和隐含不影响句型

扩展和增添不影响句型,省略和隐含是否影响句型呢?

语言中有没有省略现象?语法学界有不同的看法。早期的语法学家,喜欢从逻辑命题出发讲句子结构,滥用"省略"和"倒装",这一偏向,现在已经纠正了。但目前也有一些语法书,不谈省略,把省略句和非主谓句看成同一类型,恐怕也未必妥当。有人主张把省略限制在如下条件:省略的成分是明显的,如果需要,就可以肯定地补出来,没有两可情形;省略了某成分的句子(或分句),一离开特定的语言环境就不成为句子,不能表达完整明确的意思。看来是比较符合语言事实的。下列各句都省略了一些词语:

(1) 不管人家等着你开饭!(鲁迅《风波》)
(2) 半夜里,忽然醒来,才觉得寒气逼人。(陆定一《老山界》)
(3) 把门打开。

第一句靠所叙述的事情,知道省略了主语"你";第二句全篇文章是叙述作者自己的见闻,省略了主语"我";第三句是祈使句,一般总是省略主语的。省略句既然是有条件的,可以补出来的,当然谈不上改变原来的句型,在这里,三句都是主谓句。

吕叔湘先生在《汉语语法分析问题》一书中提到"隐含",说隐含和省略不同,比如在"他要求参加"和"他要求放他走"里边,可以说"参加"前边隐含着"他","放"前边隐含着"别人",但是不能说省略了"他"和"别人",因为实际上这两个词不可能出现。隐含是个很有用的概念,但它也不影响句型。

6. 变换语序对句型的影响

语序的变换是否影响句型呢?这就不能一概而论了。在汉语中,主谓句的一般语序是主语在前,谓语在后,但在一定情况下,次序也可以变换。例如:

(1) 这篇文章写得多好啊!→写得多好啊,这篇文章!
(2) 你的书找到没有?→找到没有,你的书?

第(1)组,第二句是为了表达强烈的感情而把主语移后的;第(2)

组,第二句是第一句的变换式,说话的人情绪紧张,来不及组织句子,行为的本身最先浮现在意识里,就脱口而出,然后才补说主语。在这里,语序的变换是根据语用(pragmatics)的要求,并不影响句型。它们都是主谓句。

在动宾谓语中,动词在前,宾语在后,这是一般的规律。但是在一定情况下,宾语也能出现在动词的前面,例如:

(3) 我哪儿都不去。
(4) 他一个字都不认得。
(5) 我上海也到过,北京也到过,几个大城市都到过。

第(3)句宾语是个疑问代词,常同副词"都、也"配合;第(4)句宾语中有"一"字,后边有表示否定的副词"不",构成"一……不"的格式;第(5)句是列举的形式。这三句都有一个共同的特点,那就是宾语都有遍指的意义。宾语前置后,我们仍然把它看作宾语,全句仍是主谓句。

另一种变换语序,如"来客了"和"客来了","好天气"和"天气好",一经变换,结构格局就改变了,当然影响句型,在确定句型时就要考虑了。

三 确定句型的步骤

排除了上述各种不影响句型的因素(也许还有其他该排除的因素,这里列举的并不全面),我们可以谈谈确定句型的步骤了。

关于这个问题,我国语法学界有不同的意见,但也有一些共同的认识。一般语法书分析句子,总是先辨别某一语言形式是单句还是复句;如果是单句,再辨别它是主谓句还是非主谓句。这样的处理并非偶然的,这里面有着对确定句型的共同认识。

这个认识包含两点:第一,句型是层层确定的,先确定上位句型,再确定下位句型。第二,不同平面的句型有不同的结构成分,例如复句的结构成分是分句,主谓句的结构成分是主语和谓语。至于主谓句的下位类型,一般是根据谓语的结构来划分的。比方说,可以分为名词性谓语句、动词性谓语句、形容词性谓语句、主谓谓语句等。而动词性谓语句又包含动词谓语句、动宾谓语句、动补谓语句、连动谓语句、兼语谓语句等等(不消说,我们还可以继续分下去,因为句型的存在是相对的)。这样,每一层次的确定,都根据一个明确的原则,而句型也就成了系统。

下面,用图表把汉语的基本句型系统标明如下:

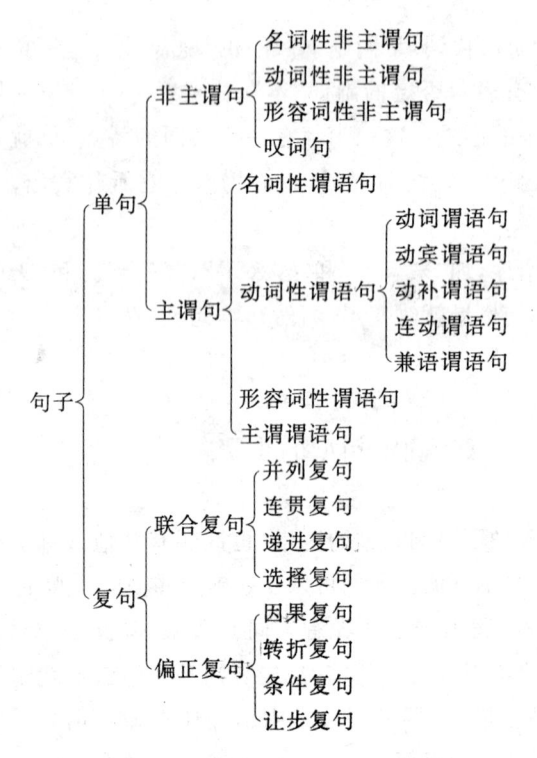

```
            ┌ 非主谓句 ┬ 名词性非主谓句
            │         ├ 动词性非主谓句
            │         ├ 形容词性非主谓句
            │         └ 叹词句
      ┌ 单句┤
      │     │         ┌ 名词性谓语句
      │     │         │                  ┌ 动词谓语句
      │     │         │                  ├ 动宾谓语句
      │     └ 主谓句 ┬ 动词性谓语句 ┼ 动补谓语句
句子 ┤               │                  ├ 连动谓语句
      │               │                  └ 兼语谓语句
      │               ├ 形容词性谓语句
      │               └ 主谓谓语句
      │
      │     ┌ 联合复句 ┬ 并列复句
      │     │         ├ 连贯复句
      │     │         ├ 递进复句
      └ 复句┤         └ 选择复句
            │         ┌ 因果复句
            │         ├ 转折复句
            └ 偏正复句┼ 条件复句
                      └ 让步复句
```

(原载《中文自修》1984 年第 4 期,文末的图表是后加的)

试论汉语句首的名词性成分

汉语句子的谓语动词前头,除了出现非名词性成分外,还可以出现好几个名词性成分,成了以下的形式(NP 代表名词短语,VP 代表动词短语):

$NP_1 + NP_2 + \cdots NP_n + VP$

这些 NP 是不是同样的成分呢?在汉语语法分析中,是一个值得讨论的问题。

一

1. 有人认为,句首的名词性成分是话题(topic,或译作主题),同时也是主语(subject)。这一见解是赵元任提出来的。赵先生说:"在汉语里,把主语、谓语当作话题与说明来看待,较比合适。"[①]他把话题和主语合而为一,凡话题都是主语,把 VP 前的时间词、处所词、其他名词性成分乃至介词结构,一律看成是主语。

2. 依据赵先生的主张析句,确有标准明确、易于掌握的好处。VP 前边的名词性成分本来比较复杂,现在一律看作话题,同时也是主语,分析起来就便当得多了。从交谈者的心理说,话题是可以理解得非常广泛的。把处于句首的不论什么词语和结构都理解为话题,不能说没有理由。但是在语法上分析句子结构,把这样理解的话题都作为主语,那就是个问题了。

从实践角度说,依照上述标准析句,必然会导致主谓谓语句范围的扩大,而主谓谓语句范围扩大的后果,是出现严重的句型交错。在汉语中,不但动词谓语句、形容词谓语句前边带上时间词、处所词、其他名词性成分都变成了主谓谓语句,就连名词谓语句也大多可以变为主谓谓语句。如:

(1) 这张桌子三条腿。

(2) 过去这张桌子三条腿,最近老王把它修好了。

例(1)是名词谓语句,例(2)因为分句头上有了"过去"、"最近"这些时间词,前后分句就要当作主谓谓语句来分析了。这样一来,主谓谓语句就成为和各种句型相平行的一种格式。有一种什么句型,就有一种与之平行的主谓谓语句。比如有一种名词谓语句,就有一种与之平行的主谓谓语句,动词谓语句、形容词谓语句也一样。又比如有一种"把"字句或"被"字句,就有一种与之平行的主谓谓语句,连动式、兼语式等等,莫不如此。这样,主谓谓语句竟成了汉语中占压倒优势的一种句型。讲汉语的句型系统,单句首先该分为主谓谓语句与非主谓谓语句,这能反映汉语的真实面貌吗?

主谓谓语句的扩大,不可避免地要出现主语层层套叠的现象。吕叔湘在《汉语语法分析问题》一书中曾举了"这事儿我现在脑子里一点印象也没有了"一句为例,指出"这事儿"、"我"、"现在"、"脑子里"、"一点印象"挨个儿当主语的问题。[②]在分析上出现了五个大小主语(其实连大小也难分清楚,要么只好挨次序编号,叫作第一主语、第二主语……),把它们一律看待,会不会抹杀一些应该重视的区别,这也是不能不加以考虑的。

3. 语法应该重视句法(如主谓、动宾等等)与语义(如施事、受事等等)之间的联系。例如在汉语里,把 NP$_1$＋被 NP$_2$＋VP 分析为"主语＋状语＋谓语",同时指出 NP$_1$ 代表受事,NP$_2$ 代表施事,VP 代表动作,这样的分析说明了两者之间的关系,所以是有用的。如果只给句子的各部分安上一个成分的名称,不管能不能说明词语之间的语义关系,这种分析的价值就值得怀疑了。例如下列句子头上的名词性成分,它们与后边的词语不发生直接的语义关系,把它们与主语等同起来,显然是不恰当的。

(3) 这件事我不怪你。

(4) 三十六计走为上计。

这些句首的名词性成分提供的是理解句子的背景,把它们看作主语,结果是使主谓关系模糊,因而也无法通过句法分析说明语义关系。

二

1. 汤廷池认为,主题和主语应该加以区别,主题是属于交谈功用(discourse function)的概念,主语则属于句法关系(syntactic relation)的概念。主题和主语可能对立,也可能合一。那些和主语对立的主题,可以独立于句子组织之外,不和句子的任何成分发生句法上的关系。[3]这样,VP 前的名词性成分,就可以分为两种,除了主语之外,还有不与主语相兼的主题。曹逢甫持有类似的看法,而且主张把主题的含义扩大到超出单句的范围。[4]总之,他们认为 VP 前的名词性成分不是同样的,须加以区别,这就把问题的研究推进了一步。

2. 过去的语法分析,只注意到句法关系和语义的说明,如今区别了语用和语义,这不但在实用上而且在理论上更为完整了。

可是,这三者的关系究竟怎样呢?

传统的语法分析注意到句法和语义关系的说明。由于汉语缺乏严格意义的形态,语法分析中经常以语义分析代替句法分析。或者说,先了解句子的意义,再确定句子的成分。从语法科学的角度看,这里的步骤是颠倒了的。如今区别了语用和语义,很可能出现类似的情况,即用语用的分析代替句法分析。

认为主题属于"交谈功用"的概念,则主题是语用的,不是语法的;主语属于"句法关系"的概念,则主语是语法的,而非语用的。于是得出结论:它们不属于同一平面。既然如此,它们不但可以"对立",而且可以"交叉"。为什么会得出可以交叉的结论呢? 因为按照一般的理解,主语对谓语而言,而主题对评论(comment)而言。像"这个句子很难懂"中的"这个句子",既然可以当作评论的对象,当然就是主语兼主题了。这样来给主题下定义,无论如何不能把上述(3)(4)两句句首的名词性成分包括在内。而且,似乎可以说,所有的主语都兼属主题,除非另外从形式上加以限制。

3. 应该指出,(3)与(4)句首的名词性成分是句子的外层结构成分,后边出现的主语和谓语是句子的内层结构成分。把(3)中的"这件事"称作主题,"我"作为主语,把(4)中的"三十六计"作为主题,"走"作主语,这种区别是句子的内层结构和句子的外层结构的区别,是句法关系和非句法关系的区别。所谓"对立"也就是句子的内层结构和外层结构的对立,是句法关系和非句法关系的对立。它们是不能"合一"的,正如花生的壳和花生的衣不能相兼一样。

三

1. 我们的课题是要研究句首的名词性成分,哪些属于句子的内层结构,哪些属于外层结构。

句首的名词性成分,除主语外,还有句首修饰语、外位语、提示语、游离语。例如:

(5) 这学期我们星期五下午学习。
(6) 老李我读过他写的诗。
(7) 参加这项科研工作的人,年纪轻的占多数。
(8) 车票,我有办法。

这几种成分是有区别的,一律称之为主题,未必合适。而且,句首的名词性成分可以同时出现好几个。例如:

(9) 昨天,在会议席上,大家都赞成这个意见。
(10) 以前,我的话他当作耳边风。
(11) 老李,昨天在厂里他跟我谈起过这个问题。

如果说主题是和评论相对待的,主题表示交谈的双方共同的话题,那么,评论只有一个,而共同的话题却有许多个,这在理论上就难以说通。如果认为第一个名词性成分是主题,其余的呢?也让它们挨次充当主题吧,那岂不陷入了与多主语同样的困境?

2. 从另一方面看,句首的名词性成分都附丽于句子的核心部分,而并非独立于句子之外,即使如上边的(3)(4)(8)句首的游离语也是如此。

我们的看法:

第一,把VP前的名词性成分全部放在句法结构之内,于是使主语的范围十分宽广,这是不合适的。把主题和主语部分合一,即把VP前的名词性成分留下一个作主语(或者是主题兼主语),其余一律排除在句子结构之外,这也是不合适的。

第二,VP前的名词性成分都属于句子,但它们之间有分别:

299

主语属于句法结构,即句子的内层结构,其余的属于句子的外层结构。

第三,确定主语、主题以及其他外层结构,应该遵循形式化(formalization)的原则。

四

1. 讲到形式,我们首先想到的是介词。

句首的名词性成分,从形式上看,有两大类:一是带介词的,一是不带介词的。不带介词的又有不同的情况,一种是不能带的,一种是能带而没有带的。

带介词的名词性成分可一律看作句首的修饰语。这种修饰语提供的是理解句子核心部分(被修饰的部分)的条件。一般语法书把"至于"、"关于"归入介词,这两个介词与一般介词不尽相同。它们用在句首,作用在指明话题。这一点汤廷池、曹逢甫两位都注意到了。前边讲到的游离语,大都可以加上"关于"或"至于"。把带上"关于"、"至于"的游离语归入句首修饰语,是着眼于带介词这一特点的。把它们当作主题,与不带介词的游离语同等看待,是着眼于"关于"、"至于"的特点的。两种处理都有根据。

2. 汉语的主语有三个主要特点。

第一,不带介词。一般是不能加介词,只有少数是例外。[5]

第二,位置固定,一般不能移后。

第三,与 VP 的语义关系较为密切(就 VP 前的 NP 之间互相比较而言)。[6]

根据这三个特点我们不妨考察一下下边的例句:

(12) 屋子里十分热闹。

(13) 上海我有熟人。

(14) 台上坐着主席团。

例(12)中的"屋子里"符合上述三个条件,当然是主语。例(13)的"上海"虽不带介词,但可以加介词"在",而且可以移到"我"的后边。"上海"和"我"相比,"我"与谓语的关系更为密切,因此"上海"不是主语。例(14)的"台上"不带介词,不能移后。因为VP前只有一个NP,没有其他名词性成分,所以不妨把"台上"看作主语。

我们也应该看到,例(14)这种类型的句子,如果头上的名词性成分较长,通常是要用介词的。这时介词结构是修饰语,整个句子是非主谓句。例如:

(15) 在大礼堂前边的主席台上坐着五六个人。

3. 通常所说的在句首出现的有复指成分的句子(如例6),句首的名词性成分有时可以加上个介词(如"至于"、"关于"等),它可以移后(当然,移后时要删去句中的代词),它与VP之间的语义关系不如它后边的名词那么密切,所以不宜看作主语。再看两个例子:

(16) 这个字我不认识它。

(17) 这个字我不认识。

例(17)的"这个字"的情况与例(16)相同。在移位这个特点上它更加明显。这就说明它的前置是语用的安排。但这种安排是通过句子结构的改变来体现的。所以尽管语义关系不变,"这个字"在结构上已经由内层转到外层了。

4. 在印欧语里,一个句子的谓语要由动词来充当。在汉语里,除了动词之外,形容词、名词、各种结构(包括主谓结构)都可以充当谓语。主谓结构作为一个整体来充当谓语,就构成主谓谓语句。

我们肯定主谓谓语句的存在,但不赞成把它的范围扩充得很大,因为这样不能反映汉语语法的特点。下列句子是典型的主谓谓语句:

(18) 他工作积极。
(19) 弟弟性格刚强。

在这里,句首的"他"、"弟弟"完全符合上述主语的条件,与外层结构不同。这样的句子,还可以有它的外层结构。例如:

(20) 刚来的时候,他工作积极。
(21) 兄弟两个,弟弟性格刚强。

五

单句可以有它的外层结构,复句也可以有它的外层结构。例如:

(22) 在我国,北方还是冰天雪地,南方已经开始播种了。

句首的"在我国"同时修饰后边的两个分句,属于复句的外层结构。

区别句型和句类,根据的是句子的内层结构而不是外层结构。例如:

(23) 在人群当中我发现了新来的老师。(主谓句)
(24) 在那遥远的地方有一位聪明的姑娘。(非主谓句)

显然,这里根据的是句子的内层结构来区分句型。依据语气分别句类也是如此。例如:

(25) 你想这件事该怎么办?

(26) 我想你可以走了。

例(25)的"你想",例(26)的"我想"都属于句子的外层结构,前者是疑问句,后者是祈使句。决定句类的是内层结构。又如:

(27) 你猜他什么时候来(呢)?
(28) 你猜他是上海人(吗)?

例(27)可以用语气词"呢",例(28)可以用语气词"吗"。外层结构"你猜"和使用不同的语气词无关。

六

VP前的名词性成分,还有别的类型。例如:

(29) 同志,你是从北京来的吗?
(30) 瞧,好大的西瓜,咱们要告诉姐姐去。
(31) 十几年了,这不是条容易走的路。

例(29)的"同志"是呼语,呼语是独立于句外的。例(30)的"好大的西瓜"相当于一个分句,特点是具有相当于一个分句的语调,一般都有强调程度的词语(如"好大")作修饰成分,它与一个感叹句的作用相当。例(31)"十几年"之后带"了",分句的特性更为明显。[7]这些都不在本文讨论的范围之内。

附注

① *A Grammar of Spoken Chinese*,见吕叔湘译《汉语口语语法》,第45页。
② 吕叔湘《汉语语法分析问题》,第82页。
③ 汤廷池《主语与主题的划分》,见《国语语法研究论集》,第75—76页,79页。
④ 曹逢甫 *A Functional Study of Topic in Chinese*。

⑤ 例如:"被李娇儿一面拉住大妗子……"(《金瓶梅》76回)"把西门庆吃得酩酊大醉。"(同上11回)"连妈妈都说不中用了。"(《红楼梦》57回)

⑥ VP前边有几个NP,哪一个与VP的语义关系最密切,这要在研究的基础上排列主语化次序。通常认为施事是排列在第一位的。

⑦ 请参看饶长溶《主谓句主语前的成分》,《中国语文》1963年第3期。

(原载《语言教学与研究》1982年第4期)

谈　宾　语

　　本文打算谈两个问题：1. 动词的后置成分,哪些是宾语,哪些不是；2. 宾语的位置是不是只能在动词的后面,也就是说,宾语能不能提到动词或主语的前面,如果能够,需要哪些条件。

　　在这次主语和宾语问题的讨论中,大家提出了若干不同的看法。其中有一点几乎是一致肯定的,那就是确定主语与宾语的范围必须同时顾到结构与意义。我们的看法也是这样。这里还可以补充说明两句：我们所了解的"同时顾到",不是说有时用结构这个标准,有时用意义这个标准,而是要从结构中发现意义,要找出结构与意义之间的确切关系来。

　　什么是宾语？我们不可能从定义出发去了解这个问题。普通语言学虽然也曾给宾语下过一些定义,但是这些定义的本身就不十分明确。对于印欧系语言来说,也许有点用处；对汉语就很难说得上有什么作用。因此要确定汉语中宾语的范围,比较妥当的方法是先把动词的后置成分加以分析,根据它们的语法特点归成若干类,然后再确定其中的某一类或某几类为宾语。

　　汉语动词的后置成分,粗略地可以分成下列 7 类。

　　1. 连接在动词后面的副动词及其后置成分。如"走向和平"的"向和平","来自北京"的"自北京",它们的作用大都在说明动作行为的方向、时间或目的。

　　2. 用"得"(的)连接的后置成分。如"跑得快"的"快","喜得满脸笑涡"的"满脸笑涡",它们的作用在表示动作行为的可能或结果。

3. 直接连接在动词后面的副词。如"爱极了"的"极","恨透了"的"透",它们的作用在说明动作行为的程度。

4. 连接在动词后面的动词或形容词。如"抹起来"的"起来","打扫干净"的"干净",作用在表示动作行为的趋向或结果。

以上四类后置成分,大家都不把它们当作宾语,看法相当一致。然而我们要问:为什么在这方面的看法会一致呢?据我们推测,恐怕多少是受了传统看法的影响,而传统的宾语大都是指"受事宾语"而说的。吕叔湘先生说过:"拿施事做主语,受事做宾语,是有很坚强的心理根据的;各种语言的分析法的结果往往大体上和这个相符,就是因为基本上都从这个施受关系出发,不过各自顾到它的特殊语法而不得不有所修改。"[①]上列四类后置成分既与受事词语大不相同,所以也就被排除在宾语之外了。

5. 动词后面可以带数量词。如"盛一碗"、"喝两杯"、"哭一场"、"踢一脚"之类,有些语法书把这些数量词一律看作宾语。另外一些语法学者把"一碗"、"两杯"之类叫作名量,认为它们是计算人或物的量的;"一场"、"一脚"之类叫作动量,认为它们是计算行为动作的量的。又认为名量可以充当宾语,动量不可以充当宾语。这两种处理哪一种妥当呢?我们可以先看一看这些连接在动词后面的数量词的性质是不是完全一样。

第一,如果没有一定的语言环境或上下文,我们是不说"盛一碗"、"喝两杯"的,因为这样不能清楚地表达意思。盛的可能是饭,也可能是菜;喝的可能是茶,也可能是酒。"一碗"是附加在"饭"或"菜"上面的,"一杯"是附加在"茶"或"酒"上面的。至于这儿的"一场"却是附加在"哭"后面,"一脚"是附加在"踢"后面,它们自己后面并没有省略什么。在任何情况下说出来都能清楚地表达意思。

第二,"一场"、"一脚"不同于"一碗"、"一杯",却与形容词后面带的数量词性质相近。例如:

> 他比你凶三分。
> 这双鞋比那双大半寸。

形容词后面当然不能带宾语。因此,我们认为该把那些计算动作行为的数量词排除在宾语范围之外。

除此之外,还有一些直接连接在动词后面的实体词(包括词组和主谓结构),它们又可分为两类:

有一类实体词是连接在及物动词后面的,这些实体词的作用是补足动词的意思,它们大都表示动作行为的对象或结果。例如:

> 我读完了鲁迅的小说。
> 他写了一篇文章。
> 墙上挂着一张照片。
> 他接受了我的批评。

另一类实体词是连接在不及物动词后面的,这些实体词的作用在补足全句的意思,例如:

> 台上坐着主席团。
> 后来又来了许多人。

这两类动词的后置成分各有各的意义,各有各的作用,它们在语法上的不同特点是靠动词的性质来表现的。这里就发生了一个问题:汉语动词有没有及物与不及物的区分?这个问题,应该让我们的语言事实来回答。尽管我们的词典没有注明动词及物与不及物的用法,尽管我们还没有找出妥善的区分标准,但语言事实告诉我们,汉语中两种动词的分别是有语法意义的。在辨别句子正误的时候,我们不是常常考虑某些动词能不能带宾语吗？在运用"把"造句的时候,我们不是要考虑到句中的主要动词是及物或不及物吗？只要翻一翻吕叔湘、朱德熙两位先生的《语法修辞讲话》和《语法修辞正误练习》,就不难得到证明。有些语法学者否认汉语动词有及物与不及物的区别,认为任何动词都可以两用,这种看法是片面的。汉语的动词可以分为两大类:一类是及物动词,它的特点是具备两用的能力,可以带宾语,也可以不带宾语;一类是不及物动词,它的特点是具备单用的能力,没有特殊的条件,是不能带宾语的。关于这个问题,我们已有专文谈到,[②]这里不重复了。

由于动词有及物与不及物的区别,以上两类后置成分有不同的语法特点,也表达了不同的意义,我们似乎不宜将它们一律看待。语法规律的建立,一方面要求概括,一方面也要求周密。如果仅仅为了方便,追求简单化,结果很难正确地说明语言现象,不能帮助别人掌握规律。

* * *

其次,我们要谈谈宾语提前的问题。

语序在汉语语法中的重要性是肯定的。研究语法的人,不能而且也不应该对它不加重视。但是重视语序与固定一种语序不是一回事。如果认为"主语在前,谓语在后;动词在前,宾语在后"是一定不移的规律,那么宾语提前的问题就没有讨论的必要了。我们还是从分析具体句子入手。动词谓语句的格式虽然很多,但是与宾语提前问题最有关系的是动词前面有两个实体词的句子(动词前面有时间词地位词的须另外加以讨论)。这类句子有下列几小类:

1. 实体词—实体词—不及物动词。例如：

> 我的婚事我做主。
> 这个任务我亲自动手。

2. 实体词—实体词—及物动词—实体词。例如：

> 这件事中国人民有很多的经验。
> 这个问题他做了圆满的解答。

以上两类句子，或者动词是不及物的，不能有宾语，或者动词是及物的，已经带有宾语，都不发生宾语提前不提前的问题。发生问题的是：

3. 实体词—实体词—及物动词。例如：

> （1）他什么事情都不管。
> （2）我这个字不认得。
> （3）什么事情他都不管。
> （4）这个字我不认得。

对于这类句子，通常有两种不同的分析法：一种是把它们一律看作宾语提前的句子，一种是把它们一律看作主谓谓语句。把它们一律看作宾语提前的句子，这就意味着一般动词谓语句的主语只能是施事，事实上要贯彻这个标准是很困难的（我们现在已经放弃了这种看法）。把它们一律看作主谓谓语句那也不完全妥当，因为例子里一、二两句与三、四两句谓语的结构并不完全相同。所谓主谓谓语，顾名思义，这个谓语本身应包括主谓两项，也就是说主谓两项之间的关系应该与一般独立运用的句子的主谓两项的关系一样。在前面例句中，"他不管"或"我不认得"两项之间都有主谓的关系是不成问题的。至于"什么事情都不管"就很难说得上有主谓关系，硬派定"什么事情"是话题，"都不管"是说明话题的话那总有几分勉强；如果说，这儿的谓语成了被动性，是

"什么事情都不被管"的意思,那正如黎锦熙先生所指出:这是绕了一个弯子来看全句,会令人感到别扭。在这个问题上,我们的看法与徐重人、黎锦熙两位先生有相同的地方,也有不同的地方。具体地说,我们认为:宾语可以提到动词之前,主语不能挪到谓语之后("来了吗,你哥哥?"这类形式除外)。把这个原则运用到上面例句的分析,(1)(2)两句是宾提动前的句子,(3)(4)两句是一般所谓主谓谓语句。(这里的主谓谓语句是就一般的看法说的,至于这类句子该不该算是主谓谓语句,我们打算另文讨论。)

还应该说明的是:分析句子,不仅要指出哪个是主语,哪个是谓语,哪个是宾语,也要指出成分与成分之间的关系。极大部分的动词谓语句都表达了动作的方向,对于这些句子来说,弄清楚动作的方向是了解句子的关键,这一点各民族语言都没有例外。所以问题的症结不在于名称与术语的异同而在于能不能指出成分与成分之间的关系,能不能指出动作的方向来。例如前面的例句,如果仅仅指出(1)的主语是"他",(3)的主语是"什么事情",那还是不够的,必须进一步说明"他"这个主语代表的是施事,"什么事情"这个主语代表的是受事,这样对句子的理解才有更大的意义。

说到这里,就显示出分析动词谓语句的一个根本问题来了。我们究竟凭什么去了解动作或行为的方向呢?有些人认为汉语语句本身是无法表示动作的方向的,《北京口语语法》的作者说过:"(汉语)动词动作的方向只能由上下文决定。比方说,'鸡不吃了',要是咱们说的是喂鸡,这句话的意思是说鸡不再吃东西了,要是咱们吃饱了,主人又拿鸡出来,那么,这句话的意思是说咱们不再吃鸡了。"[③]这种论调是把汉语当作需要猜度的语言,显然不妥当。

必须指出:汉语的表意方法是精确而丰富的,动词动作的方向决不是只能由上下文来决定。例如"母亲爱儿子"与"儿子爱母亲"是靠语序来表示动作方向的;"他被批评了"是靠虚词"被"表示主语是动作的承受者的;"碗打破了"、"文章写好了"所以能指出主语是受事,一方面因为主语本身是无生物,另一方面因为动词是及物的,这些都是语法上的标志。同时我们也应该指出,汉语的表意方法又是十分灵活的,但是灵活与精确并不矛盾。例如我们说"吃奶的小孩儿抱来了",听话的人都懂得这里的主语代表的是受事,这种句式与"碗打破了"基本上是一类的,不过有些活用罢了,因此并不因为小孩儿是生物而打破上述的规律。同样的情形,"鸡不吃了"也是一种活用,只能存在一定语言环境之中。我们既然反对把这种灵活的用法从它的语言环境里抽出来证明汉语表意的含糊,也反对把这些句子加以任意的填补,企图使它适合人为的规律。

现在,回过头来看看前面所举的那类句子,我们凭什么决定动作的方向呢?这个问题,应该从多方面来考察。例如实体词是生物还是无生物,实体词是否有周遍性,是不是疑问代词,句中有没有"连"、"都"、"也"之类虚词……自然,这里面的格式与条件并不简单,还有待我们进一步研究,但我们不能以为它们是不可知的。这方面,前辈们已经有了若干研究的成果,这些成果是值得我们重视的。

也许有人要问:着眼于实体词的生物与无生物的分别,实体词有没有周遍性等等都是从具体意义出发,不能算是语法分析。我们的看法不同些,词一方面是具体意义的负担者,一方面又是结构关系的负担者。词的语法作用与词的意义是密切关联的。因此从词所代表的意义中概括出与结构有关的语法意义是可能的,也是必要的。黎锦熙先生最近主张拿词法来控制句法,从两轴的关系来看,这主张很值得重视。前面谈的动词及物与不及物在句法上的作用,也正说明了这一点。

附注

① 吕叔湘《汉语语法论文集》,科学出版社,第114页。
② 参看胡附、文炼《现代汉语语法探索》,东方书店,第92—101页。
③ 见李荣编译《北京口语语法》,中国青年出版社,第16页。

(原载《语文学习》1955年第12期)

(四)语法和语法教学

汉 语 语 法

汉语语法概述

构词 汉语的词是用方块字记录下来的。有的词只有一个音节,用一个字记录,这就是单音词。有的词有几个音节,用几个字记录,这就是多音词。比如"学而时习之",说出来是 5 个音节,写下来是 5 个汉字,语法上是 5 个语素,同时又是 5 个词。古汉语里单音词占绝大多数,所以古人习惯上把字既当作书写单位,也当作语言单位,不加分别。

古汉语里的多音词,主要是双音词,所占比例很小。单纯的多音词多数是所谓联绵字,由两个字组成,其中每个字不单独表示意义,如"玲珑、造次、披靡、觳觫"。合成的多音词是由几个单音语素组合而成的。有多种组合方式:(1)并列式,有的是近义组合,如"道路、商贾、风云、牺牲、爪牙"。有的是反义组合,如"长短、存亡、昧爽、缓急、成败"。这些词往往在原有的字义上有所引申,如"爪牙"指党羽,"昧爽"指黎明。少数词有偏义现象,如"缓急"指急,"成败"指败。近义组合的方式现代还在应用,反义组合的方式现代很少用了。(2)偏正式,如"匹夫、门人、生民、附庸、燕居"。在古汉语里,偏正式组合多半是名词,动词不多。现代汉语里除名词外,动词也不少,如"回忆、后悔、迷信、误会"。古代有一些偏正式名词是大名加小名的组合,如"帝喾、城濮、祖乙、母辛、鸟乌、虫蚁",这种特殊的偏正结构,汉代以后就少见了。(3)动宾式,如"司寇、牵牛、惊蛰、知音"。这一类词在先秦时代多数属专有名词,如官名、星宿名,汉代以后逐渐多了起来。近代并且不限于名词,如"起草、效劳、出席、担心"。(4)主谓式,如"冬至、地震、耳鸣、胆怯"。这一类词为数极少,在先秦语言中更属罕见。有些双音形式,原来是由两个单音词组成的短语,到后来逐渐变成双音词。如《孟子·公孙丑上》:"冉牛、闵子、颜渊则具体而微。"这里的"具体"指具备大体,即大体相似。现代汉语的"具体"是一个词,与"抽象"相对。又如《汉书·苏武传》:"女为人臣子,不顾恩义,畔主背亲。"这里的"臣"对"主"而言,"子"对"亲"而言,"臣子"是并列的两个词。现代汉语的"臣子"只是一个词。

汉语里很少构词性质的前缀、后缀。秦代以前,少数词带有类似词缀的标志。有些名词前边带"有",如《尚书·汤誓》:"有夏多罪,天命殛之。"《诗经·小雅·巷伯》:"豺虎不食,投畀有北。"在《诗经》中,有些动词前边带"言、曰、聿、于",它们在语音上有密切联系,可能属于同一来源。如《周南·葛覃》:"言告师氏,言告言归。"《小雅·采薇》:"曰归曰归,岁亦莫止。"《大雅·文王》:"无念尔祖,聿修厥德。"《邶风·燕燕》:"之子于归,远于将之。"但这些标志用得并不普遍,而且在秦汉以后大部分消失了。使用时间较长的是"有",多用于朝代名,如"有唐、有宋"之类。形容词和副词后边有带"然、尔、而、若、如"的。如《列子·汤问》:"杂然相许。"《论语·阳货》:"夫子莞尔而笑。"《诗经·齐风·猗嗟》:"猗嗟昌兮,颀而长兮,抑若扬兮。"《论语·乡党》:"訚訚如也。"这里边只有"然"字的应用一直延续到现代,如"井然、茫然、枉然、猛然"等。汉代开始出现的名词前缀"阿"也一直沿用至今,古代有"阿母、阿兄",现代方言里有"阿爸、阿哥"。

现代汉语里最常见的是名词后缀"子、儿、头"。这些原来都是一般的语素,在构词过程中逐渐虚化,位置趋于固定,意义逐渐抽象,语音也变成轻声,在普通话和某些方言里"儿"已经不成为一个独立的音节了。我们可以比较"菜子、莲子"和"桌子、刀子","女儿、健儿"和"花儿、亮儿","额头、葱头"和"舌头、看头",前而的例子里的"子、儿、头"是一般语素,"和"后面的例子里的"子、儿、头"是构词的后缀。这种虚化现象是长期历史演变的结果。词缀"子"在上古已经出现了,例如《礼记·檀弓下》:"使吾二婢子夹我"。"儿"在唐代开始产生,例如金昌绪诗:"打起黄莺儿,莫教枝上啼。""头"的出现比"儿"略早一些,可能产生于六朝。例如《水经注》:"沔水有物如三四岁小儿……常没水中,出膝头,小儿不知,欲取弄戏,便杀人。"现在也还有一些语素正在虚化的过程之中,如"教员、议员、演员"的"员","公家、作家、行家"的"家","博士、志士、名士"的"士","对手、猎手、能手"的"手","懦夫、脚夫、屠夫"的"夫"。这些可以称为类后缀。

现代汉语以双音词占优势,不过在最常用的词中单音词仍占相当大的比重,特别是动词。古代双音词中的联绵字,有一部分已经逐渐淘汰,如"佗傺、觳觫、栗烈"之类。现代沿用的联绵字有的是上古遗留下来的,如"参差、磅礴、从容"等,有的是中古及近代才出现的,数量不很多。

汉语词汇中有一部分是借词,其中有些很早就出现了,如"葡萄"是西汉时借自西域的词。佛教传入中国,东汉魏晋时代流行很快,从此汉语中出现许多来自梵语的借词,如"菩萨、罗汉、比丘、刹那、伽蓝"等。近百年来,由于翻译欧美书籍,又增添了不少借词,如"沙发、可可、芭蕾、坦克、尼龙、幽默、苏维埃"之类。同时,还引进了好些日语词,如"主观、动机、义务、企业、有机、手续"等。

词类 汉语的词可分为名词、动词、形容词、数词、量词、副词、代词、连词、介词、助词、语气词、叹词、象声词等类。

现代汉语同古汉语相比,各类词都有部分成员新陈代谢,这是语言中常见的现象。但介词和语气词几乎全部更换,这一现象值得我们注意。上古汉语介词常见的有"于(於)、以、为、与",由于数目少,往往一词多用,有时不免表意含混。在现代汉语里,代替"于"的有"在、向、给"等;代替"以"的有"用、把"等;代替"为"的有"被、对、替"等;代替"与"的有"和、跟、同"等。现代汉语里出现的"于、以、为、与",多半是在成语或者带点文言色彩的语句里。介词的不断丰富,在中古已经明显地表现出来了,现代汉语的介词都是由动词演变而来。如"被",在先秦两汉时用作动词,表示"遭受"的意思,后边接名词宾语。如《史记·高帝纪》:"高祖被酒。"后来出现了"被"与动词组合的形式,如"被杀、被诛"之类。到了南北朝时期,"被"常用来引进施事名词,如《世说新语·方正》:"亮子被苏峻害。"这里的"被"已经是介词了。这种"被"字句逐渐广泛运用,在近代和现代汉语中,动词用法的"被"基本上已经消失。又如"把",原来也是个动词,是"握"的意思。如《战国策·燕策》:"左手把其袖。"一直到唐宋还有动词的用法。如韦应物诗"把酒看花想诸弟",苏轼词"把酒问青天"。后来才逐渐演变为介词。现代汉语里有些介词还兼属动词,如"在、对、给、比、到"等。

语气词或称助字、助词,古代表示陈述语气常用"也、矣、焉、耳",表示疑问语气常用"乎、邪(耶)、哉、与(欤)",表示感叹语气常用"哉、夫",有时也用"也",表示祈使语气常用"矣、也、乎"。有时连用两个语气词,如"也夫、也哉、也耶、也欤、乎哉、矣乎、焉耳、焉哉",有时连用三个语气词,如"焉耳矣、也乎哉、也欤哉"。大都是在陈述语气之后加上疑问或感叹语气,而重点在疑问或感叹。语气词一般用于句末,有时也用于句中,表示停顿。现代汉语普通话常用的语气词有"的、了、吗(么)、呢、吧、啊"。"的"表示事情确实如此,"了"表示出现新的情况,多用于陈述句。"吗"表示可疑,多用于是非疑问句。"呢"有两个,一个用于特指疑问句和选择疑问句,一个用于非疑问句表示确认事实。"吧"表示半信半疑,常用于疑问句,有时也用于祈使句。"啊"用来增加感情色彩,它的变体有"呀、哇"等。这些语气词也可以连用,如"的么、的呢、的吧、的啊、了么、了呢、了吧"。"呢"和"啊"叠用写作"哪","了"和"啊"叠用写作"啦","吗"原来也是由"么"和"啊"合成的,现在"么"已经很少单用了。

代词由繁而简,这又是古今汉语演变的一个方面。上古第一人称代词有"吾、我、余、予、朕、台、卬"等。第二人称代词有"汝(女)、若、尔、而、乃、戎"等。第三人称代词有"彼、夫、其、之"等。指示代词,近指用"此、兹、斯、是、若、之、时"等,远指用"彼、夫、其、尔"等。疑问代词中,"谁、孰"主要是问人;"何、曷、奚、胡"主要是问事物,"恶、安、焉"主要是问处所和事理。中古以后逐渐淘汰了一些,如"台、卬、戎、时"等,同时又增加了一些,如"身、侬"(第一人称)、"渠、伊"(第三人称)、"底"(疑问代词)等。形式的多样或者由于书写异形,或者由于方言异读。随着时间的推移,语言日趋于规范化,现代汉语(普通话)的代词在数量上明显减少,读音和书写形式也统一了。人称代词只有"我、你、他、咱",指示代词主要是"这、那"以及由它们派生的"这儿、那儿、这么、那么"等。疑问代词主要是"谁、什么、哪、哪儿、怎么、怎(么)样"。这些疑问代词除了表示疑问之外,还可以用来泛指或虚指,如"谁也没有来过"、"谁先到,谁买票"、"我什么也不知道"、"什么好就买什么"。

古汉语有词类活用现象。最常见的是形容词、名词、数词活用作动词。这种活用的标志是带上了宾语。如《史记·留侯世家》:"然上高此四人。""高",形容词,用作动词,意思是说皇帝尊重这四个人。《史记·项羽本纪》:"范增数目项王。""目",名词,用作动词,是看的意思。《诗经·卫风·氓》:"士也罔极,二三其德。""二三",数词,用作动词,是改变的意思。形容词、名词用作动词,有时含使动的意义。如《史记·魏其武安侯列传》:"能富贵将军者,上也。""富贵将军"是"使将军富贵"的意思。《史记·项羽本纪》:"纵江东父兄怜而王我,我何面目见之?""王我"是"使我为王"的意思。不及物动词用作及物动词,也可以表示使动的意义。如《史记·项羽本纪》:"项伯杀人,臣活之。""活之"是"救活"的意思。形容词、名词用作动词,有时含有意动的意义,就是以为如何如何。如晁错《论贵粟疏》:"是故明君贵五谷而贱金玉。""贵五谷"即"以五谷为贵","贱金玉"即"以金玉为贱"。《战国策·齐策》:"孟尝君客我。""客我"即"把我当客人看待"。

现代汉语同古代汉语的差异,表现在词类上还有以下两个方面:一是量词的普遍化,二是动词时态范畴的出现。

在上古汉语里,数词多与名词直接组合,或在名词之前,如"五犬、十羊";或在名词之后,如"弓一、矢百"。也有在名词后边用上数词再带上原来的名词或表示事物单位的词的,如"牛十牛、马五匹",但比较少见。中古以来,表示事物单位的词逐渐丰富,它们与名词有特定选择关系,而且作为数词与名词的中介而存在。于是普遍出现"五只狗、三朵花、十匹马、几封信"之类的用法。这样,一种区别于名词的语法范畴——量词就形成了。同时,表示动量的词,如"番、遍、次、下、回、顿"等也广为运用。

现代汉语动词的时态,是用附加时态助词表示的。时态助词"了、着、过"原来都是实词。"着(著)"在先秦文献中是个动词,意思是"附着",如《左传·庄公二十二年》:"风行而著于土。"汉代开始,"着"也用在别的动词后边作为补语,但没有改变词性。如王充《论衡·雷虚篇》:"今钟鼓无所悬著。"南北朝以后,动词后边的"着"逐渐虚化,出现了新的用法。如《敦煌变文·维摩诘经讲经文》:"初闻道著我名时,心里不妨怀喜庆。""道著"是"说到"的意思,"著"的词性近似介词。再往后,到了元朝时代,就完全变成时态助词。如《水浒·第二十五回》:"只见武大挑着炊饼担儿,正从那条街上来。"由于有了"着","挑"和"来"在时间上发生了"同时"的联系。"了"原来也是动词,是完结的意思。如《晋书·傅咸传》:"官事未易了也。"后来出现"了"的虚化用法。如《敦煌变文·欢喜国王缘》:"夫人闻了,又自悲伤。"又如《水浒·第四回》:"行了几步,又望见一家酒旗儿,直挑出在门前。"由于用上"了","闻"和"悲伤","行"和"望见",在时间上发生了"先后"的联系。"过"出现比较晚,到宋代才多起来,如《朱子语类》:"而今只是那一般合看过底文字也未看,何况其他。"除了上述"了"表示完成态,"着"表示持续态(进行态),"过"表示经验态之外,现代汉语动词还有短时态(尝试态),如"你说说,我听听";可能态,如"说得清,听不懂"。

现代汉语的词可以分为实词和虚词两大类:能够单独充当句法成分的是实词,不能单独充当句法成分的是虚词。实词和虚词各包括若干次类,列表如下:

实词	名词		人 报纸 任务 今天 从前 东方
		方位词	上 前 东 以下 之后 左边
	动词		坐 休息 失败 研究 开始
		趋向动词	来 去 起来 下去 进来 出去
		判断动词	是
		助动词	能 敢 会 肯 可以 应该
	形容词		大 小 高 热 伟大 认真 雪白
		非谓形容词	大型 初级 慢性 人为 共同
	数词		零 半 一 五 十 千 万
	量词	物量词	尺 斤 亩 个 只 张
		动量词	次 遍 顿 番 趟
	副词		很 已经 不 也 亲自 大力
	代词	人称代词	我 你 他 咱们 大家 自己
		指示代词	这 那 这儿 那儿
		疑问代词	谁 什么 怎么 哪儿
虚词	连词		和 跟 同 或 不但 而且 因为
	介词		把 被 从 对于 关于 依照
	助词	结构助词	的 地 得
		时态助词	了 着 过
	语气词		的 了 吗 呢 吧 啊
	叹词		唉 呀 嗯 哎哟
	象声词		乒乓 哗啦 叮当

实词里边有几个附类值得注意。方位词是比较特殊的名词,它虽然有一般名词的某些特点,但是经常附着在别的词语后边,组成表示处所或时间的名词或短语,如"屋里、国外、开会前、假期当中"。非谓形容词跟一般形容词一样,能充当名词的修饰语(大型屏幕、初级中学),但是不能作谓语。趋向动词除了有一般动词

的特点之外,还经常用在别的动词或形容词后边充当补语,如"拿来、寄出、说下去、热起来"。动词"是"在意义上表示判断,在功能上起着联系主语和谓语里主要成分的作用。助动词从一个方面看,有点像副词,用来修饰动词或形容词,从另一个方面看,又像是主要动词,拿后面的动词作它的宾语,有时候能单独充当谓语。如:"我会。""谁敢?"

虚词的作用表现在"连接"和"附着"两个方面。连词的作用是连接,有的连接词或短语,有的连接分句。列表如下:

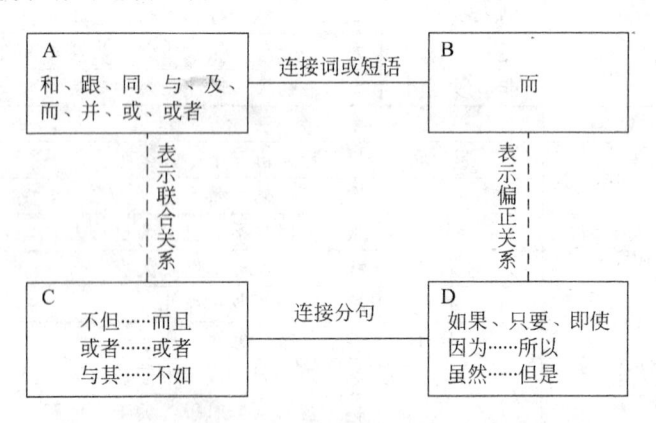

A 和、跟、同、与、及、而、并、或、或者	连接词或短语	B 而
表示联合关系		表示偏正关系
C 不但……而且 或者……或者 与其……不如	连接分句	D 如果、只要、即使 因为……所以 虽然……但是

A、B两组跟C、D两组之间的区别在于连接的单位不同,A、C两组跟B、D两组的区别在于表示的关系不同。

介词的作用是附着在别的词语(主要是名词或名词短语)上边,组成介词短语,用在句中表示施事("被他")、受事("把他")、范围("关于这件事")、时间或处所("在昨天晚上"、"在桌上")、根据("凭这个")、比较("比他")、目的("为了工作")、起点("从此")、方向("朝前")等等。

结构助词里边,"得"的作用是引进表示结果或程度的补语。"的"的作用是附在别的词或短语后边,组成"的"字短语,如"我的、教书的、从前方回来的",在句子里的功能与名词相当。"地"

的作用与"的"相似,组成"地"字短语,如"慢慢地"、"轻易地",在句子里的功能与副词相当("的"和"地"是书面上的区别,语音相同)。

叹词和象声词是特殊的词类。一般习惯把它们划归虚词,其实它们并无连接或附着的作用,不跟句子里别的词语发生关系。

句法 汉语的基本句型是主语在前,谓语在后。感叹句有时候改变这种次序。古代的例子如《尚书·牧誓》:"逖矣,西土之人!"《论语·子路》:"野哉,由也!"现代的例子如:"得了吧,你!""好难见啊,你这位科长!"疑问句也有类似的例子。古代的如《礼记·檀弓上》:"谁与,哭者?"现代的例子如:"吵什么呀,你们?""跟谁学的,这是?"

在有宾语的动词谓语句里,一般次序是动词在前,宾语在后。但是在古代汉语里,如果宾语是代词而句子是疑问句或否定句,宾语在动词之前。如《论语·里仁》:"我未见力不足者。盖有之矣,我未之见也。""之"是"见"的宾语,前置。《论语·子罕》:"吾谁欺?欺天乎?""谁"是"欺"的宾语,前置。在现代汉语里,如果宾语表示周遍性的事物,位置在动词之前,并且动词之前常有副词"都"或"也"。例如:"不用说了,我什么都知道了。""他忙了一天,一件事儿也没办成。"

动词性谓语是说明事实的过程的,事情的过程往往同施事、受事有关。古汉语的主语表示施事或受事,用的动词相同,一般没有虚词作标志。如《庄子·胠箧》:"鲁酒薄而邯郸围。"这里的"围"是"被围"的意思。《史记·春申君传》:"而吕不韦废。"这里的"废"是"被废"的意思。表示被动意义的句式是逐渐形成的。(1)用"为"或"为……所"加在动词前边,如《庄子·天下》:"道术将为天下裂。"《汉书·霍光传》:"卫太子为江充所败。"(2)动词后边用"于",如《论语·公冶长》:"御人以口给,屡憎于人。"(3)动词前边加"见",如《孟子·梁惠王上》:"百姓之不见保,为不用恩焉。"(4)最后产生的是用"被"的句式,已经是汉代以后了,如《世说新语·言语》:"祢衡被魏武谪为鼓吏。"这种句式一直保留到现代。

在动词谓语句里,如果不止一个动词,动词可以有多种关系。以古代汉语为例,有并列关系,如《论语·子张》:"君子尊贤而容众。"有修饰关系,如陶潜《归去来辞》:"云无心以出岫,鸟倦飞而知还。"有动宾关系,如《左传·庄公十年》:"惧有伏焉。"有连动关系,如《史记·项羽本纪》:"项庄拔剑起舞。"有递系关系,即兼语式,如《木兰诗》:"送儿还故乡。"现代汉语的动词谓语里同样有这种种情况。但现代的动词谓语句里最值得注意的是动词常有多种连带成分,形成多层次的动词短语,形式比古汉语繁复。试以结果补语为例,先秦时期动词很少带结果补语,汉代才比较多见,以后广泛流行,沿用到现代,所表达的意义更加多样,形式也更为灵活。补语可以是说明主语的,如"我吃饱了";可以是说明宾语的,如"我已经看完了上册";可以是说明动词的,如"看准了方向";可以是说明动作的次数或时间的,如"读了两遍","读了三天"。用结构助词"得"连接的补语,始见于唐宋之际的白话,现代汉语里广泛运用。连动句和兼语句在现代汉语里也得到进一步发展,并且往往互相套叠。连动中套兼语,如"我马上发电报催他回来";兼语中套连动,如"他让我留下来整理记录"。

现代汉语里有一种广泛运用的动词谓语句,就是用"把"字把代表受事的词语引到动词前边去。这种句式开始出现在唐代,除用"把"外还用"将",在唐诗里有时一联之中一句用"将",一句用"把"。例如:"如将月窟写(泻),似把天河扑。"(皮日休诗)后来用"将"的越来越少,现代只用"把"了。这种句式原来只是连动式,"把"和"将"的意义比较实在,后来逐渐虚化,变成了介词。这种句式的发展在一定程度上受补语发展的影响,因为补语和宾语都需要靠近动词,如果动补结构比较复杂,后边再带宾语就不方便了。

名词谓语句,如果是肯定句,在古代是不用系词的(否定句用"非")。古汉语里典型的结构是在主语后边用"者",句末用"也"。如《庄子·逍遥游》:"南冥者,天池也。"也可以单用"者"或"也",如晁错《论贵粟疏》:"粟者,民之所种。"《庄子·德充符》:"夫子,圣人也。""者"、"也"都不用的,如《资治通鉴·汉纪》:"刘备,天下枭雄。"加进系词"是"字的句式,大概在战国后期已经产生。马王堆出土的帛书中有一幅根据天象判断吉凶的占书,当中有"是是帚彗"、"是是竹彗"、"是是蒿彗"等句子。这些句子里的第二个"是"字显然是系词。这幅占书是汉初人抄录的,原书为战国后期楚人所著。现代汉语使用"是"字就十分普遍了。

"是"字后面的名词对主语的语义关系多种多样。首先是认同和归类,前者如"鲁迅是周树人的笔名",后者如"熊猫是熊,不是猫"。这是汉语和别的语言相同的,但是像下面的例子就比较特殊了:"初中一是算术,初中二是代数。""人家是丰年,我们是歉年。""人是衣裳马是鞍。""山坡上全是栗子树。"

主谓谓语句古代汉语里就已经有了,例如《论语·公冶长》:"巧言,令色,足恭,左丘明耻之,丘亦耻之";《史记·老子韩非列传》:"鸟,吾知其能飞;鱼,吾知其能游;兽,吾知其能走";《孟子·告子》:"鱼,我所欲也;熊掌,亦我所欲也"。这里的"之"、"其"、"所"都可以视为这种句式的标志。

现代汉语里的主谓谓语句,固然是有标志的,例如:"老张,他肯帮助人,人也愿意帮助他。""事不过夜,这是我们公约的第八条。""可我有我的工作呀,整天守着你,那算怎么回事!"可是没有标志的也很多,例如:"二华这家伙,人不错。""从此她饭吃不香了,觉睡不甜了。""她跟爹妈一样,对小事心粗,对大事心细。"

以上略述汉语的基本句式,也就是所谓单句的结构。句子分单复,来源于西方的语法学传统。印欧语系语言靠词语形态的帮助,分别单句和复句比较容易。拿书面语来看,汉语则议论文字还不难分别单句和复句,因为复句的几个分句常常用连词衔接。日常谈话里边很少用连词,因而往往难于决定这里是一个复句还是几个单句。关于断句,中国有中国的传统,古人所说的"句",用现在的标准来衡量,可能是复句里的一个分句,也可能是一个单句,还可能只是一个单句的一个部分。中国旧时的断句,主要依据词语的长短,也就是诵读的方便。这可以用黄侃的话做代表:"文以载言,故文中句读,亦有时据词气之便而为节奏,不尽关于文义。"黄侃曾经拿《马氏文通》里引来做区别句和读的例子的一段《孔子世家》加上他自己的断句,断得较长;《马氏文通》的划分句读也跟现在分别句和分句有出入。这就说明区别句子的大小繁简,中国和西方的传统很不一样。

汉语语法特点

拿汉语同印欧系语言作比较,它显示出一些特点。首先是没有词形变化。有人认为汉语里的"们、着、了、过"等,没有独立的词汇意义,在句子里不能独立运用,总是附着在实词后边表示某种语法意义,它们也有词形变化的语尾性质。尽管如此,它们同印欧语言中的语尾有相当大的差别。拿"们"同英语里表示名词复数的"-s"比较,(1)"们"不但可以附着在词的后边,而且可以附着在并列的几个成分后边。如"子女们"、"大哥哥大姐姐们"。(2)汉语中名词没有单数和复数的对立,"学生们"是复数,但"学生"并不一定是单数。"们"的使用没有强迫性,"工人们和农民们"、"工人和农民们"、"工人和农民"表示的都是不止一个工人、不止一个农民的意思。(3)"们"字的使用也没有普遍性,一般只能加在人称代词和指人的名词后边(指物名词后边加"们"是修辞的用法)。此外,带"们"的名词的句法功能也受到限制,比如可以说"学生们",不能说"三个学生们";可以说"我们是学生",不能说"我们是学生们"。"着、了、过"同"们"的性质相似,它们都可以附着在短语后边,如"打扫干净了的大客厅"、"正在研究和讨论着的问题"、"无论试验或未试验过的方法"。它们的使用有一定的灵活性,有的场合一定要用,有的场合可用可不用,如"你看见(了)没有?"以上事例足以说明汉语缺少像印欧语言那样的严格意义的形态变化。

缺少严格意义的形态变化,这是汉语同印欧语言的根本差别,由此产生一系列其他特点。

第一,语序是汉语里的重要语法手段。(1)同样的语素,次序不同,构成不同的词,如"前门"和"门前","上边"和"边上"。(2)同样的词,次序不同,组成不同的短语和句子,如"经济计划"不同于"计划经济","方便群众"不同于"群众方便","一吨煤用不了一个月"不同于"一个月用不了一吨煤"。(3)句法成分的次序一般是固定的,即主语在前,谓语在后;动词在前,宾语在后,如此等等。为了适应语用上的需要,有时可以改变语序,如"我没有什么印象"和"我什么印象也没有",这里的变动是为了强调宾语。

第二,汉语词类和句法成分的关系是错综复杂的。在印欧语言里,词类和句法成分之间有一种简单的对应关系。大致说来,动词跟谓语对应,名词跟主语、宾语对应,形容词跟定语对应,副词跟状语对应。动词和形容词只有通过构词手段或句法手段转化成为名词性成分之后,才能在主语、宾语位置上出现。汉语则不然,动词和形容词无论是作谓语还是作主语、宾语,都是一个样子。汉语的名词,除了充当主语、宾语之外,还可以作定语和状语,在一定条件之下,也可以作谓语。名词作谓语,古代很普通,如"孔子,鲁人也。"现代一般是表示日子、天气之类,如"今天中秋"、"昨天阴天"。如果名词前边带有修饰语,就不限于表示日子和天气了,如"鲁迅浙江人","那个人大眼睛,黄头发"等等。名词直接修饰动词,在古汉语里是常见的现象。如《左传·庄公八年》:"豕人立而啼。"《史记·项羽本纪》:"吾得兄事之。"现代汉语里最常见的是时间名词、处所名词直接修饰动词,如"我明天动身"、"您屋里坐"。其次是表示某种方式,如"要礼貌待人";有时表示使用的工具或材料,如"电话联系"、"冷水洗澡"。以上事实表明:汉语里名词、动词、形容词是多功能的,这与印欧语言不一样。

第三,在现代汉语里,音节多寡影响语法形式。(1)有些单音节词不能单说,比如称呼姓张的人,可以叫他"老张"或"小张",但不能叫他"张"。(2)有些双音节词要求后边也是一个双音节词,如"进行调查"、"加以整顿"、"互相埋怨"、"共同使用",不说成"进行查"、"加以整"、"互相怨"、"共同用"。(3)双音节词常常联合起来造成一个短语,如"先进经验、宝贵意见、图书仪器、轻松愉快"等等。这样,汉语里就有大量的四字语存在。

第四,简称是很多语言中都有的现象,但是现代汉语里的简称不但数目多,并且有它的特点。(1)常常是两个平列的修饰语合用一个中心语,如"中小学"、"动植物"、"进出口"(早先已经有过少量例子,如"南北朝"、"新旧唐书")。(2)用数字概括平列的几项,如"四化"(工业现代化、农业现代化、国防现代化、科学技术现代化)。(3)简称的地位介乎词和短语之间。一方面简称代表全称,是一种特殊形式的短语,另一方面,简称比全称更加凝固,更像一个词。实际上简称是一种过渡形式。用得多,用得久,往往就变成一个词,以致很多人都忘了它原来是一个简称了。例如:"语文、科技、疗效、外贸"等等。

第五,汉语里有丰富的量词和语气词。

汉语语法研究

1919年"五四"运动以前的语法研究 1898年的《马氏文通》是中国第一部系统的文言语法著作。在这部书出版之前,语法研究没有成为独立的学科。古代关于语法的论述散见于两类著作,一类是文字训诂学家的著作,一类是文艺理论家的著作。训诂学研究古书的词义,在随文释义的时候,必然要注意到词义与上下文的关系,往往涉及语法现象。如《诗经·小雅·常棣》:"原隰裒矣,兄弟求矣。"《毛传》加以注释:"求矣,言求兄弟也。"这里说明,"兄弟"是"求"的受事,而非施事。又如《诗经·大雅·常武》:"王命卿士,南仲太祖。"《毛传》加以注释:"王命南仲于太祖。"这里说明:(1)原诗两句实为一句;(2)"命"的对象是南仲;(3)"太祖"(太庙)是"命"的处所,原诗省略了表示处所的"于"。训诂的另一种方式是逐字为训。《说文解字》(东汉许慎著)把九千多字分部首排列,逐个地加以解释。即使是虚词,也从词义上加以说明。如:"矣,语已词也。""乎,语之余也。"后来出现了专门解释虚词的著作,如元代卢以纬的《语助》,清代刘淇的《助字辨略》、王引之的《经传释词》。特别是《经传释词》,例证多,可信的程度高,对语法研究很有启发。因为虚词同语句结构的关系密切,所以说明它们的作用须寻求出现的语境。如《助字辨略》解释"而":"而,承上转下,语助之辞。《论语》'本立而道生'是也。又如《论语》'敬事而信',此而字,但为语助,无所承转,去'而'字则不可以句也。"这样就把逐字为训与随文释义结合在一起了。

然而文字训诂学家从古籍中抽出词语,分类编次,并未能从用法上加以概括。开创这一工作的是几位文艺理论家和文学家。他们根据自己使用虚词的经验来归纳其用法,把作用相同或相近的概括成类。南朝梁代的刘勰在《文心雕龙·章句篇》中说:"至于夫、惟、盖、故者,发端之首唱;之、而、于、以者,乃劄句之旧体,乎、哉、矣、也,亦送末之常科。"唐代柳宗元在《复杜温夫书》中说:"所谓乎、欤、耶、哉、夫者,疑辞也,矣、耳、焉、也者,决辞也。"刘勰按照虚词在句中的位置分为句首、句中、句末三类,柳宗元按照虚词的表意作用分为疑辞和决辞两类,都给后世的研究以深远的影响。此外,作家在创作实践中,也注意到词在功能上的异同。如从唐代开始的格律诗,讲求对仗,上下句相应的词语大体上有相似的功能。如杜甫《春望》:"烽火连三月,家书抵万金。"《宿府》:"永夜角声悲自语,中天月色好谁看。"名词对名词,动词对动词,可以想见作家心目中已经隐约意识到词的功能类别。在宋代,文学家重视虚实的划分,更重视虚词的使用。南宋张炎在《词源》中说:"词与诗不同,词之句语有二字、三字、四至六字、七八字者,若堆叠实字,读且不通,况付之雪儿乎?合用虚字呼唤,单字如正、但、甚、任之类,两字如莫是、还又、那堪之类……此等虚字却要用之得其所。"诸如此类的论述和实践,多少都涉及语法现象,但是并没有发展成为独立的语法科学。讲虚词的专著,有虚词词典的性质,但并非语法书。文学家和文艺理论家的论述,着眼点是诗文的创作,并不打算总结语言结构的规律。因此,《马氏文通》以前的汉语语法研究只是汉语语法学的萌芽。

《马氏文通》的写作目的,在帮助人们阅读古书和使用文言。作者马建忠在序言中说:"愚故罔揣固陋,取四书、三传、史、汉、韩文为历代文词升降之宗,兼及诸子、语、策,为之字栉句比,繁称博引,比例而同之,触类而长之,穷古今之简篇,字里行间,涣然冰释，皆有以得其会通，辑为一书，名曰文通。"全书引证古书达七八千句，可以说已经集文言句式的大成了。至于研究方法，一方面模仿印欧语法建立体系，同时也注重汉语的特点，不少地方突破了西洋语法的框架。在汉语语法研究上，马建忠的开创之功是不可磨灭的。《马氏文通》给后来的汉语语法研究以深远的影响，主要有几方面：第一，重视句法。在马建忠的时代，西方的一般语法书多详于词法而略于句法。汉语缺少词形变化，不可能像印欧语法那样叙述各类词的形式特点。因此《马氏文通》尽管全书十卷中有八卷讲字类，但莫不联系句法来论述。第二，划分词类着重意义标准。书中说："义不同而其类亦别焉，故字类者亦类其义焉耳。"又说："字无定义，故无定类，而欲知其类，当先知上下之文义何如耳。"第三，列助字一类。拿汉语和印欧语言相比，助字（语气词）确是一大特点。马建忠认为助字是"华文所独"，所以单独列为一类。

此后陆续有语法著作问世，大都以《马氏文通》为范本，或多或少加以修补。章士钊的《中等国文典》(1907)，注重字和词的区别，较为合理，在术语上也作了一些改变。

1919年"五四"运动至1949年的语法研究 从"五四"时期开始，汉语语法研究者渐渐对《马氏文通》不满，企图有所改革。刘复的《中国文法通论》(1920)颇受英国语言学家 H. 斯威特的《新英语语法》的影响。金兆梓的《国文法之研究》(1922)参照刘复的书而又有所变通。陈承泽的《国文法草创》(1922)在词类区分上分别本用和活用，这在辨识词性方面有所改进。稍后有杨树达的《词诠》(1928)和《高等国文法》(1930)，两书内容大部分相同，只是编排方式不同。《高等国文法》的语法体系与《马氏文通》相近，但在细节上有所修正。

以白话文为研究对象的语法，以黎锦熙的《新著国语文法》

(1924)最为著名。本书首创"句本位"语法体系,在词类问题上主张"依句辨品,离句无品"。在句子分析方面,采取以主语和述语为中心的分析法,拿J. C.纳斯菲尔德的《英语语法》作参考来确定句子成分。同时还采用A.里德等人的图解法来表示句子分析的结果。本书多次重印,对语法学界,特别是在大中学校的语法教学上,影响很大。

如何根据汉语自身的特点来研究汉语语法,这是许多学者想解决的问题。刘复、陈承泽等人对此发表过原则性的意见,但是影响不大。30年代末开展的文法革新问题讨论,主张"根据中国文法事实,借镜外来新知,参照前人成说,以科学的方法、谨严的态度缔造中国文法体系"。(《中国文法革新论丛》序言)这次讨论,为摆脱语法研究中的机械模仿作了舆论上的宣传,为革新汉语语法研究作了思想上、理论上的准备。

40年代初,一些语言学者既借鉴国外语言学理论,又重视汉语的实际,撰写了一批新著。吕叔湘的《中国文法要略》(3卷本,1942—1944)和王力的《中国现代语法》(上册1943,下册1944)是这一时期的硕果。《中国文法要略》拿文言和白话对照,着重语法现象的描写。"词句论"探讨了句子和词组之间的变换关系,细致深入。"表达论"以语义范畴为纲描写汉语句法,是迄今为止对汉语句法进行全面语义分析的唯一著作。《中国现代语法》十分重视汉语的特点,特别是在句法的描写方面,对推动汉语语法研究有重大影响。本书在句型上提出"能愿式"、"使成式"、"递系式"、"处置式"、"被动式"、"紧缩式"等等,对于后来的研究起了引导和启发的作用。在40年代,学者们开始重视近代汉语的研究,但大都偏重词汇方面,在语法方面引人注目的是吕叔湘所作的一些专题研究。

1949年以来的语法研究　　无论从规模看,从取得的成绩看,

从培养的人才看,都取得很大成绩。这一时期的语法研究有下列特点:

第一,注重社会实践的效用。1951年《人民日报》发表社论,号召全国人民正确地使用祖国语言,同时连载吕叔湘、朱德熙合著《语法修辞讲话》,帮助读者掌握语法修辞知识,用来指导语言的运用。于是,掀起学习语法的高潮,研究工作者都十分重视语法知识的普及工作,包括在中学开展语法教学。与此同时,语法知识也成为高等学校"现代汉语"课的重要内容。

第二,开展了全国性的专题讨论。影响最大的有三次:词类问题的讨论、主语和宾语问题的讨论、析句问题的讨论。词类问题的讨论是1953年开始的,延续了一年多,讨论的主要问题是:(1)根据什么标准划分词类?(2)如何理解形态和功能?主语和宾语问题的讨论是1955年7月开始的,延续了一年左右。讨论的中心问题是:汉语的主语和宾语的判定是根据意义(施受关系)还是依据形式(语序)?句法成分的标志是什么?析句问题的讨论,可以说是前两次讨论的继续,因为词类问题和主宾语问题都与析句问题密切相关。从整个语法体系来看,析句的目的、方法以及有关的理论,是更根本的问题。讨论从1981年开始,历时一年多。讨论的主要问题是成分分析法(中心词分析法)和层次分析法(直接成分分析法)孰优孰劣?它们各自的适应性和局限性怎样?两种方法是否矛盾?能否结合?不属于这几次讨论的产物之列,但对于汉语语法里种种问题作了系统论述的,有吕叔湘的《汉语语法分析问题》(1979)。

第三,借鉴和吸收现代语法学理论。美国结构主义学派的学说在50年代初引进中国,由李荣摘译赵元任《国语入门》的序论开始,接着是在《中国语文》上连载的《语法讲话》。这个《讲话》在一定程度上运用了直接成分分析法,在全国范围内产生了影响。

60年代出现若干篇立足于汉语而借鉴现代语言学理论的论文,如吕叔湘的《说"自由"和"黏着"》(1962)、《关于"语言单位的同一性"等等》(1962),朱德熙的《说"的"》(1961)和《句法结构》(1962)。同时,国外一些语法学者,采取现代语言学的方法分析汉语语法,也取得了引人注目的成绩。

参 考 文 献

丁声树等 1961《现代汉语语法讲话》,商务印书馆。
林玉山 1983《汉语语法学史》,湖南教育出版社。
吕叔湘 1984《汉语语法论文集》(增订本),商务印书馆。
马建忠 1983《马氏文通》,商务印书馆。
王 力 1958《汉语史稿》(中册),科学出版社。
王 力 1981《中国语言学史》,山西人民出版社。
赵元任 1968 *A Grammar of Spoken Chinese*。有两个译本:一是吕叔湘译《汉语口语法》(商务印书馆,1979),一是丁邦新译《中国话的文法》(香港中文大学出版社)。
朱德熙 1982《语法讲义》,商务印书馆。

(原载《中国大百科全书·语言文字卷》)

从"们"字谈到汉语语法的特点

一种语言的语法,同另一种语言相比较,必然会有不同的地方,这是它的特点或特性。但是,既然是语言,必然也有一些共同的东西即共性。不同语言的语法有特性,又有共性,这本来是个常识问题,可是怎样看待它们的特点和共性,则是值得讨论的课题。

早期的语法学家,比如我国第一部系统的语法著作《马氏文通》的作者马建忠,就是很重视语法的共性的。他说:"各国皆有本国之葛郎玛,大旨相似,所异者音韵与字形耳。"(《例言》)在这种思想指导下,他便以印欧语言的语法规律来描写汉语。这就使得这部语法著作带上了模仿的色彩。继《马氏文通》以后,不少语法书在模仿方面更进了一步。他们更强调共性,有时甚至把汉语的句子译成别的语言然后再来分析。这显然是不合理的。因此,尽管他们有贡献,后人对机械模仿的风气还是提出了批评。

最早反对模仿提倡独立研究的是陈承泽。后来王力也说:"我们对于某一族语的文法研究,不难把另一族语相比较而证明其相同之点,而难在就本族语里寻求其与世界之族语相异之点。"(《中国文法学初探》)强烈反对语法研究中的机械模仿。30年代末开展的关于文法革新问题的讨论,矛头也是针对机械模仿的。这一时期语法研究总的倾向是要求重视汉语的特点。

重视汉语语法的特点是完全应该的,但也不能过分。比如有人努力寻找汉语语法的特点,找来找去,汉语的语法范畴没有了,词类也没有了。忽视语言的共性,以别的语言语法来范围汉语,势必要对汉语采取虚无主义的态度。

我们认为,语法的民族特点和语言的共同性不是对立的。个别是一般的特殊形式,而一般则存在于个别之中;没有个别,一般就不存在了。假如我们片面地强调一般性的东西,而抹杀了汉语的特点,就犯了只见森林不见树木的毛病,当然不对。反之,假如我们片面地强调汉语的特点而抹杀了语言的一般性,那就是只见树木不见森林,也是错误的。正确的态度应该是既要重视特殊性(特点),又要重视一般性(共性),这是我们研究语法的指导思想。

明确了以上的指导思想,还有个如何描写语法特点的问题。

讲语法特点有两种讲法。一是把汉语语法的要点一一罗列出来,同别的语言进行对比。比如:汉语的语素怎么样,英语的语素怎么样;汉语的构词法怎么样,英语的构词法怎么样;汉语的词类怎么样,短语怎么样,句子怎么样,英语怎么样怎么样,如此等等。这种比较不能说没有用处,它对语言教学特别是外语教学就很有帮助。这种研究属于"对比语言学"的范围,不是一般所说的"比较语言学"。若干年前,这种对比语言学在美国很盛行,但是过了一段时间,大家的热情好像减退了,觉得点点滴滴的对比,未免琐碎,概括不出一个总的规律来。我们当然不轻视这种研究,近年来出版的这类书,在汉外教学、外汉教学中起过积极的作用,不过要在这样的对比中找出系统的语法规律的确不容易。那么我们究竟怎样来谈汉语语法的特点呢?记得方光焘老师对此曾经发表过意见。他也是赞成讲语法的特点的,但不主张孤立地、机械地搞对比。他要我们把汉语的民族特点纳入语言的一般性、共同性之中,透过语言的共同性、一般性去看特点,讲特点。这一见解是精辟的。这就是说,我们研究语法,既要注意它的共性,又要注意它的特点,并且要把特点放在共性的一定位置上去考察,去理解。只有这样,我们的普通语言学理论才能不断丰富,不断得到充实。汉语作为十亿人使用的语言,在普通语言学中应有一定的地位。普通语言学讲得再好,假如同汉语格格不入,或者它的理论不能用来说明汉语,我想总是不正常的。

下面,我们以"们"字为例,依照上述的研究原则,通过跟英语对比,来看看汉语语法的特点。

在英语里,通常是用形态变化来表示语法意义的。试以名词的"数"为例:英语名词有单数复数的区别,表示复数,最常见的形式是在单数名词后边加上后缀"-s",比如"book(单数)～books(复数)"。也有些是加"-es"的。至于单复数同形的名词,或者只有复数形式而无单数形式的名词,英语中也有,但为数极少。在汉语中,表示名词复数的有个"们"字,但它与英语中的"-s"有许多不同的地方:

第一,英语中的名词有单数和复数的对立。"Student(学生)"是单数,"Students"是复数,这种对立是严格的。汉语中"学生们"自然是复数,但"学生"并不一定是单数。比方说,"今天开学,学生都到齐了。"这里的"学生"没有加"们",但表示的是复数。《现代汉语八百词》说,"工人们和农民们"、"工人和农民们"、"工人和农民"表示的是同样的意思,都是不止一个工人,不止一个农民。这就是说,汉语中名词没有单数复数的对立,在表示复数上,"们"字缺少强制性,有时固然要用,有时则可用可不用。

第二,英语中加"-s"表示复数,这一规则有普遍性,即适合极大多数的名词。汉语中的"们"一般只能用在指人的名词后边,指物名词后边加"们"是修辞的用法。例如:

(1) 油蛉在这里低唱,蟋蟀们在这里弹琴。(鲁迅)
(2) 奶奶管我们叫小燕子们。

例(1)是拟人,例(2)是比喻。

《中国语文》1958年有篇文章《藁城方言里的"们"》,1982年有篇短文《动物称"们"》,都谈到指物名词后边加"们"的现象。但一是方言,一是书面语。动物称"们",在普通话口语中是很难听到的。

指人名词加"们",常见的是双音节的,没有"官们"、"兵们"的说法,只有"人们"是例外。以上事实说明:"们"字的使用缺少普遍性。

第三,英语中的-s,只能附着在一个词上,不能附着在一个短语上。汉语的"们"可以附着在一个词上,也可以附着在一个短语上。如:"父子们"、"大哥哥、大姐姐们"、"老师和同学们"。

第四,在英语中,名词的单数或复数,要与句中其他的词相一致。比如单数名词前边只出现"a"或"one"(a student),在"two"或"three"后边的名词只能是复数形式(three students)。汉语则不然。我们可以说"学生们",也可以说"三个学生",但不能说"三个学生们"。这是什么缘故呢?

有人认为,汉语是讲经济原则的。前面有了表示复数的数目字,单复数已经明白,就没有加"们"的必要了。可是,人们要问:英语中前边有了表示复数的数目字,后边的名词还要加"-s",它采取什么原则呢?看来还得从汉语本身去找答案。

据我们观察,汉语中表示名词的复数,一般采取两种手段:一种是词汇手段,即在名词前边用上表示复数的数词和量词,如"三个学生","三个"是定数,是计量的。另一种是词法手段,即在名词后边加上后缀"们",如"学生们"。"学生们"表示不止一个学生。可是指的是三个五个呢,还是十个八个呢,说话的人根本不想在这方面加以表述。这也就是说,"们"表示不定复数,是不计量的。这种不计量的复数,我们在《现代汉语》(胡裕树主编,上海教育出版社出版)中称之为"群"。

这样，我们就不难解释为什么"学生们、三个学生"可以说，而"三个学生们"不能说。"三个学生们"之所以错误，不在于违反了经济的原则，而是"计量"与"不计量"产生了矛盾，表"数"与表"群"产生了矛盾。按照汉语的习惯，你可以说计量的复数（三个学生），也可以说不计量的群体（学生们），但是在同一句话中，你不能既计量又不计量，既表示数又表示群体。所以，说"三个学生们"是违反汉语语法规则的。

根据以上的认识，我们在《现代汉语》教材中，对"们"字作了如下的说明：

"们"经常附着在指人的名词后边，表示"群"的意义。"群"是不计算数量的多数，同它相对的格式是计算数量的多数，如"同志们"和"×位同志"相对。因此，用了"们"，前边就不能再用数词和量词了。

现在看来，这段话大体不错，但不够严密。问题出在最后一句话上。汉语中的确有名词加"们"前边再用数词和量词的说法，《汉语学习》1985年第1期有篇文章讨论这个问题，举了不少的例子。如：

(3) 统舱里全是空铺，只有三五个人们。（鲁迅）
(4) 二三十个本村和沙家店的婆姨们……来看她。（柳青）

这里"三五个"和"二三十个"都是数词和量词，但表示的不是定数而是不定数（概数），不定数是不计量的多数，即"群"的意思，所以这两句话并没有违反上述的规律。但教材上的话没有说清楚，如果改为："名词前边有表示定数的词语的时候，这个名词就不能加'们'。"或者说："名词后边用了'们'，它前边就不能加上表示定数的数词和量词了。"这样说就比较严密些。

"们"既然是表示不计量的多数的，所以下面的句子都能说。如：

(5) 还有几位"大师"们捧着几张古画和新画……(鲁迅)

(6) 许多口口声声拥护鲁迅的人们……(毛泽东)

(7) 某些性急的朋友们也跑出来向人们说……(毛泽东)

(8) 但是那些隐蔽在大荷叶下面的战士们正在聚精会神瞄着敌人射击……(孙犁)

"几"表示大于一而小于十的不定数,"许多"表示数量多,"某些"表示数量不大,"那些"指出两个以上的人或事物。这些都表示不计量的多数,都是"群"的意思。

"诸位"和"各位"后边的名词能不能加"们"呢？这是一个值得研究的问题。依我看,"诸位"表示总称所指的若干人,后面的名词是可以加"们"的。"各位"指各个、逐个,即指全体中的一个,是个体而非群体,是不宜加"们"的。"各位代表们"的说法,有时也见于名人笔下,这也许是受方言影响吧！这个问题要做些调查研究才能得出结论。

在汉语里,还存在个人名字加"们"的用法。例如：

(9) ……然而到第二年,他(指李大钊)终于被张作霖们害死了。(鲁迅)

(10) 寄语现代的司马相如们和韦肇们,做做好事罢,莫再佛头着粪罢！(王力)

"张作霖"是一个人,加"们"表示"及其他人"或"等人"的意思。"司马相如们"和"韦肇们"显然是指那一类喜欢在公共场所乱题字的"雅士"们,指的也是群体。

人称代词"我、咱、你、他"后边的"们",也是表示不止一个人：我们＝说话者＋第三者(不包括听话的人在内),咱们＝说话人＋听话人(有时也包括第三者),你们＝听话人＋第三者,他们＝$他_1$＋$他_2$＋$他_3$＋……,这就是说,代词后边的"们"指的也是不计量的多数,同样是表示"群"的意思。

通过以上的对比分析，汉语中的"们"和英语中的"-s"不同之处已经很明显了。它们有没有相同之处呢？有的。它们都没有独立的词汇意义，在句子里不能单独使用，在语音上融合在它们所从属的那个词里，当它们同名词相结合的时候，便给这个名词加上复数的语法意义。应该说，这种共同之处是本质的、重要的。

这样，我们就不要轻易否定汉语名词的"数"的范畴。汉语里有个不同于印欧语的表示不计量的复数（群）的后缀"们"，表示计量的多数就不用"们"。我们的"数"有特点，和印欧语不同，但是作为"数"又有一般的、共同的东西。

这样，我们也不要轻易否定汉语的形态。"们"和名词的结合，表达了一定的语法意义，未始不可以看作一种形态，只是就类型来说，不同于印欧语的形态罢了。有人说汉语缺少像印欧语那样严格意义的形态变化，这话也是合乎实际情况的。

（原载《语文园地》1985年12月）

语言单位的对立和不对称现象

一

现代语言学的发展趋势之一是重视方法的研究。这里所谓研究方法的重视,与其说是创造什么新的方法,不如说是自觉地运用曾经使用过的一些有效的方法,使它更系统、更严密,因而行之有效。当然,并非没有改革,而且改革是在不同范围内不断地进行的。汉语的研究当然也是如此。最明显的例子是我们根据汉语的特点广泛采用结构主义语言学的一些方法。比如用"替代法"辨识语素,用"分布分析法"给词分类,用"直接成分分析法"描写语言单位的内部结构,用"变换法"解释同形异构的现象,等等。这些被人们称之为结构主义的方法,只不过是美国描写语言学的方法。结构主义语言学除了描写语言学之外,还有布拉格学派和哥本哈根学派,它们都有各自的分析方法,值得我们借鉴。本文想谈谈布拉格学派的一种方法在汉语分析中的应用。

布拉格学派注重的是语音的研究,在音系学方面有重大贡献。其实,音系学的一些理论原则、基本概念和研究方法对语法和语义的分析也很有启发。例如研究音位,以对立为基础,元音的舌位有"高——低"的对立,辅音的发音方法有"清——浊"的对立,等等。许多语言学者已经在语法和语义的分析中使用了"对立"的概念,而且在方法上又有所发展。在这里,我们特别要提到布拉格学派的代表人物之一——雅可布逊(R. Jakobson 1896—1982)。他曾经提出:对立的双方可以分为无标记项(unmarked member)和有标记项(marked member)。例如/p/和/b/,/t/和/d/,/k/和/g/对立,浊音是有标记项,与之对立的清音是无标记项。值得注意的是:这里讲的"标记"有其特定的含义,所谓"有标记"指的是具有某种区别意义的特征。对立双方的区别主要表现在有标记项上边,于是出现不对称现象。这种概念不仅仅用于语音分析,也适用于语言的其他层次上边。在语法上,例如 boy 是无标记项,boys 是有标记项;work 是无标记项,worked 是有标记项,这些都是显而易见的。语义上的有无对立并不表现在词形变化上,因此容易被人忽略。例如 deep 和 shallow 对立,前者是无标记项,后者是有标记项。我们虽然可以说"deep water"(深水),也可以说"shallow water"(浅水),但是如果要了解水的深度,就只能问"How deep is it?"而不能问"How shallow is it?"这个例子说明什么呢? 第一,在语义上,无标记项和有标记项的对立有其特点;第二,词语搭配上的选择限制也是一种标记。下边我们要谈的是汉语在这方面的一些表现。

二

汉语里对立的形容词有两种情况:一种是词义互相排斥的,即"非此即彼"。如"真——假"、"对——错"、"正——反"。这属于二项对立。一种是词义对立但不排斥中间概念的,如"大——小"、"高——低"、"深——浅"。这属于多项对立,在问程度的时候,基本格式是:

多+形容词?

运用这个句式时,有下列限制:

第一,不能用二项对立的形容词。例如不能问"多真?""多正?""多对?"只能问"多大?""多高?""多深?"

第二,受不对称规律的限制。例如可以问"多大?"不能问"多小?"可以问"多深?"不能问"多浅?"等等。有一个例外:"多多?"不能说,须说成"多少?"

第三,不能用双音节形容词。双音节形容词前边加"多"构成感叹句,而不是疑问句。试比较:

多大?　　　多高大!
多远?　　　多辽远!
多重?　　　多沉重!

必须补充说明:有些单音节形容词,如"黑——白"、"红——黑"、"方——圆"、"圆——扁"之类,完全是习惯形成的对立,也不能用于上述问式。

从形容词的对立情况的分析中,我们最感兴趣的是那些不对称的现象。然而这种现象并非形容词所特有。有些成对的动词,特别是单音节动词,在某种句式中也有不对称的现象。例如:

减——加

可以说"把他的工资给减了",通常不说"把他的工资给加了",但是可以说"把他的工资给增加了"。

关——开

可以说"把收音机关了",通常不说"把收音机开了",但是可以说"把收音机打开"。

脱——戴

可以说"请把帽子脱了",通常不说"请把帽子戴了",但是可以说"请把帽子戴上"。

方位词的使用也有不对称的情况。例如：

前——后

吕叔湘先生曾经指出："前"可以指过去，也可以指未来，"后"只能指未来，不能指过去。例如，"前天"、"前年"、"前人"、"前辈"、"前事不忘"、"前车之鉴"的"前"指过去。"前程远大"、"前途无量"、"前景光明"的"前"指未来。"后天"、"后人"、"后年"、"后辈"、"后顾茫茫"、"后患无穷"的"后"都指未来。

如果有人在公共汽车上问售票员该在什么地方下车，售票员回答说："在中山公园前一站下车。"这就有两种解释：一是尚未到达中山公园的那一站，一是超越了中山公园的那一站。如果说"中山公园后一站下车"，就只有一种解释。

这种不对称现象与一方有、另一方无的"有无对立"稍有不同，它是一种全与偏的对立。布拉格学派曾举 dog 和 bitch 为例，说明某种对立的情况。dog 包括雄狗和雌狗，bitch 则专指母狗，这也是全与偏的对立。又如：

上——下

"上"既指实际方位，又可以指表面。"下"指实际方位，不与指表面的"上"相对待。例如"桌子上——桌子下"，"床上——床下"是对称用法。而"地球上"如果指"地球表面"，那么与之相对的是"地球里"，而不是"地球下"。同样，"手上"如果指的是"手的表面"，那么，相对待的是"手中"，而不是"手下"。

吕叔湘先生还指出：代词"这"可以指上文，也可以指下文；"那"只能指上文，不能指下文。这也属于全与偏的对立。

其实，词义的对立，除了有与无的对立、全与偏的对立之外，还有一种交错对立。比如英语里有 deep breathing，而没有

shallow breathing;有 shallow beach,而没有 deep beach。汉语里又有类似情况:有"深呼吸"而无"浅呼吸";有"浅滩"而无"深滩"。

再以"大——小"为例。有不少名称只有"大"没有"小",吕先生曾举数例:

大海	大陆	大战
大殿	大楼	大厅
大粪	大衣	大庆
大赦	大使	大饼
大自然	大少爷	大团圆
大本营	大后方	大革命
大扫除	大舌头	大杂烩

名词中也有只有"小"没有"大"的。例如:

小辈	小丑	小贩
小费	小工	小惠
小卖	小偷	小鞋
小百货	小动作	小辫子
小伙子	小品文	小时候
小心眼	小意思	小市民

有一种正负对称的情况:原有语言单位前边加上表示否定意味的语素,于是构成对立的形式,如"错——不错"、"简单——不简单"、"怎么样——不怎么样"。"错"的反义词是"对",可是"不错"是"好"的意思。"简单"的反义词是"复杂",可是"不简单"是"有能耐"的意思。"怎么样"表示疑问,"不怎么样"并非对疑点的否定,而是"不太好"的意思。这是另一种对立和不对称的现象。有一些带否定语素的语言单位,如"不得已"、"非卖品",并没有与之对立的不带否定语素的形式,不妨这么看:它们的对立形式为"零"。这属于特殊的不对称现象。

三

从上边的说明可以知道:要了解对立形式中的不对称现象,关键在发现有标记的一方。然而在这过程中,也可能产生误解。例如形容词用在有语气词"着呢"的句子里,常见的是"远"、"多"、"早"、"长"之类。

(1) 路还远着呢!
(2) 事情还多着呢!
(3) 时间还早着呢!
(4) 衣服还长着呢!

(1)不能用"近",(2)不能用"少",(3)不能用"迟",(4)不能用"短"。这就造成一种印象:在上列句式(作为一种标记)中,适用于"远"、"多"、"早"、"长"之类的"积极形容词",而不适用于"近"、"少"、"迟"、"短"之类的"消极形容词"。其实,这是一种错觉。使用上列句式,都须有某种预设(presupposition)。说(1)句时,预设路由远而近。说(2)句时,预设事情由多到少。说(3)句时,预设时间由早变迟。说(4)句时,预设穿衣服的人在长高,所以衣服由长到短。因为不可能有相反的预设,比如走路不可能愈走愈远,事情不可能愈做愈多,所以不能有另外的说法。反之,如果有两种预设的可能,那就不限于使用积极形容词了。例如:

(5) 水还烫着呢!(预设水温由高而低)
(6) 水还凉着呢!(预设水温由低而高)
(7) 天还亮着呢!(预设天空将转暗)
(8) 天还暗着呢!(预设天空将转亮)

可见上边讲的不对称现象并非语言单位本身的特点,不能作为描写的依据。

描写语言现象,必须要有材料。有了材料还须加以分析,去伪存真,才能找出规律。即使找到了规律,还可以进一步研究,那就是对规律加以解释了。规律的解释有不同的层次,从大的层次来看,各种语言学说的理论和方法对各种具体语言的研究都有启迪作用。当然,理论和方法也在不断发展,具体语言的研究正是这种发展所必需的条件。

参 考 文 献

冯志伟 1987《现代语言学流派》,陕西人民出版社。
吕叔湘 1984《语文杂记》,上海教育出版社。
汤廷池 1979《国语语法研究论集》,台湾学生书局。

(原载《语言教学与研究》1990年第4期)

《现代汉语》使用说明

(语法部分)[①]

一　词的分类标准

这个问题过去讨论得很多,比较一致的看法是:不能单纯凭意义区别词类。不能单纯根据意义分类,并不等于排斥意义。然而,意义同词类的关系究竟怎样,还是一个尚待深入研究的问题。

《暂拟汉语教学语法系统》划分词类的标准是"词汇·语法范畴"。具体说来,就是认为词类是根据词的意义和词的语法特点来划分的。这里代表了一种看法:意义和语法特点是并列的。这种看法在具体运用时还会遇到不少困难。例如副词,从意义上看,接近虚词;从语法特点上看,它能单独作句法成分,又近于实词。又如叹词,从语法特点上看,它能单独成句,近于实词;从意义上看,它不指称任何事物,似乎又可列入虚词。

仔细查一查"词汇·语法范畴"的来源,就会发现它本来是作为说明词类的性质才提出来的,并非区分词类的标准。俄语的词类,不存在重新考虑如何划分的问题,可是苏联语言学家在讨论俄语词类问题时,对词类的性质有不同的理解。谢尔巴在1927年认为俄语词类不仅具有外部表现形式,而且有它的意义特征。

在40年代,维诺格拉多夫阐述了这个观点,并提出"词汇·语法范畴"的名称来。这个术语的提出并非没有客观事实的依据。诸如俄语、德语、法语、英语之类,词的语法类别有基本范畴和附加范畴,前者如名词、动词等等,后者如性、数、格等等。拿附加范畴来说,比如性、数、格等都有形式标志,就是说,它们能成为语法范畴,是有形式上的依据的。然而它们又有一定的意义基础。"性"的意义基础是生物界的性别,"数"的意义基础是人们头脑中的"单"、"复"概念,"格"的意义基础是动作与有关事物之间的种种关系。可是基础不等于标准,名词的"性"不能以生物的性别作标准,语法上的单数、复数也并非全是数学上的概念,这都是人所共知的事实。拿词类来看,也是如此。例如名词,它的意义基础是通常所说的"事物",然而认为名词是表示事物的,这大概是一个蹩脚的定义。因为,第一,名词不一定表示事物,如"刚才、比例、感想"等等。第二,表示事物的也不一定是名词,如"比较、打仗、性急"等等。总之,"事物"是名词的意义基础,但不是鉴定名词的标准。

至于苏联语法学家提出"词汇·语法范畴",还有另外的含义。像俄语这种语言,句子成分与词类之间有对当关系,句子成分所表示的关系意义自然会反映到词类上边。如主语对谓语而言,主语表示的关系意义是谓语陈述的对象,而充当主语的是名词或名词性成分,这样就可以认为:名词在句法关系上有它的意义基础。苏联的一些语法学者阐述"词汇·语法范畴",着重说明的正是词类在句法上的意义基础。把"词汇·语法范畴"作为区分词类的标准,这是一种误解。用"词汇·语法范畴"来说明汉语词类的性质,也值得考虑,因为汉语不像印欧语言那样,汉语的词类和句子成分之间没有明显的对当关系。

那么,意义在词类区分中究竟居于什么地位呢?

在语言分析中,首先要识别语言单位。语言单位指的是音义结合的单位。语音单位不与意义结合,语义单位(如义素)不与语音单位结合,都不是语言单位。比如用"替代法"辨析语素,"书桌"中的"书"可以用"课、餐"等替代,"桌"可以用"房、箱"等替代,于是确认"书"和"桌"是两个语素。这里有个前提,用来替代的"课、餐、房、箱"必须是已知的语素。换句话说,首先要确认它们是语言单位。又如用直接成分分析法切分语段,为什么不能把"我读小说"切分成"我读小"和"说"呢?因为"我读小"不成为语言单位。为什么不能切分成"我读"和"小说"呢?因为"我读"这个主谓结构不能和"小说"这个名词发生句法关系(除非加"的"),也就是说,它们不能组成语言单位。总之,语法分析必定要遇到辨认语言单位的问题,而语言单位的辨认必然要涉及音和义。但是,辨认语言单位并非方法本身,它不过是分析过程中必须遵守的前提。当然,用分布分析的方法给词分类,也必须以辨认词这一语言单位为前提。例如"蛋"和"弹"同音,但意义不同,不能把它们混为一谈。又如"白吃"的"白"和"白纸"的"白",声音相同,书写形式也一样,但意义不同,必须看作两个词。词的分类以词为对象,首先要确定哪些形式是同一个词。分类以词的分布情况为依据,也就是通常所说的词和词的结合关系,这种结合关系也有意义的基础。总之,在词类区分问题上,意义是辨认词的要素,同时也是实词分类的基础。前提也好,基础也好,都不是标准本身。

二 副词的问题

副词是实词还是虚词,看法不一致。有人认为它是虚词,有人认为它是实词,也有人认为它是半实词或半虚词。争论多,意见分歧,主要是由于划分词类的标准不同。我们的标准是:能够单独充当句法成分的是实词,不能单独充当句法成分的是虚词。依照这个标准,副词应该归入实词。这样处理至少有两点好处:第一,标准简单明确,容易掌握。第二,让代词专代实词,比较合理。

三 合成谓语的问题

近年来,有不少人对合成谓语表示怀疑,认为这种说法太笼统,没有把词和词的关系说清楚。例如:"天气是会好起来的",既属判断合成谓语,又属能愿合成谓语,还可以归入趋向合成谓语。谓语一经合成,就用不着再进行分析,却也失去了析句的意义。再说,像"应该做的事情"中的"应该做","组织起来的农民"中的"组织起来",又不能称之为合成谓语,词与词之间的关系还得另行说明。为此,我们不采取合成谓语的说法。

四 判断词"是"的问题

"是"作为一般动词,后边的名词或名词性结构是它的宾语。"是"出现在动词、形容词前边,或者出现在主谓结构头上,它是焦点(新信息的重点)的标志。例如"他是不同意","是他不同意"。这样的"是"属语气副词。至于"读书是学习,使用也是学习"之类,主语也是非名词性结构,则应该除外。这样的处理是跟整个体系有关的,因为我们认为"是"的宾语是名词性的。有的语法学家认为"是"的后置成分,包括名词、动词、形容词和主谓结构,一律都是谓语,"是"是"前谓语",这样,就把"是"的用法统一起来了。这种处理也有一定理由,但是"前谓语"这个术语,人们并不熟悉,教材中还不宜采用。至于"还是、总是、但是、可是"中的"是",是词的组成部分,这种构词成分接近于后缀,大概很少争议。

在含有"是……的"的句式中,"是"是动词还是副词,要根据具体情况来决定。例如"这是国家的"只能把谓语看作动宾结构,"国家的"充当"是"的宾语。"我是知道的"中的"知道"是谓语,"是……的"的作用在加强语气。当然,也有两可的情形。如"我是参加比赛的",既可以理解为"我不是参加比赛的"的肯定形式,也可以理解为"我是不参加比赛的"的肯定形式。从否定形式看,区别是明显的,前者的"是"是动词,带"的"字结构作宾语;后者的"是"是副词,"的"是语气词,"是……的"使语气强化。肯定形式既然两可,那就只能根据上下文选择一种解释了。

五 能愿动词的问题

对"他肯去"的谓语结构,有不同看法。有些语法书认为"去"是谓语动词,"肯"修饰"去",是状语;有些语法书认为"肯"是谓语动词,"去"是它的宾语。持后一种看法的理由主要是:"他肯去"的发问形式是"他肯不肯去",而不是"他肯去不去"。我们不采取这种看法,理由是:第一,常遇到这样的句子:"我们应该看到:……"如果把"应该"当作谓语动词,把后边的话当作宾语,则宾语当中出现冒号,这种情况难以说明。第二,把"我们应该请他来谈谈"当作动宾谓语句,而把"我们一定请他来谈谈"当作兼语谓语句,总觉得不合适。第三,用"×不×"发问的不一定是动词,例如:"味道太不太咸?""他曾不曾答应你?""太"、"曾"都是副词。我们采取前一种看法。

六　介词后置的处理

"于、在、往、向、自、给、到"等,出现在动词、形容词之后,有的只是一个构词成分,如"关于、对于、属于、达到、看到、感到、出自"中的"于、到、自",有的则是一个介词。对于后者,一般的分析是把介词和它后边的成分看成介词结构,充当前边动词、形容词的补语。《暂拟系统》就是这样处理的。我们认为可以把"站在门口"的"站在"这种动(形)介结构看作一个整体,它的作用相当于一个动词,后边的成分(如"门口")是它的宾语。这样处理的理由是:

1. 从语音上看,介词附属于前边的动词。停顿在介词之后,而不在介词之前。

2. 如果加上时态助词,不加在动词之后而加在介词之后。如"走到了目的地"、"交给了他"。

3. 在并列的格式里,出现的是整个动介结构而不只是其中的动词。也就是说,动词后边的介词一定要重复出现。如"不是躺在而是坐在床上"。

4. 分析为介词结构作补语,意义上讲不通。例如"好在他不知道"、"输给了他"、"习惯于这种生活"、"见笑于大方之家"。

5. 有时介词用与不用,意思一样。如"忠诚于党的事业"与"忠诚党的事业","习惯于这种生活"与"习惯这种生活","嫁祸于别人"与"嫁祸别人"。不宜把带介词的看作动补结构,而把不带介词的看作动宾结构。

七　名物化问题

《暂拟系统》的"动词和形容词的名物化用法",已经引起不少的议论。单从教学效果上看,这种提法本身很含糊,学生不易接受。本书认为像"他的来使大家很高兴"中的"来"仍旧是动词。如果说这是"特殊用法",特殊之处也不在动词或形容词的词性有什么改变,而在它们前边带有特殊的修饰成分。我们认为动词形容词可以充当主语或宾语,无所谓名物化。同时承认在一定条件下,作主语宾语的动词或形容词能受名词或人称代词的修饰,而这些名词或人称代词是不能充当状语的,它们修饰动词或形容词时仍旧是定语。换句话说,动词或形容词在一定条件下能带上某种类型的定语。

这样,我们不能采用这样的说法:修饰或者限制名词的成分是定语,修饰动词或形容词的成分是状语。只能说,名词性偏正词组中的修饰成分是定语,动词(或形容词)性偏正词组中的修饰成分是状语。"的"是定语的语法标志,"地"是状语的语法标志。当然,这仅仅指书面语而言。

八 结构和词组

结构这一术语,语言学界使用得很广泛。一般指的是成分与成分的组合,既指关系,也指实体,包括词素和词素的组合,词和词的组合,分句和分句的组合。这一术语也用在另外一个意义上,即专指实词和虚词各为一方的组合,如"的"字结构、介词结构。由于它们已经成了专门的术语,因此,"的"字结构不能理解为带"的"字的结构,否则就会把"我们的祖国"之类的偏正词组也当作"的"字结构了。

词组是结构的一种,通常用来指实词与实词的组合(有时也加进虚词表示组合关系)。根据不同的结构关系,词组可以分为偏正、后补、动宾、主谓、联合、同位、连动、兼语等类。关于后边三

种词组,要说明几句:

1. 几个动词连用而没有一个定式动词,这是汉语的特点。由于有这个特点,产生了既非并列,又非偏正的特殊结构,这就是连动词组和兼语词组。

2. 《暂拟系统》有重叠的复指和称代式复指,其实这两者性质很不相同。前者能离开句子独立存在,宜与一般词组同等看待。我们称之为同位词组。后者如:"青春,这是多么美好的时光啊!"我们把"青春"定为提示成分。词组有时也称结构,如动宾结构、主谓结构,等等,这时,词组和结构是同义语。

九 析句的方法

句子可以从不同角度加以分析:按照句子的语气,可以分成陈述句、疑问句、祈使句、感叹句,一般称之为句类。按照句子的结构,可以分成单句、复句、主谓句、非主谓句等等,一般称之为句型。这里所说的析句,指的是句子结构的分析,即从句子中归纳出句型。

《暂拟系统》的析句方法,是成分分析法,即所谓中心词分析法。在这个系统里,我们看到了六大句子成分和它们的等级:

1. 主要成分:主语　谓语
2. 连带成分:定语　状语　宾语　补语

既然有主要和连带之分,似乎也就有了层次,但是这里的"层次"不同于层次分析法的层次。例如"他比我唱得好"这个句子的谓语,从层次分析的角度看,"比我"和"唱得好"是直接成分,"唱"和"好"是直接成分,它们之间有层层包含的关系。从成分分析的角度看,"唱"是主要成分,"比我"和"好"都是直接挂在它的上边的。

值得注意的是,这里的定、状、宾、补并非对主语、谓语而言,而是对名词、动词（形容词）而言。这样一来，就出现了这样的情况：主语和宾语属于不同等级，但是它们都可以带定语，就是说，定语可以是主要成分的连带成分，也可以是连带成分的连带成分。状语、补语也有类似的情况。有人认为把"我买到了最近非常流行的一本语法书"分析成"主—谓—补—状—状—定—定—定—宾"，使人非常不安。这样分析句子，看不清内部的层次，确实不能解决问题。

成分分析法是建筑在找寻中心词的基础之上的。依照这个方法的原则，遇到偏正词组和动宾词组，必须找寻中心词，才算是找到了句子成分。反过来说，如果不采取这个办法，把句子分成主谓两个部分之后，就分析不下去了。例如把"我们祖国的幅员十分广大"先分析成主谓两个部分，如果不继续找中心词，就找不到主语和谓语。采取找中心词的办法，才能确定主语是"幅员"，谓语是"广大"。主语前边的定语是什么呢？贯彻上述方法，可以确定定语是"祖国"，而"我们"则是定语的定语。这里暴露出成分分析法的缺点是层次不清。由于不讲结构的层次，也就不能说明某些语法现象：为什么能说"打世界大战"而不能说"打战"？为什么能说"跌伤了腰"而不能说"跌腰"？从层次的角度看，这些是不难解释的。还有，如"这位工人的建议是可行的"和"这项工人的建议是可行的"两个句子中主语部分分析的结果都是"定—定—主"，结构不同而分析的结果相同，这都是不够理想的地方。这一切都说明了成分分析法有必要吸收层次分析法的长处来丰富自己。

为了弥补《暂拟系统》析句不分层次的缺陷，人们曾经做过种种尝试。比如有人把中心词改称中心语，分析"一个高大的形象"时，不把"形象"当作中心，不采取"一个"和"高大"分别作"形象"的定语的说法，而认为"一个"是"高大的形象"的定语。这样变通一下,目的是向层次分析法靠拢,但是这样一来,已经放弃了找中心词的基本原则,在方法上已经自相矛盾了。

又比如有人想在成分分析法的基础上,把句子成分的等级在句子当中固定下来。具体的办法是把主语、谓语、宾语当作句子的主干,而把定语、状语、补语当作附加在主干上的枝叶。析句时根据句子的类型把句子分成主语部分和谓语部分,或者分成主、谓、宾三个部分,然后按照找中心词的办法找出主语、谓语、宾语。偏正词组不充当主、谓、宾,但能充当定、状、补。仍拿"我们祖国的幅员十分广大"作例,主语"幅员"的定语是"我们祖国",不必再找中心词了。这样一来,前三种主要成分都可以有后三种连带成分。至于宾语与谓语并列,是为了避免在动宾结构之中找中心词。《暂拟系统》析句,遇到动宾结构要找中心词,即把动词当作中心,实际上是把动宾结构当作一种偏正结构。因此,把宾语看成和定、状、补一样的连带成分,是顺理成章的。"我读书","读"是谓语部分的中心,是谓语。照此类推,"读书是学习","读"应该是主语部分的中心,是主语,"书"则是主语"读"所带的宾语。这样总未免距离一般人的语感太远了。让宾语升级,不在动宾结构中找中心,原因就在这里。本书过去就是这样处理的。

可是,以上的尝试,同样是不很成功的。因为:

第一,遇到偏正词组和动宾词组,有时找中心,有时不找中心,这就失去了方法上的一贯性。

第二,主、谓、宾三分跟主谓句的概念不相容。主谓相对是有坚实的逻辑基础的,三分的办法破坏了这个基础,因此不容易为人们所接受。而且,遇到补语出现在宾语之后的句子(如"我找了他三次"),划分为主、谓、宾三部分就有困难。"我请你"属于主、谓、宾的句型,"我请你来"只能二分,说成是兼语词组作谓语,全句属于主谓句。这种划分也缺少合理的依据。

第三,主、谓、宾三分与层次分析有矛盾。层次分析,除了多项并列的结构之外,拿一个语言片段来分析,总是先一分为二,然后一层一层分下去。这种双成分的结构分析与主、谓、宾三分是不相容的。

就反映语言的层次关系来说,层次分析法较之成分分析法具有更大的优越性,但是在归纳句型方面,层次分析法是无能为力的。层次分析不是从句子出发,层次分析的结果,只是一个语言片段的直接组成成分,而不一定是句子成分。只论层次,不讲句型,不管格局,那会形成什么情况呢?例如把"一件好事情"和"大家都同意"两个语言片段进行层次分析,分析的结果是一样,这就是不讲格局的结果。所谓格局,表现在句子方面就是句型。要确定句型,必须确定构成句型的要素,即句子成分。而在这方面,句子成分分析法就显出优越性来了。

层次分析法也好,成分分析法也好,都是以语言的客观事实作为依据的。如果我们不是把二者对立起来,而是以成分分析为基础,兼顾句子结构的层次,这样能不能办到呢?从理论上说应该是可以的。本书在这方面作了如下的处理。

1. 主谓句是一种句型,可以先分析成主语和谓语,主语以外的部分是谓语,谓语以外的部分是主语。对谓语进行分析,可以有名词性谓语、动词性谓语、形容词性谓语、主谓谓语。对动词性谓语进行分析,可以有动词谓语,动宾谓语、动补谓语、连动谓语、兼语谓语。例如:

我们教研组的同志完成了本学期的教学任务。

这是一个动词性谓语句。"我们教研组的同志"是主语,"完成了本学期的教学任务"是动宾谓语。如果作句法分析,主语是个偏正结构,"我们教研组"是"同志"的定语,"同志"是中心语。"我们教研组"也是偏正结构，"我们"是"教研组"的定语，"教研组"是中心语。句子的谓语是个动宾结构，"本学期的教学任务"是动词"完成了"的宾语。"本学期的"是定语，"教学任务"是中心语。在"教学任务"中，"教学"又是中心语"任务"的定语。

可以看出，这种析句方法和《暂拟系统》是不同的。《暂拟系统》以词为句法单位，要求一举找出句中各部分的中心词，然后确定句子成分。本书不以词为唯一的句法单位，句子成分可以由词或词组（包括偏正词组和动宾词组）来充当。析句时，除多项并列结构用"多分法"外，其他一律用"二分法"，一层一层地分下去，分析到一个词为止。这样，也就没有必要采用"主语部分"和"谓语部分"这两个术语了。

2. 主谓句的主语前边，有时有一个修饰性的成分，如："目前我们在教学上还存在着许多困难。"这里的"目前"是全句的修饰语，全句仍然是个主谓结构，不是偏正结构。

全句的修饰语不同于提示成分和独立成分。提示成分是名词性的，全句的修饰语，除了时间、处所名词外，是非名词性的。全句修饰语是修饰全句的，独立成分没有修饰作用。

3. 主谓句的主语或宾语如果是个偏正词组，这个偏正词组内部的组合关系可以不同。例如"一位工人的建议"，"一位"修饰"工人"，"一位工人的"修饰"建议"。"一项工人的建议"，"工人"修饰"建议"，"一项"修饰"工人的建议"。

析句的方法已如上述，下边还要说明几个问题。

有人问：照上边的方法确定句型，分析的结果不是太粗略了吗？在这里，我们要说明的是句子分析不等于句法分析。句子分析是寻求句型，句法分析是寻求词语之间的关系，两者既有区别，又有联系。我们在确定句型之后，如果有必要，可以把句子当中的片段抽出来作句法分析，也就是某些语法书所讲的词组分析。

词组分析当然谈不上是找寻句型,它的目的在于分清词语之间的层次和关系。这也就是说,句法分析是句子分析的补充。

句法分析不等于句子分析,句法成分也不等于句子成分。主谓句的直接成分是主语和谓语。宾语、补语、定语、状语不是句子的成分,而是句子的成分的成分,它们可以离开句子而存在,所以只是句法成分即词组成分。

有人问:确定句型应该注意哪些问题呢?我们的回答是:要弄清哪些是不影响句型的因素。(请参看《如何确定句型》一文)

有人问:定语和状语在归纳句型中有没有地位呢?首先,由于主谓句的下位类型是根据谓语的结构划分的,主语作为一个整体,不找中心词,因此定语在区别句型中没有地位。至于状语,有用在句中的(如"他幸亏没有来。"),有用在句首的(如"幸亏他没有来。"),后者虽与全句发生关系,但整个句子仍属主谓句,可以看作主谓句的一种。谓语前边有状语,也不改变谓语的性质。因此,状语在区别句型中同样也没有地位。其次,我们认为那种把定语当作名词的修饰语,把状语当作动词或形容词的修饰语的概念,是适应找中心词的析句方法的。在句法分析即词组分析中,如果采取层次分析的方法,定语和状语的定义就得修改。比如说,定义可以这么规定:名词性偏正词组中的修饰成分是定语,动词(包括形容词)性偏正词组中的修饰成分是状语。

有人问:什么是"上位句型"和"下位句型"?分析句子,先看它是单句还是复句。如果是单句,指出它属于主谓句还是非主谓句。如果是主谓句,再确认它的谓语所属类型。如果是非主谓句,也可以指出它的结构类型。比如,"慢慢地,你就会听懂的。"属单句,主谓句,动词谓语句。"忽然下了一阵大雨。"属单句,非主谓句,动词句。复句也可以再确认它的结构类型。总之,析句就是由大的类型到小的类型,层层确认。主谓句对单句而言,是下位类型,单句是上位类型。主谓句对动词性谓语句而言,是上位类型,动词性谓语句是下位类型。主谓句的下位类型有动词性谓语句、形容词性谓语句、名词性谓语句等。动词性谓语句的下位类型有动词谓语句、动宾谓语句、动补谓语句、连动谓语句、兼语谓语句等。

有人问:本教材是根据什么原则确定句子的主语的?在汉语里,通常所讲的主语有两种:一种是以语义为基础的主语,一种是以语用为基础的主语。(关于语义和语用的含义,请参看《句子分析漫谈》)我们管前一种叫主语,管后一种叫话题主语。主语以语义为基础,不能理解为以施事和受事为主语选择的范围。语义关系,在动词谓语句中表现为动词和名词性成分之间的关系,包括与动词有关的施事、受事、工具、时间、处所等等。动词前边如果出现这些项目中的一项,就可以充当主语。例如,"台上坐着主席团"的主语是"台上","今天来了客人"的主语是"今天"。当然,动词前边的名词性成分如果带上介词,那么就和动词一起成为动词性成分了,所以不是主语选择的对象。动词前边的名词性成分如果不止一个,主语的选择有一定的次序,通常的顺序是:1.施事,2.受事,3.工具,4.处所,5.时间。例如:"我不认识这个字。""我这个字不认识。""这个字我不认识。"三个句子的主语都是"我"。末句的"这个字"是由于语用的要求提到句首的,所以是话题主语。又如:"今年世界上有几件大事"和"世界上今年有几件大事"中的主语都是"世界上"。

附注

① 《现代汉语》指胡裕树主编,由上海教育出版社出版的高校统编教材。配合这本教材,另外编写了一本《使用说明》。这里是该书的语法部分,内容稍有删改。

语法教学 40 年

从 1898 年《马氏文通》问世到现在,已经快 100 年了。新中国成立之前,虽然出版了一些语法书,也有少数学校开设语法课,但是语法这门学科并未得到应有的重视。1951 年《人民日报》发表《正确地使用祖国的语言,为语言的纯洁和健康而斗争!》的社论,阐明了正确使用语言的意义和语法的重要作用。同时指出:"我们还只有很少的人注意到这个方面,我们的学校无论小学、中学或大学都没有正式的内容完备的语法课程。"这其实是对全国各级学校提出了语法教学的要求。1953 年开始,国家教育领导部门研究了提高语文教学质量的问题,决定中学实行汉语和文学分科,并着手编写教材。1956 年全国中学实行了语言文学分科教学,使用了新编的汉语课本,其中包括了系统的语法教学的内容。影响所及,不限于中学。可以说,从此开创了近 40 年来语法教学的新局面。

一 "暂拟系统"承先启后,瑕瑜互见

中学汉语语法课本是依据"暂拟汉语教学语法系统"(简称"暂拟系统")编写的。这个系统基本上是综合各种流派、各种讲法的产物,编者曾经多次征求各方面的意见,大多数人持肯定态度。它的确体现了当时汉语语法研究的水平,例如在词类问题

上，分类不单纯以意义作为标准。在析句方面，根据汉语的特点，不让词类和句子成分一一对当，以免出现词有定类和入句辨类的矛盾。又如名词和动词后边列有附类，反映了汉语的一个特点：有些实词带有虚词性。目前通行的几种高校教材，虽未列附类，但是在名词后边特提方位词，在动词后边特提趋向动词、助动词和判断动词，实际上是继承了"暂拟系统"的说法。

牛顿的理论曾被认为是绝对真理，可是1847年却有人提出反证，而爱因斯坦的相对论则指出他的理论的局限。当人们通过实践对某种有影响的语法系统提出愈来愈多的指责的时候，正说明我们的科学研究在不断发展，不必认为这是对着食槽拉屎。记得1956年夏天，在青岛开了一次语法座谈会，参加的有丁声树、王力、吕叔湘、岑麒祥、陆志韦、俞敏、周祖谟、张志公、朱德熙等三十余人。会上曾讨论《汉语课本》和《暂拟系统简述》，没有人提出大的修改意见。比如朱德熙先生，当时并没有指出词类区分的标准只能是功能，而不能采取功能与意义并列的双重标准；也没有指出名物化的说法是不科学的。可是朱先生后来发表的文章多次阐明了他对词类标准和名物化问题的科学的看法，不少学者都表示赞同。

如果说"暂拟系统"只不过是一套讲法，用作编写教材的依据，那么，汉语语法教材得另有大纲。可事实是：曾经使用过的中学汉语课本，语法部分是这一套讲法的详细阐述。这样一来，"讲法"就成了教学大纲。结果是教师和学生的注意力都集中在如何区分动词和形容词、如何辨别主语和状语、如何划分单句与复句等等问题上，这就为"语法无用论"提供了口实。学习语言要讲求区别，可是在语法上有两种区别，一种是名称术语的区别，一种是语言事实的区别。两种区别有关联，但毕竟不是一回事。有些人不懂语法上的名称术语，可是他能掌握语言事实上的区别，即区分对和错、同和异。进行系统的语法教学,使学生掌握语法上的名称术语,为的是更好地了解语言事实,能自觉地运用语言规律,解决实际问题。所以,"语法系统"之类要能体现用一套系统的说法去描写语言事实,解释语言事实。例如"你知道他是什么地方的人呢?"和"你知道他是什么地方的人吗?"是不同的问句,它们的区别可以用"什么"表示疑问或虚指来说明,也可以用特指问和是非问的区别来说明,还可以用"呢"和"吗"的区别来说明。总之,用上一些术语,更能概括地精确地说明规律。所以,语法系统并非多余,关键是把它当作手段,而不能看成目的。

1981年在哈尔滨举行了"全国语法和语法教学讨论会",讨论修订"暂拟系统"的问题,在此次征求意见的基础上拟订了试用的《中学教学语法系统提要》。《提要》舍弃了"暂拟系统"的一些说法,如动词、形容词名物化,合成谓语,宾语前置,等等。更改了一些术语,如把词组改称短语,把双部句、单部句改称主谓句、非主谓句等等。增添了一些内容,如短语的功能类别、句子的框式图解、句群的分析等等。总的看来,主要是字面上避免了"暂拟系统"中的某些矛盾,并没有大的突破。由于1958年秋已经中止汉语、文学分科教学的尝试,中学早已不进行系统的语法教学,《提要》的影响远不如"暂拟系统"。

二 高校教材推陈出新,各行其是

50年代以来,高等学校的中文系一直开设"现代汉语"课程,语法是其中的主要内容。其他文科各系也有讲授语法的。但全国并无统一的教学大纲,教材也是自编(单独编写或联合编写)或自选的。虽然国家教育部门曾组织几所学校编写统一使用的教材,但是并未规定各校必须使用。这五花八门的教材,有共同之处,也有不同之点。先说共同点。

第一,使用面较广、发行量较多的"现代汉语"教材,都经过若干次的修改。总的情况是逐渐加强联系读写实际的内容。常见的是分析虚词用法,讲解语法错误,包括成分残缺、搭配不当、语序失宜、结构紊乱等等。值得注意的是近年来有些教材重视了语法上近义结构的分析,这可能与吕叔湘先生的倡导有很大关系。50年代吕先生和朱德熙先生的《语法修辞讲话》引起人们重视正误问题,近十来年吕先生发表了很多短文,如《"要"字两解》《"谁是张老三?"和"张老三是谁?"》《"人际"与"人与人之间"》等,启发大家关注同异问题。

第二,借用现代语言学的一些方法,根据词出现的语言环境(即词的功能)区分词类,这是分布分析法的运用。把语段层层切分,这是直接成分分析法的运用。此外还有些教材用替换法划分语素,同时用分布分析法把语素分为定位的和不定位的,成词的和不成词的。也有使用变换方法说明语句之间的联系和区别的。

第三,在句子分析方面,由单纯地注重句法结构的分析逐渐扩大到语义分析和语用分析。例如"都"是副词,在句法上用作状语。在"参加会议的都来了吗?"中,"都"的语义指向在前。在"会场里都来了些什么人?"中,"都"的指向在后。又如"都"和"全"常常可以通用,可是在"事情的经过谁都知道"中,"都"不能换成"全"。"事情的经过我都知道了","都"重读时,可以换成"全";"都"轻读,是"连我也知道"的意思,不能换成"全"。诸如此类的语义分析在教材中间有叙述。再如讲疑问句时,向来指出它的用途是提问,如今不少教材指出它有时表示祈使。如请求人家做某件事,可用疑问句的形式表示。这些都属语用的分析。

比较各种教材,除了术语不尽相同之外,还有下列两点明显的差别。

第一,析句方法不同。大体说来,有三种主要的析句方法。一种是继承了"暂拟系统"的中心词分析法,特点是遇到偏正结构要找出中心词,让它充当句子成分。一种是层次分析法,特点是把句子层层切分,从大到小辨认直接成分。另一种是句型分析法,特点是把句子归入句型系统中的某一类,各种修饰成分都不影响句型。例如分析"今天的天气很好",第一种方法认为主语是天气,谓语是"好",其余两种分析则认为"今天的天气"是主语,"很好"是谓语,但三者都认为它是主谓句。又如分析"忽然天边升起了太阳",按照"暂拟系统",这是个单部句(非主谓句)。按照层次分析,第一层切在"忽然"后边,整句属偏正结构。按照句型分析,因为修饰语不影响句型,自然归入主谓句。

第二,从大的方面着眼,有三种不同类型的教材。一种教材注重与中学的语法教学衔接,同时照顾学生毕业之后在中学任教的需要,所以在体系方面尽可能靠近"暂拟系统"或《提要》。另一种教材着眼培养学生分析语言的能力,兼顾打好从事语言研究工作的基础,在取材方面力求吸取汉语语法研究的新成果,在理论方面,也间有所阐述。以上两种教材,在不断修改再版时,大都互相取长补短,界限逐渐不很分明。还有一种教材,编写者不止一人,力求反映新的理论和新的观点,包含的内容多,系统性因之受到影响。

以上只是就大的特点加以比较,至于其他各种差别,如划界标准,归类问题,主宾语的确定问题等等,往往是同中有异,难以尽述。

三 教学改革,取长补短,方兴未艾

40年来的汉语语法教学,主要是分两条线进行,即中等学校和高等学校文科开设有关课程。中学的语法教学是从零敲碎打（如课本选文后边的"提示"中有若干语法知识）到系统地讲授,然后又回到零敲碎打的阶段。大学的语法教学始终是系统地进行的,可是几十年来也是在曲折的道路上走走停停地走过来的。不管怎样,今天越来越多的有识之士认识到语法学的重要性,因为它对于语言规范化和现代化是不可缺少的。前进的道路宽广了,目标也明确了,我们要解决的是如何有效地迈开步伐的问题。考察近年来教学改革的情况,对于语法教学来说,有几个必须解决的问题。

第一,系统的语法教学也好,重点分散的语法教学也好,须有详细的教学大纲。大纲的主要内容应该是语言事实的描写或解释。"语法系统"的纲要之类可以拟订,但不能以此代替大纲。例如分析"屋里有人",把"屋里"称作主语或状语不是最重要的问题,而指明"屋里"是定指,而"人"是"不定指"则是重要的,它不同于"人在屋里"。体系的说明规定统一的术语,对管理教学秩序有其作用,但是不能本末倒置,把语言事实的说明放在次要地位。

第二,一本好的语法教材要处理好几种关系。一是知识的稳定性和新的科研成果的吸收的关系。教材总是要利用现成的科研成果;科研成果在不断涌现,教材也应不断修改补充。但是,未经考验的新理论、新方法不宜轻率地引进教材。二是汉语的特点和一般语言学理论的关系。汉语语法课程属于基础知识课,但是也需要理论作为指导。通行的语言学理论大都是从印欧语言中归纳出来的,有的不完全适用于汉语。比如时态,汉语并不限于用动词的变化形式来表示。"他走了"是过去式,"我走了"是未来式。"谁开门?"与"谁开的门?"的时态不同,用"的"表示。如果套用西方的理论,常常会捉襟见肘。三是一般规律与特殊现象的关系。这个问题很复杂,已有的教材中有处理得比较好的,在正文中叙述一般规律,在习题中启发学生思考特殊现象。

第三,柳斌先生曾给《华夏师魂》一书题词:"有高素质的教师,然后有高质量的教育。"这个话千真万确。一本较好的教材,如果教师水平较差,不一定能使学生得益。教材有缺点,高水平的教师可以弥补。目前我们各级学校的教师,水平参差不齐,这是教学改革的一大障碍。就汉语语法教学来说,提高教师水平包括两个方面,一是知识的更新,二是教法的重视。有些教师有较丰富的知识,可是教学效果不好,大都由于不懂教学方法。教学方法也是一门科学,不但有一般的方法,还有语法课程本身的方法,在这方面我们重视不够。吕叔湘先生曾写了好些文章提醒我们注意这方面的问题,甚至还拿"把"字句作例子教大家如何掌握教学方法。这难道不值得我们认真学习吗?

附带要说的是:古汉语的语法教学体系大都借鉴现代汉语语法的种种说法,不少学者想根据古汉语的特点,既打破《马氏文通》的框架,又不跟随现代汉语构成体系,但目前还缺少新的创造。可能有特点的教材正在编写,我们拭目以待。

(原载《语文建设》1995年第5期)

(五)节律问题

汉语语句的节律问题

节律即节奏的规律。什么是节奏？简单地说，指的是事物有规律的重复和变化。单有重复而无变化，或者单有变化而无重复，都不能构成节奏。寒暑代迁，朔望交替，这是自然界的节奏；秋收冬藏，晨兴夜寐，这是人类社会的节奏。自然界的节奏是客观存在的，人们力求发现它的规律，以便于适应和利用。人类社会的各种节奏有客观的基础，同时常伴有主观的安排。语言方面的节奏属于后者。

语言节律的客观依据主要体现在两个方面，一是构成节奏时有特定的可供选择的要素和方式，二是在安排节奏时要考虑到某些选择限制（selection restriction）。选择限制虽然不能形成节奏模式，却是构成节奏时必须遵守的准则。这种准则有不同的层次。首先是民族语言特点的限制。比如用汉语写诗歌，可以利用音色构成节奏，也就是押韵。可以利用音高构成节奏，即配置平仄。还可以利用音长（包括停顿）构成节奏，即安排音步。但是，我们不能像印欧语那样利用词的重音来表现节奏，这属于民族语言特点的选择限制，其次是语体的限制，这主要表现在不同的语体在选择节奏要素方面的差异。如格律诗须押韵，散文则避免用韵。在旧体诗歌中，近体诗的平仄安排有一定的格式，即所谓律句，古体诗则避免使用律句。古体诗如果都用律句，就失去了它的风格了。当然，这并非说不同的语体的节奏的构成没有共同之处,事实是在许多方面须遵守共同的原则,下边就此谈几个问题。

一 节拍特点与节奏焦点

节拍是节奏的单位。在汉语里,节拍和意群通常是吻合的。不论是诗歌还是散文,每个句子可以分割出若干意群,意群和意群之间有明显的停顿,这就构成节拍。这种节拍的划分多少带有主观的性质,不过并非无规律可循。能停顿的地方有时也可以不停顿,但是不能停顿的地方不能划分出节拍来。当然,像格律诗那样每句都有固定的音步,那就不存在划分不一致的情况了。现代认知心理学认为人们理解句子时对组块(chunk)作出反应,而组块的划分常受个人文化修养的影响,这种理论与节拍划分的实际情况是十分吻合的。组块是短时记忆的单位,它是个变数,可以是一个词或一组词,而节拍作为意群的表现形式,其实也不过是一种短时记忆的惯例罢了。

在汉语里,值得注意的是不同长度的节拍所显示的特点,我国古代有不少文论家谈到这方面的问题。《文心雕龙·章句》中说:"若夫笔句无常,而字有常数,四字密而不促,六字格而非缓,或变之以三五,盖应机之权节也。"《文镜秘府论》说:"然句既有异,声亦互舛,句长声弥缓,句短声弥促。施于文笔,须参用焉。就而品之,七言以去,伤于太缓,三言以还,失于至促,惟可以间其文势,时时有之。至于四言,最为平正,词章之内,在用宜多,凡所结言,必据以为述。至若随之于文,合带以相参,则五言六言,又其次也……然大略而论,忌在于频繁,务遵于变化。"这里讲的"句"当然不是语法上所严格规定的句子,可以理解为语段,也就是根据停顿切分出来的意群。上边的议论有几点值得注意。

第一,四音节语段有显著的特点,[①]它给人以稳定的感觉,所以被广泛采用。

第二,要避免使字数相同的语段频繁出现。语段字数有奇有偶,相间使用才能相得益彰。

我们知道,《诗经》以四言为主,它的基本结构方式是两个双音节成分的组合。双音节语言单位与单音节语言单位相比,多具有稳定和独立的特点,两个双音节语言单位用在一起,这个特点就更为突出。可是频繁使用四音节语段,虽能表现庄重、平衡的风格,却带有板滞、单调的意味。既要保留平稳的优点,又要避免板滞的缺点,较常用的安排是让成对的三音节出现在作品之中,例如:

(1) 出东门,不顾归;来入门,怅欲悲。(《乐府诗·东门行》)
(2) 举秀才,不知书。察孝廉,父别居。(《抱朴子·审举》)
(3) 说凤阳,道凤阳,凤阳本是好地方。(《安徽歌谣》)

三音节的语言单位的特点是活泼、轻快,但是单独使用容易使人产生一种不稳定的感觉。如上边的例(3),有一个"说凤阳",还要来一个"道凤阳",道理就在这里。两个不稳定的单位连在一起,正如负负得正一样,就变成稳定的了。

稳定感大概是人们对视听形式的一种普遍的要求。在语言方面,稳定或不稳定的感受主要来自节奏焦点(rhythm focus)。节奏焦点与信息焦点(information focus)通常是一致的。句子要传达新信息,新信息的重点即信息焦点。汉语表示信息焦点有种种方式,比如可以利用重读,可以使用某些副词,可以用对比形式,而最常见的方式是依靠语序的安排,即让信息焦点在句末出现。正因为句尾的信息最易引起注意,所以它所代表的节拍也最能引起共鸣。格律诗的节奏安排比较固定,但也有一定的灵活性。相对地说,诗句末尾的音步(即末了三字)其灵活性最小,如押韵的规定,平仄的安排,都有严格要求。这也说明诗歌中的节奏焦点的重要性。散文的情况当然不同,它并不需要考虑全句的音步如何安排,但是作者对节奏焦点仍旧是重视的。有些作者在句末有意识地安排稳定的节奏,使人感到庄重、和谐。典型的例子如范仲淹的《岳阳楼记》,频繁使用四字短语,但并不显得板滞,多少有一些诗的韵味了。白话文也常有在节奏焦点频繁使用四字短语的,下边举朱自清的《背影》的开头一段为例:

> 我与父亲不相见已二年余了,我最不能忘记的是他的背影。那年冬天,祖母死了,父亲的差使交卸了,正是祸不单行的日子。我从北京到徐州,打算跟父亲奔丧回家。到徐州见着父亲,看见满院狼藉的东西,又想起祖母,不禁簌簌地流下眼泪。父亲说:"事已如此,不必难过,好在天无绝人之路!"

我们当然并不认为散文必须如此写作,不过在散文中适当注重节奏焦点的安排,大概是我们的一种传统。句末使用了双音节动词,我们常常要在动词前边添上"加以"、"进行"之类,凑成四音节语段,也是一种旁证。

二 上句与下句

节奏焦点的刻意安排能给人以稳定感,但是节奏的形成却是由不稳定到稳定,不断变化,不断反复,然后产生平衡的效果的。平衡有两种不同的表现形式,一种是对称的形式,它好比天平以中轴为基准,两边有相等的部分。另一种是不对称的形式,它好比秤杆的支点两边长短不一,但仍旧能够保持平衡。典型的对称平衡是对仗,它包括上句和下句。律诗中间四句用对仗,共两联。每联的上句不用韵,末了的音步由三音节构成,是不稳定的节拍;下句用韵,节奏焦点再出现三音节,于是转为稳定的了。两个三音节音步虽然不是连续出现,但因为都处在节奏焦点的位置,所以效果与连续出现的相同。

不对称的平衡形式多种多样,仍旧可以分为上句与下句,上句属不稳定成分,下句则使不稳定变为稳定。常用的方法有下列几种。

1. 句调上扬属不稳定形式,句调下抑属稳定形式。一扬一抑,构成上下句,这是常见的。把"问"和"答"、"因"和"果"、"起"和"承"作为上下句的例子俯拾即是。当然,这里讲的"句",也可能不止一个句子。正因为如此,上下句在长度上通常是不对称的。

2. 以仄声收尾的句子为上句,以平声收尾的句子为下句,这是由来已久的。不必认为只有文人学士撰写对联才遵循这一习惯,许多民间谚语也都如此。例如:"一只碗不响,两只碗叮当。""人不可貌相,海水不可斗量。""冰冻三尺,非一日之寒。"道理很简单,平声字较仄声字更能使声音延长,使人感到语气完满。

3. 利用节奏焦点的奇偶搭配来达到平衡的目的。这又包括一些不同的搭配方式。常见的如:

(1) 山,快马加鞭未下鞍。惊回首,离天三尺三。(毛泽东:《十六字令》)

(2) 悲,故人知未知?登楼意,恨无上天梯。(马致远:《散曲》)

以上两例的上句节奏焦点和下句节奏焦点都是奇音步,互相配合以达到平衡。

(3) 帘外雨潺潺,春意阑珊。……梦里不知身是客,一响贪欢。(李煜:《浪淘沙》)

(4) 风乍起,吹皱一池春水。(冯延巳:《谒金门》)

以上两例的上句的节奏焦点是奇音步,下句的节奏焦点是偶音步(由四字构成),由奇而偶,也是一种平衡形式。

(5) 斑竹枝,斑竹枝,泪痕点点寄相思。(刘禹锡:《潇湘神》)
(6) 云笼月,风弄铁,两般儿助人凄切。(马致远:《散曲》)

以上两例的上句由两个奇音步组成,已经是一种稳定的格式,下句再接上一个三音节或四音节音步,是将稳定格式加以延伸,达到平衡。

上边列举的是几种常见的格式,在此基础上还可以扩展变化。举例限于词曲,是因为词曲最能显示音步安排的灵活性。至于散文,情况虽然不会相同,但基本格式大休一致,即根据节奏焦点安排上下句,达到上口的目的。刘勰说:"是以声画妍蚩,寄在吟咏,吟咏滋味,流于字句。"这是十分确切的。

有这么一个故事。抗日战争时期,在重庆的一些诗人和演员曾经在某饭店举行一次朗诵会。赵丹临时赶到,应邀参加表演。他站起来拿了一张纸朗诵得十分动听,大家都不知道他念的是谁的作品。有人把那张纸拿来一看,原来是饭店里的菜谱。这就说明,虽然内容决定形式,但是人们的节奏感是从语音形式得来的。话还得说得周密一些,如果赵丹手里拿的是一纸拗口令,怎么也不能朗诵出抑扬顿挫的声调来的。

三 常规与变例

按照常规,形式与内容吻合,节拍表示的是意群。可是实际上有不少变例。变例并不否定常规,正因为肯定常规的存在,才显示变例的特殊。这里包括两种情况:一种是无意识的变例,也就是人们习焉而不察的。另一种是有意识的变例,大都属某些作家在修辞方面的创造。前者如四字成语通常由两个双音节单位组成,读出来则在当中稍作停顿,如"风调——雨顺"、"称心——如意"、"屈指——可数",这里的停顿表示意群的切分,是一种常

规。可是另外有些成语,人们照旧在当中停顿,其实并不反映意群的关系,例如下列成语的意群分割是:

  无——所适从 不——动声色 一衣带——水
  呆——若木鸡 病——从口入 如——出一辙

人们注重的是成语的整体意义,停顿不能正确表示意群,也并不在意。

  另一种情况可举崔颢的《黄鹤楼》诗为例。这首诗被称为绝唱,且不论诗的意境如何出神入化,就表达形式而言,却有不少变例。历来认为它有几个特点:第一,前三句反复出现"黄鹤"二字,通常认为是格律诗的大忌。第二,"黄鹤一去不复返",除第一字外,全用仄声。"白云千载空悠悠",末音步连用三个平声字,两句又不讲对仗,这也是违反常规的。我们还可以补充一点,崔诗前四句的意群划分不同于一般律诗。一般律诗的意群安排是前四后三(如"清明时节——雨纷纷"之类),而崔诗却是前二后五(如"昔人——已乘黄鹤去"等等),这就使意群与节拍脱钩了。尽管如此,由于崔诗的后边四句完全入律,这正是在常规中突出变例,而这种变例又能造成一种磅礴的气势,自然属难能可贵的了。

  在格律诗中,意群的安排打破常规的例子并不少见,不过大都是八句之中有一两句属变例而已,下边再举几个例子:

  (葡萄美酒夜光杯,)欲饮——琵琶马上催。(王翰:《凉州词》)
  酒债——寻常行处有,(人生七十古来稀。)(杜甫:《曲江二首》)
  永夜角声悲——自语,中天月色好——谁看。(杜甫:《宿府》)

格律诗节拍与意群的安排比较固定,多少显得板滞。在常规中插入一两个变例,能使文气变为活泼。

  当然,变例如果成为通例,也就当认为是常规了。例如京剧的唱词,如西皮快板之类,节拍的安排是"2+2+3",因为末尾音步是三音节,通常有上下句,如"一见马谡跪帐下,不由老夫咬钢牙"之类。可是用导板作为唱腔的上句,虽然字数也是"2+2+3",下句并不一定用相同的节奏,常见的是一连串短句合起来作为下句。这种情况起初是变例,后来属常规了。此外,京剧里有时有了上句而无下句,下句用一套锣鼓点代替,即所谓"扫头"。因为用得不普遍,在目前还只能视为变例。总之,常规与变例既有区别,又有联系,而它们之间的关系也并非一成不变的。

在散文中,一般地说,有问必有答,有因必有果,有起必有承,总之,有上句必有下句。但是也可能只出现上句而无下句,在作品中当然不可能有什么音响成分来代替下句,不过,下句代表的信息总是隐含在文字之中的,其中的奥妙确也不难意会,可以算作无音响的"扫头"吧。

附注

① 吕叔湘先生曾经说,在汉语中,四字格很值得研究。受吕老的启发,我曾写过《固定短语和类固定短语》一文,载《世界汉语教学》1988年第2期。

参 考 文 献

刘勰《文心雕龙·章句》。
吕叔湘《汉语语法论文集·现代汉语单双音节问题初探》。

(原载《中国语文》1994年第1期)

格律诗语言分析三题

汉语格律诗有广狭二义,狭义的指起源于南北朝而形成于唐代的律诗和绝句;广义的还包括词和曲。本文指的是前者。格律诗的特点是形式上有严格的要求,已形成若干固定的格式。历来研究的人很多,然而大都罗列平仄安排和语句使用的情况,再举例说明;或者指出常式和变式,然后分类归纳。方法是从材料中发现规律,但并未究其根源。读者可以借此懂得作诗的蹊径,但是并不能理解其奥秘。本文试图根据诗歌创作的一般原理,结合汉语的实际,探究格律形式的依据,同时对汉语格律诗语句结合结构的特点作一点初步的分析。目的是想帮助人们不但知其然,而且知其所以然。如果对新诗的写作也有所启迪,当属意外收获了。

一 平仄的选择

我国古代诗歌以四字句为主,例如易经的爻辞(大都是上古时代的民歌)、诗经中的句式多半如此。汉代以后,五言诗占了主要地位。这主要是由于诗歌的内容日趋丰富,于是要求形式能相应地发展。四字句的音节结构形式是2+2,属偶音步的组合。它的特点,是稳定、庄重,但流于板滞。五字句的音节结构形式是2+3,是偶音步和奇音步的组合。它的特点主要体现在奇音步上边,即活泼、轻快,且富于变化。这是因为三音节组成的奇音步,可以分解为2+1,如"明月光"、"地上霜"之类;也可以分解为1+2,如"望明月"、"思故乡"之类。有时也可以分解为1+1+1,如"高复下"、"去又来"等等。也许有人要问:五字句既然是偶音步加上奇音步,为什么主要体现奇音步的特点而不是体现偶音步的特点呢?要回答这个问题,必须理解语句中信息分布的规律。一般地说,句子前边的词语表示旧信息,而后边的词语表示新信息。新信息的重点叫焦点(focus),一般在句末出现。这种规律体现在诗句当中,表现为后边的音步占显要地位。所以,在格律诗中,五言诗也好,七言诗也好,最后的音步(诗句的末三字),要求最为严格。比如平仄、韵脚等等,都不能随意安排。正因为如此,为了说明格律诗的节律,最好先从诗句的末尾音步谈起。

三个音节(三个字)构成的音步,平仄出现的可能情况是:

平平平　仄仄仄　平仄平　仄平仄
平平仄　仄仄平　平仄仄　仄平平

所谓节奏,包括重复与变化。譬如击鼓,光有重复,显得单调;光有变化,失之凌乱。既有重复,又有变化,才能体现节奏。根据这个标准来看上列平仄安排,"平平平、仄仄仄"有重复而无变化,不可取;"平仄平、仄平仄"有变化而无重复,也不可取。其余四种搭配,符合要求,可以采用。接下来要考虑的是次序安排问题。

按照一般的习惯,选用平声韵,而且让第二句和第四句押韵,这正符合既有重复(押韵)又有变化(不押韵)的原则。照这样安排,五言绝句末尾的音步可按下列次序构成:

(1) a. 平平仄　　b. 仄仄平
　　c. 平仄仄　　d. 仄平平
(2) a. 平仄仄　　b. 仄平平

　　　　c. 平平仄　　　d. 仄仄平

构成五言诗,要在每个音步前边添上两个字(两个音节,合成一个音步)。最理想的安排应该是:

　　(1) a. 仄仄平平仄　　　b. 平平仄仄平
　　　　c. 平平平仄仄　　　d. 仄仄仄平平
　　(2) a. 平平平仄仄　　　b. 仄仄仄平平
　　　　c. 仄仄平平仄　　　d. 平平仄仄平

为什么说这种安排最为理想?我们可以从反面来论证。比如(1)a,开头不用仄声而用平声,则成为"平平平平仄",平声重复太多。b句不用平声而用仄声,则仄声重复太多。c句d句改变开头的平仄,都会出现同样的问题。由于添上的双音节音步,它的第二个音节在音长和音重方面都占显著地位,而第一个音节则相反,所以第一个音节的平仄一般可以不作严格要求,即可平可仄。举两首诗为例:

　　(1) 白日依山尽　　　(仄仄平平仄)
　　　　黄河入海流　　　(平平仄仄平)
　　　　欲穷千里目　　　(仄平平仄仄)
　　　　更上一层楼　　　(仄仄仄平平)

　　　　　　　　　　——王之焕《登鹳雀楼》

　　(2) 鸣筝金粟柱　　　(平平平仄仄)
　　　　素手玉房前　　　(仄仄仄平平)
　　　　欲得周郎顾　　　(仄仄平平仄)
　　　　时时误拂弦　　　(平平仄仄平)

　　　　　　　　　　——李端《听筝》

从上边的诗句来看看平仄安排,有下列特点:第一,每一句的平仄,既有重复,又有变化。第二,句末音步的安排,由于用韵的关系,已经固定。句首的音步的安排,第一句和第二句体现变化(平仄相对),第二句和第三句体现重复(平仄相同,即所谓"粘")。第三句和第四句又体现变化。每句再增加一个两字音步,诗句由四句增加为八句,都依照上述原则类推。比如七言律诗中四句押韵的平仄安排是:

(1) 平平仄仄平平仄　　仄仄平平仄仄平
　　仄仄平平平仄仄　　平平仄仄仄平平
　　平平仄仄平平仄　　仄仄平平仄仄平
　　仄仄平平平仄仄　　平平仄仄仄平平
(2) 仄仄平平平仄仄　　平平仄仄仄平平
　　平平仄仄平平仄　　仄仄平平仄仄平
　　仄仄平平平仄仄　　平平仄仄仄平平
　　平平仄仄平平仄　　仄仄平平仄仄平

要补充说明的是:两个音节构成的音步,决定它的特点的是第二个音节。所以,七言诗中的第一和第三字的平仄可以自由选择,而第二和第四字的平仄是固定的。此外,如果要采取首句押韵的方式,那就要把第一句的平仄格式改换为末句的形式。如(1)的首句须改成"平平仄仄仄平平",而(2)的首句须改成"仄仄平平仄仄平"。显然,它们不能改换成另外的形式,因为可选择的另一句式正是第二句,如果让第一第二句平仄相同,那就显得笨拙了。

总起来看,格律诗的平仄选择,首先是根据重复变化的原则确定句末音步。然后在这个基础上增添一个音步(五言)或两个音步(七言)。增添的音步要求单句与双句平仄相对,体现变化;双句与下边的单句平仄相同,体现重复。明了了这个道理,就不难解释写格律诗的一些忌讳了。比如"孤平"是写诗的大忌,指的是五言诗出现"仄平仄仄平",七言诗出现"仄仄仄平仄仄平"这样的句式。这是因为句末的平声属于韵脚,除了韵脚之外,像七言诗出现"仄仄仄平仄仄"这样平声孤立的格式,不符合节奏的规律。五言诗出现"仄平仄仄",也是平声孤立在仄声之间,诗人都避免采用。又如"平头"向称诗病,也是诗人忌讳的。这指的是一联当中上下句开头的字必须平仄相对,不能相同,才符合上边讲的粘对原则。由此看来,两音步构成的音步,虽说第一个音节原则上可平可仄,但也不是没有限制的。

二 意群的安排

句子是由词组成的。说话和写文章都是让词儿一个接一个地出现,然而听话的人和读文章的人必须将词加以组合成意群,然后作出反应。这其实是一种信息处理的能力。格律诗有固定的模式,它能提供认识意群的基础。例如五言诗的意群安排是:

×× ‖ ×××

七言诗的意群安排是:

×× | ×× ‖ ×××

这是从大体上来说的。在具体运用时可以有若干变化,例如王翰的《凉州词》:

葡萄 | 美酒 ‖ 夜光杯, （常式）
欲饮 ‖ 琵琶 | 马上催。 （变式）
醉卧 | 沙场 ‖ 君莫笑, （常式）
古来 | 征战 ‖ 几人回。 （常式）

值得注意的是第二句。尽管读诗的人按照常规把较大的停顿放在第四字和第五字之间,但是从意群上看,应该把"欲饮"和"琵琶马上催"切分。这种变化是在遵循固定格式之中的变化,使诗句的节奏和意群有合有分,更增韵味。类似的情况在格律诗中并不罕见,再举几个例子:

古树老‖连石,急泉清‖露沙。

——温庭筠《处士卢岵山居》

病‖知新事少,老‖别故交难。

——崔颢《别故人》

酒债‖寻常行处有,人生七十‖古来稀。

——杜甫《曲江二首》

永夜角声悲‖自语,中天月色好‖谁看?

——杜甫《宿府》

这种形式和内容的矛盾,在散文中是没有的,在新诗中也难见到。论诗的人都认为这种打破常规的句式妙在并不否定原有的节奏,恰恰是在肯定固有格式才显示它的特点的。在散文中,在新诗中,既然无所谓格律。当然就不会出现这种类似切分音的表现形式。

在格律诗中,较大的意群是由两句构成的一联。联的结构基础是让两个奇音步并列,兼有奇音步和偶音步的特点。律诗也好,绝句也好,每一联的上下句成为一个相对独立的整体,表达一个完整的内容。柳宗元的《江雪》,"千山鸟飞绝,万径人踪灭"表现的是寥廓和寂静;"孤舟蓑笠翁,独钓寒江雪"表现的是隐逸和孤独。两相对照,写出作者寂寞、淡泊的心情。李白的《静夜思》,"床前明月光,疑是地上霜",上句写实,下句写虚,合起来是写眼前的景象、感觉。"举头望明月,低头思故乡",也是上句写实,下句写虚,合起来是写远处的事物,遐想。总之,一联的上下句要合起来看,作为一个意群来理解。

值得特别提出来的是律诗的第二联和第三联(颔联和颈联)。这两联要求使用对仗,这就不仅要求平仄相对,而且要求词义虚实相应了。这种形式上的安排所起的作用是以点代面,以少胜多。先举两个例子:

清江一曲抱村流,长夏江村事事幽。
自去自来梁上燕,相亲相近水中鸥。
老妻画纸为棋局,稚子敲针作钓钩。
但有故人供禄米,微躯此外更何求。

——杜甫《江村》

剑外忽传收蓟北,初闻涕泪满衣裳。
却看妻子愁何在,漫卷诗书喜欲狂。
白日放歌须纵酒,青春作伴好还乡。
即从巴峡穿巫峡,便下襄阳向洛阳。

——杜甫《闻官军收河南河北》

前边一首的第二联写的是"梁上燕"、"水中鸥",作用是概括眼前的事物的一切悠闲自在。第三联写的是"老妻"、"稚子",作用是概括周围的亲人,个个怡然自得。而联合起来可以用一个"幽"字概括。后边一首的第二联和第三联可以用一个"喜"字概括。总之,对仗的最大特点是启发读者由实而虚,由点及面。如果从意群方面考察,律诗的颔联和颈联,在层次关系上大体有两种情况:一种情况是两联合成一个意群,与首联、尾联并列。《江村》的结构就是这样:首联一层意思,总说江村长夏"事事幽"。颔联和颈联是一层意思,从物情和人事来说明。尾联又是一层意思,隐含忧悒和感慨。另一种情况是首联和颔联是一层,颈联和尾联是另一层。《闻官军收河南河北》的结构就是如此。虽然当中两联写的都是"喜悦",但是颔联承上,写喜出望外;颈联启下写思潮澎湃。看来,律诗八句,大的意群或分为二,或分为三。大意群中有较小的意群,那就是"联"。每联包括上下句,那是更小的意群。每句可分为若干音步,这就是基本的意群了。至于绝句,有的每两句组成一个大的意群,其中上下句各为一个较小的意群。如前边提到的李白的《静夜思》、柳宗元的《江雪》就是如此。有的四句并列,各自成为一个意群。例如王维的《相思》。"红豆生南国"是叙述,"春来发几枝"是疑问,"劝君多采撷"是祈使,"此物最相思"是感叹。四句并列达到借物抒情的目的。意群的安排有一定的规律,同时有固定的形式来表现,但是在肯定固定格式的前提下,又不妨灵活运用。例如在平仄方面,在拗有救;在对仗方面,有常有变;在音步方面,有分有合。这就不一一叙述了。

三　话题的隐现

国外语言学界流行一种说法:汉语是话题居重要地位的语言(topic-prominent language),而英语之类是主语居重要地位的语言(subject-prominent language)。尽管对这种说法还有不少争论,但是,无论如何,汉语格律诗的语句是体现了话题占重重地位的,所以,理解诗句必须掌握这个特点。这个特点表现在下列几个方面。

第一,许多诗句很难分出主语(subject)和谓语(predicate),但是能区分话题(topic)和陈述(comment)。它们之间的关系是很松散的,话题不过是提出一个与陈述有关的事物罢了。下边诗句的开头部分是话题,后边部分是陈述。

(1) 香雾‖云鬟湿,清辉‖玉臂寒。

——杜甫《月夜》

(2) 归客‖村非远,残樽‖夕更移。

——杜甫《过南邻》

(3) 青‖惜峰峦过,黄‖知橘柚来。

——杜甫《放船》

(4) 春水‖船如天上坐,老年‖花似雾中看。

——杜甫《小寒食》

当然,我们并非以此证明格律诗中的句子都不能分析出主语和谓语,事实上大量诗句的结构类型与散文相同,但是,上述句式却是散文中罕见的,它们只宜分析出话题和陈述来。

第二,名词性短语可以单独成句,也可以用几个名词短语并列成句。这属有指称而无陈述的句子,实际也是话题占重要地位的一种表现。例如:

(5) 细草微风岸,危樯独夜舟。

——杜甫《旅夜书怀》

(6) 鸡声茅店月,人迹板桥霜。

——温庭筠《商山早行》

(7) 北斗三更席,西江万里船。

——杜甫《春夜峡州》

这种句式多见于五言诗里,它的作用在描述事物,提供抒情叙事的背景,有时也渲染一种气氛,以引起共鸣。

第三,上边是就句论句,所讲的话题是句内话题。在诗歌中,句外话题也是应该予以重视的。有不少诗歌,题目就是句外话题,因此在理解全诗的时候不能忽视。例如张继的《枫桥夜泊》,当中有"夜半钟声到客船"一句,曾经引起争论:有人说是指夜半钟声送到了客船,有人认为是说夜半钟声之中到了一条客船。其实,题目已指明"夜泊",就是说,船是停泊了的,当然只能采取第一种解释。之所以引起争论,是忽视题目所提供的话题的缘故。又如温庭筠的名句:"鸡声茅店月,人迹板桥霜。"它的话题已经在题目中点明,那就是"早行"。只有结合话题来理解,才能懂得诗句所表达的意境。现代话语语言学(text linguistics)切分话题和陈述,是依据形式和意义相结合的原则。它当然不同于人们分析文学作品时所讲的主题思想,主题思想只不过是全篇内容的抽象概括,它只有一个。话题则是说话的起点,每句话都有;而且,前边句子有话题和陈述,这个陈述又可以成为后边句子的话题,这就是所谓"话题链"。许多佳作常常包含了话题链。例如杜甫的《春望》,第一联的上句"国破山河在",话题是"国","山河在"是说什么都破了,只有山河还在。下句"城春草木深",话题是"城","草木深"无非说明城中的人都逃亡了。第二联上句"感时花溅泪"是陈述,它的话题是破碎的山河;下句"恨别鸟惊心"是陈述,它的话题是逃亡的人们。还有一种隐含的话题链,即前句的陈述暗示下句的话题,这正是诗歌语言精练的表现。例如贾岛的《寻隐者不遇》,前两句一问一答:"松下问童子,言师采药去。""采药去"是陈述,它只说明采药,却未讲清到什么地方采药。寻访者一定要再问何处去,于是童子回答"只在此山中",这就是第三句,它陈述的是处所。这一句指明山中,但未指明方向,寻访者一定还要追问,童子的回答是"云深不知处"。这一句话所陈述的话题隐含在前句之中,总之,四句诗是由话题链贯串的,但是末两句的话题隐而不现,让读者去体会出来,这大概也属诗味隽永的一种表现吧。

(原载《上海师范大学学报》1989 年第 3 期)

从语言结构谈近体诗的理解和欣赏

近体诗是唐代形成的,包括律诗和绝句。与古体诗相比较,它的结构比较严谨,规律比较明确。历来的诗话,多详于描写而疏于解释,使人知其然而不知其所以然。本文试图从语言结构方面谈谈近体诗的一些特点,这些特点早已为许多评论家所发现,不过很少从语言结构方面加以解释罢了,比如平仄安排,从描写的角度看,只须指明五言诗和七言诗各有几种格式就行了。从解释的角度看,还要说明为什么会形成这些格式。就拿诗句的末尾音步来说吧,由三个音节(三个字)组成,通常不外"平平仄"、"仄仄平"、"平仄仄"、"仄平平",为什么不出现"平平平"、"仄仄仄"?因为这样安排是有重复而无变化;为什么不出现"平仄平"、"仄平仄"?因为这样安排是有变化而无重复。既有重复又有变化,才符合节奏的规律。关于近体诗的平仄节奏问题,我已经有文章论及(见《上海师范大学学报》1989年第3期),这里不必重复,下边谈谈另外几个问题。

一 时地—景物—情意

诗人写景抒情,或由景生情,或寓情于景,或景情交融,手法不一。但是在全诗的结构上有一种倾向,即须点明时间和处所。举几首人们熟悉的绝句为例。

孟浩然《春晓》:"春眠不觉晓,处处闻啼鸟。"(先说时间,再说处所)

杜牧《清明》:"清明时节雨纷纷,路上行人欲断魂。"(先说时间,再说处所)

王维《相思》:"红豆生南国,春来发几枝。"(先说处所,再说时间)

李白《送孟浩然之广陵》:"故人西辞黄鹤楼,烟花三月下扬州。"(先说处所,再说时间)

王之涣《登鹳雀楼》:"白日依山尽,黄河入海流。"(第一句暗示时间,第二句暗示处所)

李白《静夜思》:"床前明月光,疑是地上霜。"(第一句暗示时间和处所,第二句补充说明时间,即秋天)

王翰《凉州词》:"葡萄美酒夜光杯,欲饮琵琶马上催。"("夜光杯"暗示处所,第二句暗示时间)

当然,这只是一种倾向,并不是所有的写景抒情的诗都是如此,但是这种现象的出现并非偶然。要了解这种倾向形成的原因,须区分具体的句子和抽象的句子。举例说吧,"下雨了"这个句子,我们通过它的语音了解它的意义,这不过是对抽象句子的理解。在实际交际场合,当我们听到"下雨了"这一组声音时,人们理解的不只是它的含义,而且须懂得它所指的内容。就是说,要把它放在特定的环境中去理解。比如,指的是此时此地"下雨了",或某一时间某一处所"下雨了",这就是对具体句子的理解。诗句表达的不只是意义,它要求人们在理解意义的基础上了解内容。提供特定的时间和处所正是为了这个目的。

当然,这里指的是写景抒情的诗篇。而且,正如前边所指出,说明时间和处所,可以是明显的,也可以是隐含的;至于开头点明时间和处所,也不过是比较常见的安排。比如王维的《竹里馆》:

"独坐幽篁里,弹琴复长啸,深林人不知,明月来相照。"第一句点明处所,末句才说出时间,也是一种巧妙安排。

二 有所指—有所述—有所为

交际中使用任何词语或句子,或者有所指,或者有所述,或者既有所指,又有所述。有所指,即指称事物;有所述,即陈述现象。有指称,不一定有陈述;有陈述,必定有指称。例如地图上标明的地名是指称,并没有出现陈述,又如"来了"是陈述,必定有所指,或者指"车来了",或者指"人来了",等等。诗句有三种情况:一是既有指称,又有陈述;二是只有陈述,隐含指称;三是只出现指称,并无陈述。现在举温庭筠《商山早行》前四句为例:

晨起动征铎(陈述,理解时须补上指称。根据下文,指的是旅客)

客行悲故乡(既有指称,又有陈述)

鸡声茅店月
人迹板桥霜　(有指称,无陈述)

值得特别注意的是末两句,几个词语并列,都是指称。理解这类句子,并不须增添什么陈述的内容,而是要把这些词语所代表的典型事物加以综合,形成概括的观念,从中体会作者心目中的情景。"鸡声茅店月,人迹板桥霜"所描写的是月色清寒时山区早行的景象。

再举白居易《问刘十九》为例:

绿蚁新醅酒
红泥小火炉　(有指称,无陈述)

晚来天欲雪(有指称,有陈述)

能饮一杯无(有陈述,无指称。指称隐含在题目之中,即友人刘十九)

第一二两句是指称并列，从中可以体会作者在寒冬围炉对酒的情意。

上边举的诗句，或者有所指，或者有所述，都属传达信息的句子；这种句子的作用在使对方理解。此外还有另一种句子，作用在使对方接受信息之后，能作出反应。比如要求对方回答问题、思考问题、开始行动或停止行动，等等。这就是"有所为"的句子，通常是言谈的重点。在格律诗中，这类句子多用疑问或祈使的语句表示，往往出现在末联，这正符合先有所述，然后才有所为的一般规律。

例如：

末联用祈使语气的，如王维《相思》末两句："劝君多采撷，此物最相思！"又如王之涣《登鹳雀楼》末两句："欲穷千里目，更上一层楼。"

末联用疑问语气的，如孟浩然《春晓》末两句："夜来风雨声，花落知多少？"又如白居易《问刘十九》末两句："晚来天欲雪，能饮一杯无？"

至于在诗歌中自问自答，属一般的陈述，不是"有所为"的句子，当然也可以出现在末联，如杜牧《清明》中的"借问酒家何处有，牧童遥指杏花村。"

三　连接—照应—隐含

句与句之间的关系，有时用关联词语表示，有时依靠语句本身的意义来说明，即所谓意合法。诗歌中很少用关联词语，意合法则经常使用。例如白居易《大林寺桃花》：

人间四月芳菲尽，山寺桃花始盛开。
长恨春归无觅处，不知转入此中来。

第一句和第二句,第三句和第四句都含有转折意味,虽然不用关联词语,我们完全可以体会其中的含义。

律诗八句,当中两联要求用对仗,对仗是一种特殊的意合形式。它可以通过典型事例的并列,使人产生一种概括的印象。以少胜多,以一当十,以具体代抽象,这是一种艺术的手法。律诗中的对仗正是这种手法的具体运用。而读者在阅读过程中的理解是以意合为中介的。先看杜甫的《蜀相》:

> 丞相祠堂何处寻,锦官城外柏森森。
> 映阶碧草自春色,隔叶黄鹂空好音。
> 三顾频烦天下计,两朝开济老臣心。
> 出师未捷身先死,长使英雄泪满襟。

第二联写景,所写的景物不多,却给人以寂静的印象。在这里,"自"和"空"的作用是十分重要的。第三联叙事,使人想到诸葛亮的一生,鞠躬尽瘁,死而后已。

又如温庭筠的《苏武庙》:

> 苏武魂销汉使前,古祠高树两茫然。
> 云边雁断胡天月,陇上羊归塞草烟。
> 回日楼台非甲帐,去时冠剑是丁年。
> 茂陵不见封侯印,空向秋波哭逝川。

第二联写苏武在北国的秋天望着南飞的雁,傍晚赶着边塞的羊,概括了他被幽禁的情景。第三联写苏武回国后的心情,上句写所见,下句写所想。见到的景物是今非昔比,想到的壮年(丁年)已逝,皓首而归。这两句概括了苏武的感慨,也是作者的歔欷。

上边两首诗有共同的特点,即用对仗列举典型实例,用来说明事理的全过程。欣赏律诗,就必须善于概括。当然,对仗的作用并非全都如此,有时也用来叙述事理的承接或因果的推论。例如王维的"山中一夜雨,树杪百重泉",叙述雨后的景色。司空曙的"乍见翻疑梦,相悲各问年",描写久别重逢时的心情。上句和下句是事理的承接。又如白居易的"野火烧不尽,春风吹又生",杜甫的"酒债寻常行处有,人生七十古来稀",上下句有因果关系。前者由因及果,后者先果后因。

格律诗每联中的上下句意思相联,隔句的意思大都相关,这就是所谓照应。例如杜甫的《春望》,第一联"国破山河在,城春草木深",说明"国破,城空"。第三句"感时花溅泪"照应"国破",第四句"恨别鸟惊心"照应"城空"。第三联"烽火连三月"是"感时"的原因,"家书抵万金"说明"久别"的后果。又如李白《静夜思》第一句"床前明月光"是实写,第二句"疑是地上霜"是虚写,合起来写秋夜。第三句"举头望明月"照应第一句,是写实;第四句"低头思故乡"照应第二句,是写虚,合起来写秋思。

照应是诗歌语言精练的一种表现,虽然它的作用不仅仅是为了精练。在诗歌中,为了使语言精练,常常不直接说出某些含义,这就是隐含。隐含不同于省略,省略的词语是可以添补的,诗的字数固定,当然谈不上添补什么词语。下边举几种常见的隐含现象。

因果隐含,例如:

今夜偏知春气暖,虫声新透绿窗纱。(刘方正《月夜》,先果后因)

露重飞难进,风多响易沉。(骆宾王《在狱咏蝉》,每句都隐含因果关系)

香雾云鬟湿,清辉玉臂寒。(杜甫《月夜》,"香雾"、"清辉"后边隐含"使"字,每句有因果关系)

草枯鹰眼疾,雪尽马蹄轻。(王维《观猎》,"草枯"、"雪尽"后边可加"使"字去理解)

问答隐含,例如贾岛的《寻隐者不遇》:

山下问童子(问)

言师采药去(答)

只在此山中(答,前边隐含"到哪儿采药去了?")

云深不知处(答,前边隐含"山里什么地方?")

隐含不限于词句上的,也可以是意境上的,下边谈两种常见的情况。

对比隐含,例如柳宗元的《江雪》:

千山鸟飞绝,万径人踪灭。

孤舟蓑笠翁,独钓寒江雪。

前两句描写寂静、寥廓,后两句描写移动、渺小。两相对照,是静中有动,更显其静;大中见小,更显其孤。这就反映作者当时冷漠、孤独的感情。

条件隐含,例如:

春水船如天上坐,老年花似雾中看。(杜甫《小寒食舟中作》,"春水"是"船如天上坐"的条件,"老年"是"花似雾中看"的条件)

四 一般句式—诗歌句式—特殊句式

一般句式指散文中的句式,近体诗中大多数句子的结构与散文没有区别,最常见的是"施事—动词—受事"的句式,其中施事也可以隐含。例如王维的《闺怨》:

闺中少妇不知愁,春日凝妆上翠楼。

忽见陌头杨柳色,悔教夫婿觅封侯。

散文中常见的"受事—施事—动词"的句式,诗中也不罕见。

例如王维的《汉江临泛》：

> 楚塞三湘接，荆门九派通。

值得注意的当然是近体诗中特有的句式，如五言诗中有些句子前四字在意义上已经自足了，再补上一个名词，或动词，或形容词，突出作者对景物的深切感受。例如：

> 云霞出海曙，梅柳渡江春。（杜审言《和晋陵陆丞早春游望》）
> 众鸟高飞尽，孤云独去闲。（李白《独坐敬亭山》）
> 暮雨相呼失，寒塘欲下迟。（崔涂《孤雁》）

又如七言诗的前五字在意义上已经自足，再补上一个两字主谓结构，使诗意更进一层。例如：

> 永夜角声悲自语，中天月色好谁看？（杜甫《宿府》）

至于诗人根据自己特有的体验，用奇特的语序写成诗句，这就属特殊句式了。例如：

> 泉声咽危石，日色冷青松。（王维《过香积寺》）
> 片云天共远，永夜月同孤。（杜甫《江汉》）
> 香稻啄余鹦鹉粒，碧梧栖老凤凰枝。（杜甫《秋兴八首》）

上边的句子如果要翻成散文，大体是：

泉水在嶙峋的岩石间艰难地穿行，发出幽咽之声；夕阳的余晖照着青松，显得分外阴森。

自己像天上的一片浮云，飘得很远很远；又像孤独的月亮，度过漫长的夜晚。

看到的是鹦鹉吃剩的稻粒，还有凤凰栖息过的梧桐。

经过翻译，不难体会诗人别出心裁的妙处。当然，翻译的文字也只能传其意，而不能传其神。上述这些特殊句式，并无规律可循，即使在作者本人的诗集中，也不重复出现。但是，它们的结构又有其合理之处。比如"香稻啄余鹦鹉粒"说明作者看到的是香稻,然后才联想起鹦鹉啄余稻粒的情景。如果写成"鹦鹉啄余香稻粒"就不能表达作者的思想了。这就是说,特殊句式无规律可循,却有理据可依。发掘这中间的理据,正是我们应该努力做到的。

(原载《上海师范大学学报》1992年第3期)

试论对汉语格律诗的理解

一 不同层次的理解

对诗歌的理解和对散文的理解一样,有不同的层次。

早在30年代,丹麦语言学家叶斯柏森(Otto Jespersen 1860—1943)在他的 *Essentials of English Grammar* 中就曾经指出:在语言活动中,要区分表达(expression)、隐含(suppression)和印象(impression)。表达是字面的意义,隐含是没有说出来、包含在语句中的意义,印象是听话的人从作品中获得的联想意义。为了说明表达和隐含的区别,他曾举两句话加以比较:

(1) Would you please sell me two third class tickets from London to Brighton and back again, and I will pay you the usual fare for such tickets?

(2) Two third returns, Brighton.

(1)把要表达的意义全说出来,没有什么隐含的内容。(2)比较简洁,听话的人须根据语境去理解句子的含义。当然,对(2)的理解,得懂得表达出来的词语的含义,这属第一层的理解,根据语境进一步理解它们的含义,这是第二个层次,在日常交谈中,并非每一句话都有隐含的意义;诗歌却不然,由于语言精炼,不少含义都未直接表达出来。当然,这种隐含义并不是根据对话的语境提

供,而是以诗歌的内容及作者的背景作为依据,例如:

> 国破山河在,城春草木深。
> 感时花溅泪,恨别鸟惊心。
> 烽火连三月,家书抵万金。
> 白头搔更短,浑欲不胜簪。
>
> (杜甫《春望》)

司马光说:"山河在,明无余物矣;草木深,明无人矣。"这是对第一联的隐含义的说明。"感时"隐含对"国破"的伤感,"恨别"隐含对离散的亲人的情念。第一联写景,第二联写情,连起来是见景生情。"烽火连三月"隐含战事持续,"家书抵万金"隐含音讯隔断;一是忧国,二是忧家。心中的忧伤自然会影响身体的衰弱,所以才有末联的描写。这内在的联系都隐含在词句之中。

作品的意义包含在作品的词句之中,但读者并非只能被动地从作品文辞中去理解和欣赏。有人认为作品只是乐谱,读者才是演奏家。作家的"创作意识"能否实现,要依赖读者的"接受意识"。读者在理解作品时发挥能动作用,这就是理解的第三个层次。例如画家齐白石曾画一幅画,画的是一个儿童玩具不倒翁,另外题诗一首:

> 能供儿戏此翁乖,
> 倒不须扶自起来。
> 头上齐眉纱帽黑,
> 虽无肝胆有官阶。

理解这首诗,读者须懂得:第一,不倒翁是怎样的玩具。第二,不倒翁的形象是穿官服、戴官帽(乌纱帽)的。第三,"肝胆"并非 Liver and gall,而是指良心 conscience。诗隐含讽刺意味是不言而喻的。据说曾经有人问作者是不是有所指,作者笑而不答。读者可以根据自己的想法认为有所指,但这毕竟是读者的事。印象或联想来自作品,但它们不一定是作品本身所包含的内容。

上边所谈的可以归纳为几点。

第一,理解诗歌首先得懂得词句的含义,包括:

1. 词义。如"白头搔更短"中的"短",不是指长度,而是"少"的意思。"此翁乖"的"乖"是乖巧的意思。

2. 语义。主要是施受关系。张继诗《枫桥夜泊》中有"夜半钟声到客船"。有人认为说的是夜半钟声送到了客船,有人认为指的是夜半钟声之中到了一条客船。前者以钟声为施事,后者以客船为施事。题目已指明船是停泊于枫桥之畔的,当以第一说为是。

3. 句法关系。例如王维《山居》诗中有"鹤巢松树遍","鹤巢"是主谓结构还是偏正结构?它的下句是"人访荜门稀",两相对照,不难看出"巢"是动词,含义是栖息。"鹤巢松树"是主谓宾结构,末了的"遍"是修饰"巢"的。

4. 层次结构。一般地说,格律诗的语音停顿能反映结构层次。五言诗的停顿是 2—3,七言诗的停顿是 2/2—3,都反映意群和层次的划分。例如:

> 白日——依山尽,黄河——入海流。(王之涣《登鹳雀楼》)
> 清明/时节——雨纷纷,路上/行人——欲断魂。(杜牧《清明》)

但是,除了常规,还有变式。下边句子的意群切分与停顿不一致,当属变式。按意群划分如:

> 古树老——连石,急泉清——露沙。(温庭筠《处士卢岵山居》)
> 病——知新事少,老——别故交难。(崔颢《别故人》)
> 永夜角声悲——自语,中天月色好——谁看。(杜甫《宿府》)

第二,在理解词句意义的基础上,须进一步探讨作品中的隐含内容。包括:

1. 场景(situation)与角色(role)。这些内容在有些诗歌中是隐含的。例如：

> 葡萄美酒夜光杯，欲饮琵琶马上催。醉卧沙场君莫笑，古来征战几人回。(王翰《凉州词》)

夜光杯、葡萄、琵琶这些实物暗示了处所，"饮"和"催"标示了场景和角色。

2. 逻辑推理。诗歌的主旨不在说理，但词句之间常隐含某种逻辑关系。例如：

> 今夜偏知春气暖，虫声新透绿窗纱。(刘方正《月夜》，上句是果，下句是因。)

> 露重飞难进，风多响易沉。(骆宾王《在狱咏蝉》，每句都包含因果关系，前两字为因，后三字为果。)

> 香雾云鬟湿，清辉玉臂寒。(杜甫《月夜》，每句都包含因果关系，可以在"香雾"、"清辉"后边插入"使"字去理解。)

3. 感情和意志。作者的喜怒哀乐常隐含在字里行间。例如：

> 人间四月芳菲尽，山寺桃花始盛开。长恨春归无觅处，不知转入此中来。(白居易《大林寺桃花》，诗中隐含对春光的留恋，对庐山景物的赞美。)

> 山外青山楼外楼，西湖歌舞几时休？暖风熏得游人醉，直把杭州作汴州。(林升《题临安邸》，诗中隐含作者对南宋达官贵人醉生梦死的生活感到的愤恨。)

第三，读者的感受与作者的意向趋于一致，于是产生共鸣。在这个前提下，读者也可以有所创造。由于作品的语句常有意义的不确定性，也由于作品之中每有"意义空白"，读者便能根据自己的经验予以补充。常见的情况有：

1. 多义和歧义。杜甫《奉赠韦左丞丈二十二韵》有"读书破万卷,下笔如有神"。其中的"破",有人认为是"突破",有人认为是"破损",也有人认为是"一语道破"的"破",即彻底了解。这些解释都无不可,因为主旨都在说明博学。刘禹锡《杨柳枝词》有"请君莫奏前朝曲,听唱新翻杨柳枝"。其中的"翻"有人认为是"创作",有人认为"按原曲调整谱写",这里有歧义。读者可以各持己见,但必须有这样的共识:作者的意图是提倡文学创新。

2. 暗示和联想。柳宗元《江雪》:"千山鸟飞绝,万径人踪灭。孤舟蓑笠翁,独钓寒江雪。"字面写景,其中暗示渔翁的孤傲。由此可联想到作者当时被贬到永州的心情。王安石《船泊瓜洲》:"京口瓜洲一水间,钟山只隔数重山。春风又绿江南岸,明月何时照我还。"一般只论及选用"绿"字之妙,殊不知这一个字暗示了作者心中的喜悦。由此可联想到王安石第二次出任宰相时,从钟山经京口到了瓜洲的心情。这些联想都与读者对作者的认知有关。

二 汉语特点的体现

拿古汉语跟印欧语言相比较,语音方面元音占优势,词汇方面单音节词占优势,语法方面缺少严格意义的形态变化。这些特点在诗歌中自然都能体现。从理解的角度观察,下列特点值得重视。

第一,不少语言学家认为汉语是话题居重要地位的语言(topic-prominent language),而英语之类是主语居重要地位的语言(subject-promient languge)。尽管对这种说法还有不少争论,但是,无论如何,汉语的格律诗是体现了话题占重要地位的。许多诗句很难分出主语(subject)和谓语(predicate),但是能区分话题(topic)和陈述(comment)。话题不过是陈述的起点,它与陈述的关系是十分松散的。例如:

迟日/江山丽,春风/花草香。(杜甫《绝名》)

>　归客/村非远,残樽/夕更移。(杜甫《过南邻》)
>　春浪/櫂声急,夕阳/花影残。(白居易《渡淮》)
>　春水/船如天上坐,老年/花似雾中看。(杜甫《小寒食》)

第二,句子要传达信息,一般的情况是旧信息在前,新信息在后。新信息的重点叫焦点(focus)。汉语表示焦点有种种方式,如利用重读,使用某些副词,采取对比形式,而最常见的方式是依靠语序的安排,即让信息焦点在句末出现。汉语的格律诗每句的末三字主要体现节奏焦点(rhythm focus),而信息焦点主要是安排在诗的末句(绝句中的第四句)或尾联(律诗中的最后两句),两者是吻合的。例如:

>　寒雨连江夜入吴,平明送客楚山孤,洛阳亲友如相问,一片冰心在玉壶。(王昌龄《芙蓉楼送辛渐》,末句说出作者清廉自守的情怀,是焦点所在。)
>　红豆生南国,春来发几枝,劝君多采撷,此物最相思。(王维《相思》,末句说出正意。)
>　西陆蝉声唱,南冠客思侵。那堪玄鬓影,来对白头吟。露重飞难进,风多响易沉。无人信高洁,谁为表予心?(骆宾王《在狱咏蝉》,末联抒发了作者写诗的宗旨。)

当然,诗歌借物抒情,并不是每首诗都要把感情直接表达出来。一些山水诗通篇写景,就不属于这里讨论的焦点安排的范围了。

第三,人们认为常使用"意合法"是汉语的特点之一,但是对意合法的内涵并无一致的看法。我们认为意合法指的是不用关联词语表示因果、假设条件等逻辑关系。这类关系的确定,如果不用关联词语表示,必须有语境的帮助。例如"天下雨,我不出去",说话时如果正在下雨,则表示因果关系,说话时如果天气晴朗,议论次日的打算,则表示假设条件关系。

诗句中接连叙述相承的两件事,事情又是已经实现的,它们之间的逻辑关系通常是前因后果。前边已经有例说明,下边再补充几个例子。

寺远僧来少,桥危客过稀。(许浑《题韦处士山居》,"寺远"、"桥危"是因,"僧来少"、"客过稀"是果。)

自缘今日人心别,未必秋香一夜衰。(郑谷《十日菊》,意思是说重九之后(十日)的菊花并未衰败,但是人们对待菊花的心情是有差别的。要了解这里的含义。须懂得古人在重九之日有登高赏菊的习惯。)

岭外音书断,经冬复历春。近乡情更怯,不敢问来人。(宋之问《渡汉江》,前两句是因,后两句是果。)

三 格律诗的独特句法

第一,名词性成分并列成句,使人抓住典型事物,形成概括的印象。例如:

鸡声茅店月,人迹板桥霜。(温庭筠《商山早行》,描述的是行人趁早冒着寒冷赶路的情景。)

绿蚁新醅酒,红泥小火炉。(白居易《问刘十九》,描述的是温酒待客小酌的情景。)

细草微风岸,危樯独夜舟。(杜甫《旅夜书怀》,描述的是旅途寂寞的情景。)

第二,律诗要求使用对仗。对仗叙述有代表性的事物,一经排比,能以少胜多,以点代面,读者便会产生一种概括的印象。例如:

几处早莺争暖树,谁家新燕啄春泥,乱花渐欲迷人眼,浅草才能没马蹄。(白居易《钱塘湖春行》,前边一联给人的印象是早春的禽鸟欢跃枝头,后边一联给人的印象是早春的花草生机勃勃。)

自去自来梁上燕,相亲相近水中鸥。老妻画纸为棋局,稚子敲针作钓钩。(杜甫《江村》,前边一联概括眼前的事物,显得悠闲自在。后边一联概括周围的亲人,个个怡然自得。)

五岭逶迤腾细浪,乌蒙磅礴走泥丸。金沙水拍云崖暖,大渡桥横铁索寒。(毛泽东《长征》,前边一联概括了千山的峻峭,后边一联概括了万水的凶险。)

第三,语序的安排有时以作者的观察点为依据,于是打破汉语散文语句的一般规律。例如:

香稻啄余鹦鹉粒,碧梧栖老凤凰枝。(杜甫《秋兴八首》,这里是回忆当时见到的情景。见到香稻才想起是鹦鹉啄余的。看到碧梧才联想凤凰栖宿之处。)

片云天共远,永夜月同孤。(杜甫《江汉》,见到片云才联想到自己,像天那么遥远。想到长夜又联想到自己,和明月一样孤独。)

绿垂风折笋,红绽雨肥梅。(杜甫《陪郑广文》,见到绿叶低垂才察觉是风吹笋折,见到红花绽满才推想是雨水催使梅子成长。)

第四,按照一般规律来衡量,句子已属完整,可是后边又补充修饰性的字眼,这在散文中是见不到的。例如:

白云回望合,青霭入看无。(王维《终南山》,"合"指的是"白云","无"指的是"青霭"。)

云里相呼疾,沙边自宿稀。(杜甫《归雁》,"疾"指的是"呼","稀"指的是"宿"。)

远水兼天净,孤城隐雾深。(杜甫《野望》,"净"指的是"水"和"天","深"指的是"城"和"雾"。)

这类格式在散文中见不到。只有像"石角钩衣破,藤枝刺眼新"(杜甫《奉陪郑》)之类与兼语式有些接近。

上边所谈的不过是我读诗的一些体会,挂一漏万是难免的。寻求格律诗的表达规律则是我打算继续努力追求的课题。

(原载《汉语修辞和汉文化论集》,河海出版社,1996年)

(六) 其 他

《马氏文通》关于虚词的研究给我们的启示

马建忠著《马氏文通》,他的开创之功是人们公认的。在词类区分的问题上,他的"字无定类"的论述自相矛盾,学者大都认为不足为训。然而《文通》留给我们的不只是学术史上的功绩和分析方法上的鉴戒,书中许多论述,对我们今天的语法研究,仍有启迪意义。现在举书中关于虚词的几点论说为例,说明这个问题。

《马氏文通》一开头就谈到虚实划分。他批评了前人的说法,同时提出自己的见解:"有解者为实字,无解者为虚字。"单纯拿意义作为划分虚实的标准,今天的学者都不以为然。不过,《文通》进一步给虚词作下位区分,却重视词的功能。虚词既然是"无解",当然不能从意义来说明它们的特点。马建忠采取的办法是将汉语跟印欧语作比较,但并非用印欧语的框架来硬套汉语,而是从不同的语言中发现形式的差异。例如他说:

> 中国文字无变也,乃以介词济其穷。(虚字卷之七)
> 助字者,华文所独,所以济夫动字不变之穷。(虚字卷之九)

在这里,马建忠明确指出汉语的一大特点,即缺少词的形态变化。拉丁语的名词有格的形式变化,借以表示名词与动词的关系,如主格、宾格等等。汉语没有这种表现形式,名词与动词的关系用介词来表示。这种观点今天看来并不新鲜,研究汉语的格语法的学者都这么说的,可是在一百年前提出这样的看法确是值得钦佩。《文通》中的助字即我们所说的语气词。印欧语用动词的变化来表示语气,汉语则使用语气词,所以说是"华文所独"。

强调虚词的重要性,古代许多作家都曾论及。但是,把汉语的虚词跟印欧语言作比较,从而显示其功能,这是马氏的创见。不但如此,在虚词的研究方面,《文通》有许多值得我们借鉴之处。

古代训诂学家讲虚字,总是联系上下文加以解释,难免以偏赅全。清代以来,不少学者把同一个虚字的不同用法加以收集,分类编纂,于是出现《助字辨略》、《经传释词》之类的书。不少学者在这些书的基础上补充修正,似乎是罗列的项目愈多愈好。例如用在句首或句中的"夫",经史的注疏中,或称之为发语词,或称之为指示词。后来又把指示分为近指(同此)、远指(同彼)、全指(同凡)。近代出版的虚词词典(如裴学海的《古书虚字集释》)所列义项更多。马建忠指出:

> "夫"字以冠句首者,皆以顶承上文,重立新义,故以"夫"字特为指明。是则"夫"字仍为指示代词,而非徒为发语之虚字也。(《马氏文通》虚字卷之八)

这里阐明了发语词与指代词的用法并非互不相干,实则同出一源。"夫"字用在句末,表示语气,这是没有疑义的。可是马建忠认为"夫"用在句末,"仍不失有代字之意"。《文通》引述了下列句子:

> 立穆公,其子缪之,命以义夫!(左传·隐公三年)
> 谁居,后之人必有任是夫!(左传·成公二年)
> 汝闻人籁而未闻地籁,汝闻地籁而未闻天籁夫!(庄子·齐物论)

马建忠认为:"所引三节,'夫'字殿句,皆有量度口气。且'夫'字一顿,有反指本句之事之意。"(虚字卷之九)这就是说,表语气的

"夫"有时也与指代有关。《文通》的诸如此类的分析是不是十分准确姑且不论,作者在注重分析的同时,讲求综合,借以探索虚词多种用法之间的联系,可以启迪我们对虚词作深入研究。

为了帮助人们阅读古籍,联系上下文讲明虚词的作用,这无可厚非。可是,把虚词放在整个句子中加以分析,要防止把并非虚词的表意因素移植到虚词上边。在这方面,马建忠有明确的论述。例如他讲到"而":"'而'字之为连字,不惟用以承接,而用为推转者亦习见焉。然此皆上下文义为之。不知'而'字不变之例,惟用以为动静诸字之过递耳。"这就是说:"而"的作用是承接,至于用于表达转折关系,那是上下文构成的。又如论"则"字(见承接连字八之三):"'则'字乃直承顺接之辞,与上文影响相随,口吻甚紧。而为用有三,一以上下文为别。"也就是说,"则"的不同作用全是受上下文的影响才显示的。包括:

一、凡上下文有相感者,"则"字承之,即为言效之词。例如"是故财聚则民散,财散则民聚"。(礼记·大学)

二、凡上下文事有相因者,"则"字承之,即为继事之词。例如"弟子入则孝,出则弟。谨而信,泛爱众,而亲仁。行有余力,则以学文"。(论语·学而)

三、凡上下文事有异同者,"则"字承之,即为直决之词。例如"道则高矣美矣,宜若登天然"。(孟子·尽心下)

研究现代汉语的虚词,应该像马建忠那样,注重区别虚词本身的作用和上下文表达的意义。例如副词"就"与文言的"则"近似,它的作用是承接。可是有些虚词词典,把"就"的用法分为表时间、表条件等。表时间一项再分为表过去、表现在、表将来;表条件一项再分为表充分条件、表必要条件等等。例如下列句子的"就",它本身并不表示诸如此类的含义。

    他只用了三分钟就跑完了全程。(全句时间指过去)

>他打算花三天时间就写好序言。（全句时间指将来）
>
>只要用三分钟就可以跑完全程。（全句含充分条件关系）
>
>如果不给我三天时间，就写不好序言。（全句含必要条件关系）

再如语气词"呢"，通常认为它表疑问。可是带"呢"的疑问句，去掉了它，仍旧是疑问句。当然，这不等于说"呢"可有可无。有了"呢"表达出深究的意味，像"帽子呢"一类的句子，"呢"不可少。

再如语气词"啊"，它可以用于陈述、疑问、祈使、感叹这几种句子末了，但是它并不表示这种种语气，它起的是延缓语气的作用。

《文通》注重虚词释义的概括性，区别虚词本身的作用与使用虚词的句子的整体意义，这不等于说只讲求概括，不注重分析；也不等于说只看到虚词与其他表意因素的区别，不注重虚词之间的细微差异。恰好相反，在论述虚词之间的差异方面，《文通》是十分细致的。现在举《文通》论转捩连字为例。

>转捩连字中，"然"字最习用……故然字非转也，未转而姑然之，则掉转之势已成。此"然"字之所以为转语辞也。……"然"字一顿，其无衬者，则乘势掉转，其有衬者，曰"然而"、曰"然则"、曰"然后"、曰"然且"等，则各视其所乘之势以定。

如何乘势选定所用之词，《文通》的说明是：

>"下文反转而欲作势者，则加'而'字。"例如："此三臣者，岂不忠哉！然而不免于死，身死而所忠者非也。"（史记·李斯列传）
>
>"下文由是而另推事理者，则加'则'字。"例如："愿得将军之首以献秦王，秦王必喜而见臣。臣左手把其袖，右手揕其胸。然则将军之仇报，而燕见陵之愧除矣。"（史记·刺客列传）
>
>"'然'字一顿以承上文，由是而继以他事者，则加'后'字。"例如："权，然后知轻重。度，然后知长短。"（孟子·梁惠王上）
>
>"'然'字承上一顿，既已如此。由是而或聊且为之者，或尚且不可

者,则加'且'字。"例如:"徒取诸彼以与此,然且仁者不为。"(孟子·告子下)

这里讲的连词,在现代汉语中的用法不尽相同。但是,使用时注重选择适当的词语,古今是一致的。

(原载《语文论丛》第六辑,上海教育出版社,2000年)

读《马氏文通》偶记

商务印书馆重印了《马氏文通》,吕叔湘先生写了序言。安徽教育出版社出版了孙玄常先生的《马氏文通札记》,吕先生作了校批。《中国语文》1984年第一、二期连载了吕王合写的《马氏文通评述》,对《文通》作了全面的评价。这些论著的发表,对启发人们重新认识《文通》的价值,帮助人们解决阅读《文通》时的疑难,引导人们从中吸取经验教训,都将起很大的作用。我们不止一次读过《文通》,说实在的,对书中的某些问题并没有真正弄懂。比如"读"的概念,始终觉得模糊。读了《评述》之后,才领悟其究竟。又如"象静司词",为什么不称作"止词"或"转词",从《评述》中也得到简明的回答。回忆过去阅读《文通》时思考的一些问题,查了一查当时的笔记,觉得有些材料可以作为一种补充,有些想法不妨供讨论问题的参考。摘录几条,旨在求教;如果得失参半,已属望外了。

一 作 者

1933年,凌其翰在《九三老人马相伯语录》中说:"讲到马氏文通,是吾弟眉叔经二十年长期的纪录,与我切磋琢磨而成的,但所发表的只是十分之二。马氏文通,虽是一部古今来特创之书,还够不上称是文规,只算是造句法而已。"[①]

1938年,钱智修在《马相伯先生九十八岁年谱》中说:"马氏文通一书,以西洋文法,释中国古籍,发凡起例,理顺冰释,所诣在王氏经传释词刘氏助词辨略以上,实先生与眉叔共成之,而卷端未尝署名,盖先生欲奖成眉叔先生,不愿分其盛誉也。"[②]

由此看来,朱星所谓"实际作者是马建忠的大哥马相伯",[③]是不符实际的。《评述》说"马建忠是《马氏文通》的作者无可怀疑",这句话不错。如果说作者除了马建忠,还有他的大哥马相伯,也不是没有根据的。

二 用例和引文

《文通》的特点之一是用例丰富。吕先生在"重印《马氏文通》序"中说:"《文通》收集了大量的古汉语例句,大约有七千到八千句。比它后出来的讲古汉语语法的书好像还没有一本里边的例句有它的多。"这段话包括两层意思:第一,《文通》收集了大量例如;第二,书中用了大量例句。

讲到收集例句,《文通》作者所花工夫是惊人的。1930年,陈乐素在《相伯老人八十年之经过谈》中引马相伯的话:"文通原稿经我删去了三分之二有奇,因为举例太多,有碍青年读者的时间与脑力,但是梁仕公对于我所删节的本子还嫌举例太多。殊不知此种研究中国文字的文法书,在马氏文通出版时代,实在是破天荒。举例过少,学者将由敬信而狐疑。"[④]

研究语法也好,编写语法教材也好,如果不占有大量资料,不接触各种各样的事例,恐怕很难做出成绩来。吕先生反对"做没有本钱的买卖",这是我们应该认真记取的。有了丰富的材料,编教材时该如何取舍呢?对这个问题,梁启超和马相伯的看法不一致,今天的读者对《文通》用例多少的评价恐怕也还不能一致。

《文通》用例多,错引错写的地方很不少。杨树达写了一本《马氏文通刊误》,序言中列举"马氏之失,约有十端"。主要是从体系上说的,其中有些是《文通》本身的矛盾,有些是杨氏根据自己的想法去刊别人之误,这些都不包括引文中文字上的错误。这种错误,章锡琛的《马氏文通校注》花了不少工夫校对,已经纠正不少,其实还有遗漏。吕先生批校孙著时也指出这类问题。这些虽属枝节,却影响人们的阅读,所以仍须重视。比如《文通·序》引皇甫茂正的话:"读书未知句度,下视服杜。""服杜"指谁,很难理解。一查《皇甫持正文集》,才知道不是"服杜",而是"服郑",即东汉时的服虔与郑玄。还有些小错,一直未得到更正。举个例吧:"止或尼之"是《孟子·梁惠王下》中的句子,《文通》写作《梁惠王上》,孙著《札记》等书都照引不误。当然,也有《文通》本来不错,后来引用错误,以讹传讹的。例如《文通》卷一界说十六末有:"今复以名代诸字,位诸句读,相其孰先孰后之序而更立名称……"章氏校注本在"位"字后加上顿号,以致文句不通,重印本却照此翻印。这些都希望以后能得到改正。

三　接读代字

《评述》指出接读代字"是模仿西方语法里的关系代词而建立的一类",其中包括"其"、"所"、"者"三个字。分析一下接读代字,对了解马氏的句读论是有帮助的。

关系代词,以英语为例,指的是 who、whom、whose、which、that 这些词,它们用在复句当中有双重作用:第一,指代主句中的名词或名词性成分;第二,作从句的某一成分。例如:

　　(1) His father, who lives next door, is a teacher.

　　(2) The teacher who lives next door is his father.

这两个句子的基本结构一样：都是主从复句，who 既充当从句的主语，又指代主句的主语。如果译成汉语，应该是：

(3) 他的父亲住在隔壁，是一位教师。
(4) 住在隔壁的教师是他的父亲。

照目前通行的汉语语法体系看，(3)是复句，(4)是单句，它们的结构很不相同。然而马氏的观点并非如此，他认为两者并无原则上的区别，当然，这是机械模仿得出的结论。比如他分析这样的句子：

(5) 齐晋秦楚，其在成周微甚。
(6) 天下诸侯宜为君者，唯鲁侯尔。

马氏认为(5)"齐晋秦楚"是起词，"微甚"是表词，是一个主句。"其在成周"是一读，参于句中。这比较容易理解，因为这里的"读"相当于从句。马氏又认为(6)中"宜为君者"为一读，这似乎不伦不类。其实，如果把(3)和(4)都比照英语再加以分析，那么自然就认为它们属同一类型了。也就是说，都该认作复句。而且，英语的 complex sentence 包括主句(principle clause)和从句(dependent clause)，从句并不等于我们通常所说的偏句。如果我们抛开现有的偏句和正句的概念，就不难理解马氏的句读了。不妨说，马氏的句大体相当于单句(simple sentence)和主句，说大体相当，因为马氏把并列复句(compound sentence)中的末一分句称为句，而把前边的分句称为读，这是不能从模仿中得到解释的。例如"君子食无求饱，居无求安"，该属并列复句，可是马氏认为前一分句为"读"，后一分句为"句"，这只能从传统的句读概念来解释了。《评述》说"读是一种中西合璧的东西"，这大概是唯一的正确的说明。

当然，我们不妨从另一个角度来观察问题。马建忠对句子的分析，经常以意义为依据。如果单纯从意义的角度看，把(3)和

(4)看作相同的句子,也不无道理。不过这个意义,不是句子所表达出来的综合的意义。套用一下现代语言学的术语,(3)和(4)有相同的深层结构。同一深层结构可以转化成不同的表层结构,这一点,马氏当然不会想到的。

四 次

《文通》给"次"的定义是"凡名代诸字在句读中所序之位"。用通用的话来说,"次"讲的是语序问题。更具体一点说,"次"讲的是名词(代词)与动词之间的次序问题。拉丁语名词有格的形式变化,⑤这种变化表示不同的语义关系。六种格变中多数表示动词与名词之间的关系,如主格(nominative,回答"谁"、"什么")、宾格(accusative,回答"把谁"、"把什么")、与格(dative,回答"给谁"、"给什么")、夺格(ablative,回答"被谁"、"被什么")等。只有所有格(genitive,回答"谁的"、"什么的")表示名词与名词之间的关系。汉语没有拉丁语那样的形态变化,诸如此类关系用什么方式来表示呢?重要手段之一是语序。比如名词在前、动词在后,经常构成主谓关系,动词在前、名词在后经常构成动宾关系。名词加名词经常构成偏正关系,有时构成同位关系。对于这类现象,马氏只着重从名词的位置来考察,这当然是受了拉丁语的影响,因为格变表现在名词上边。说名词在主次,就暗示它后边有动词;说名词在宾次,暗示它前边有动词(或介词)。至于名加名,当然两者都有次,即偏次和正次,或者是前次和同次。这样看来,名代诸字之有次,来源于名代诸字之有格。"根据西方语法'格'的概念,为汉语立了几个次的说法是有根据的。"

然而有不少论著认为"次"就是"格"(case),这值得商榷。"格"是词法范畴,离开了语句结构,可以讲格的形式变化;"次"是句法范畴,离开了结构,无法称说。此其一。马氏在论介字时说:"泰西文字,若希腊辣丁,于主宾两次之外,更立四次,以尽实字相关之情变,故名代诸字各变六次。中国文字无变也,及以介字济其穷。"既然认为介字是用来弥补格变的,那么,就不能同时把"次"当作格的化身了。此其二。⑥所以,次源于格,但不等于格。

既然有了起词、语词等等,为什么又要列主次、宾次之类呢?这不是叠床架屋吗?这个问题马建忠是这样回答的:"前论名代诸字与动静诸字,所有相涉之义,已立有起词、语词、止词、表词堵色名目,今复以名代诸字,位诸句读,相其孰先孰后之序而更立名称,凡以便于论说而已。"可见马氏不是没有看到重复之处,然而为了"便于论说",又不能不另立名目。我们要探讨的正在这"便于论说"之处。举两个例子:

(1) 君行周公之事。
(2) 公子姊为赵惠文王弟平原君夫人。

(1)的"君"是起词,也是主次;"事"是止词,也是宾次。"周公"修饰"事",不能叫"加词",因为加词是"足起语诸词之意的"。也就是说,加词是加在起词或语词之上的,而"周公"却加于止词。为了便于说明,把"事"称为正次,而"周公"属于它的偏次。这样才便于说明。(2)的"赵惠文土弟"和"平原君"指的是同一人,后者对前者加以注释,但不能称为加词。"赵惠文王平原君"如果用作起词,那么,"平原君"可以称为加词。(2)中的"赵惠文王弟"称为前次,"平原君"称为同次,这样才便于说明二者的关系。另外,"赵惠文王弟平原君"对"夫人"来说,是偏次,而"夫人"是"正次"。⑦图解如下:

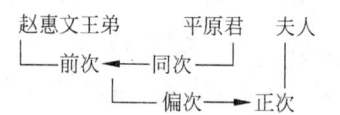

```
      赵惠文王弟   平原君   夫人
      └──前次──┴──同次
                 └──偏次──→正次
```

总之,立次,不是从句子的结构着眼,而是从句法的结构着眼。换句话说,为了说明短语结构,才立了几个次。

《文通》立次的最大问题在于扩大了同次的范围。马氏认为(2)中的"公子姊"是前次,而"夫人"是同次,因为它们指的是同一对象。这样一来,就打破了句法的概念。马氏既然认为起词和表词所指相同,就属于前次和同次,而又认为名代诸字用作表词相当于静字,于是把以静字作表词的也看作同次。"其文约,其辞微,其志洁,其行廉。"这里的表词"约、微、洁、廉"都是静字,在句中作表词。马氏认为这些表词都是同次,而起词是前次。之所以出现这种情况,是因为马氏考虑问题徘徊于结构和意义之间,遇到矛盾时根据意义来裁决。

五 矛 盾

吕先生给《马氏文通札记》所加总批中说:"《马氏文通》之可贵,就在于它充分提供矛盾,我们现在读《文通》主要也是为了揭露矛盾。通过这一揭露,更深入地探索这些矛盾的根源,了解问题的本质,提到方法论的高度来研讨。这样就有可能把我们引导到解决汉语语法体系问题的正确道路上去,《马氏文通》也就在这个意义上起到了积极的作用。"

这一段话为我们研究《马氏文通》指明了方向。其实,吕先生在编校《文通》的导言里已经作出了榜样,揭露了《文通》的矛盾,分析它的根源,并从方法论的高度加以评述。例如:字和词的矛盾,字无定类和字类假借的矛盾,分类和归类的矛盾,界说和用例的矛盾,模仿西洋和立足汉语的矛盾等等,都作了剖析,给人以多方面的启发。

作为《文通》读者,根据自己的经验,要读懂这部著作,必须了解产生许多矛盾的一个重要因素:作者缺乏一贯的认识,因此常常更换叙述的角度。由于没有必要的交代(也不可能作出交代),人们阅读时得靠自己捉摸,虽苦思终日,仍不一定得其究竟。举例说吧:

通常的语法书,讲到主语和谓语,或者指大不指小,或者指小不指大。《文通》却不然,起词一般指大,而语词一般指小。起词指大,但遇到"右丞相陈平患之"之类的句子,却又认为"右丞相"是加词,加于起词。(汉语语法丛书本 106 页)这里是指小不指大。语词指小,有时又指大,这种现象到处都可以找到。

断词(断辞、断语、决词、决辞)指的是用在起词和表词之间的"为、非、即、乃"之类。既然称之为"词",应该属于句子成分,可是在析句时却把它们视同虚词,说是用来表示语气(129 页)。然而字类之中并没有"断字"一类。

字类中有状字一类,有时称之为状词、状语。状字是词类的名称,它在句子中充当状语。如果句子中所有的状语都是状字充当的,那么,把状字(词类)借用作句子成分名称,未尝不是一种权宜之计。可是实际上《文通》也认为修饰动字、静字的不一定是状字。书中说:"凡状字或名字,集至两字或三四字,以记时记处者,往往自成一顿,无所名也,名之状语。"(407 页)这样看来,状语的范围大于状字,然而《文通》的句子成分都称之为"词",这种××语,究竟居于什么地位,颇使人迷惑。

《文通》分析"王坐于堂上",说"堂上"是司词。司词,这里指的是介词的后置成分,不属句子成分。(28 页)接着说:"介词与其司词,统曰加词。"加词是对起词或语词而言的,这里的"于堂上"是加词,是加于语词"坐"上边的。由于介词可以省略,如果说成"王坐堂上"则"堂上"当仍属加词。比照转词的解说,"子入太庙"、"子适卫"中的"太庙"和"卫"都是由动字所带的转词,那么同一对象就可能有不同称谓：司词、加词、转词。这该如何解释？如果考察一下全书，不计疏漏之处，马氏的想法大体是这样：司词是对介词而言的，⑧加词是对起词或语词而言的，指的是主语或谓语所带的名词性附加语（有时带介词）。转词是对动词而言的，指的是动词的连带成分。动词的连带成分有止词、状词，还有转词。转词和止词的区分问题，《评述》中已经谈得很仔细了，转词和状词的区别则是一个是名词性的，一个是非名词性的。

前边列举一些例子，并没有对《文通》的矛盾作更深入的分析，不过提出一个阅读《文通》时应注意的问题，马氏叙述语法现象，常常更换角度，以致使人眼花缭乱。所以有这点体会，一方面是过去有过难啃的经验，一方面是读了吕先生的文章，更加深了体会。

附注

① 见 1932 年 4 月 3 日《申报》。

② 见 1938 年 5 月 16 日《中央日报》。

③ 见《社会科学战线》1980 年第 4 期。

④ 见 1930 年/1931 年《人文月刊》。

⑤ 拉丁语的形容词也有格的变化，不过这个变化是跟随名词而变的。此外，拉丁语中有少数外来名词，是没有格变的。

⑥ 参看林玉山《试论〈马氏文通〉的次》，《上海师院学报》1983 年第 4 期。

⑦ 请参阅《马氏文通》（汉语语法丛书本）第 102 页。

⑧ 象静司词除外。

（原载《汉语语法研究》，商务印书馆，1989 年）

外语教学的心理学基础

学习语言必须掌握一定数量的单词,了解它们的发音和意义,还要懂得如何把单词串起来,成为一句一句的话语。中国人学习外国语言如此,外国人学习汉语也是如此。然而不同的语言的词汇都自成网络,组词成句的规则更是千差万别。外语教学的主要任务之一就是要帮助学员克服其中的种种障碍。在这方面,学者曾经长时期地探索。

19 世纪末叶,德国心理学家冯特(Wilhelm wundt)认为语言的感觉比理论的认识更为重要;学习语言,不是运用思维,而是培养感觉。在他的学说的影响下,20 世纪初曾风行"直接教学法",即不断地用音响引导学生模仿,不讲什么语言规则。到了 20 世纪 30 年代,出现了行为主义心理学。美国的学者华生(J. B. Watson)等人强调刺激与反应的联系,又认为学习的过程是不断地进行尝试,不断地纠正错误。于是"听说法"风行一时,师生一问一答,通过"试误"(trial and error)达到熟练的目的。与此同时,德国出现格式塔心理学。德文 Gestalt 指的是完整的结构,这种心理学认为学习的过程不是"试误",而是领悟(insight),比方说,你认识了一个很小的直角三角形,遇到大的直角三角形,你马上可以识别,这是类推的结果。以这种心理学为基础,加上结构主义语言学注重结构形式的影响,外语教学提倡以掌握句型为主的方法。许多外语教材按句型组织课文,认为学生掌握了某种句型,就可以类推出许许多多的句子。

20世纪50年代末,兴起了认知心理学。瑞士心理学家皮亚杰(J. Piaget)认为学习语言不是消极地接受知识,而是积极地对信息加以选择、加工。从教学方面讲,应该把学员当作学习的主体,让他们主动地使用语言,这样就产生了"情景教学法"。70年代开始,这种教学法被广泛地使用于外语教学,并显示出它的特点:第一,学员从被动地接受知识变为主动地运用语言。第二,不满足于学会造出合法的句子,更注重培养恰当地使用句子的能力。第三,认为语言不是脱离社会的封闭性系统,使用语言时必须考虑环境的影响。毫无疑问,这些观点比较切合外语教学的需要。

然而我认为上述种种有关语言学习的理论,都各有所见。我们重视近期的研究收获,不一定要抛弃前期获得的成果。如果能根据具体情况,综合运用于外语教学,必定会相得益彰。

(原载《回眸与思考》,外语教学与研究出版社,2000年)